国家出版基金项目
NATIONAL PUBLICATION FOUNDATION

国家出版基金资助项目

中国刑事法制建设丛书·刑法系列　总主编　陈国庆　孙茂利

自首与立功制度及司法适用

高锋志　著

中国人民公安大学出版社
·北　京·

图书在版编目（CIP）数据

自首与立功制度及司法适用／高锋志著．—北京：中国人民公安大学出版社，2012.5

（中国刑事法制建设丛书／陈国庆，孙茂利主编．刑法系列）

国家出版基金资助项目

ISBN 978-7-5653-0858-1

Ⅰ.①自… Ⅱ.①高… Ⅲ.①自首-司法制度-研究-中国 ②自首-法律适用-研究-中国 Ⅳ.①D924.04

中国版本图书馆CIP数据核字（2012）第100303号

中国刑事法制建设丛书·刑法系列　总主编　陈国庆　孙茂利

自首与立功制度及司法适用

高锋志　著

出版发行：中国人民公安大学出版社
地　　址：北京市西城区木樨地南里
邮政编码：100038
经　　销：新华书店
印　　刷：北京兴华昌盛印刷有限公司

版　　次：2012年6月第1版
印　　次：2012年6月第1次
印　　张：15
开　　本：787毫米×1092毫米　1/16
字　　数：294千字

书　　号：ISBN 978-7-5653-0858-1
定　　价：37.00元

网　　址：www.cppsup.com.cn　www.porclub.com.cn
电子邮箱：zbs@cppsup.com　zbs@cppsu.edu.cn

营销中心电话：010-83903254
读者服务部电话（门市）：010-83903257
警官读者俱乐部电话（网购、邮购）：010-83903253
公安业务分社电话：010-83905641

本书咨询电话：（010）63485228　63453145

中国刑事法制建设丛书·刑法系列
编　委　会

前　言

我国第一部刑法典诞生至今已三十余年，1997 年进行了全面修正，尤其最近对刑法又进行了较为全面的修改，刑事法网日渐严密。刑法为惩罚犯罪，保护人民，维护社会和谐稳定发挥了重要作用。与之相应，刑法学可谓是我国法学领域里起步最早的学科之一，也是研究相对成熟的学科，涌现了大量的研究成果。随着我国市场经济的发展，各种社会关系愈加错综复杂，刑法学的研究日渐深入，但包括刑法学的基础理论问题仍需要进行深入研究，大量实践中出现的复杂疑难案件亟待从理论上加以解决。这就要求刑法学研究在积极吸取国外优秀成果的同时努力实现与本国刑事立法和司法实践的对接，在致力于对现行刑法规范进行注释解读的同时综合运用哲学、社会学、政治学、经济学等手段，从刑事政策、犯罪学、国际刑法学等多角度拓展刑法学研究视野，并最终服务于刑法目的的实现。

受国家出版基金的资助，中国人民公安大学出版社启动了《中国刑事法制建设丛书》出版项目，将“刑法系列”作为丛书的重要组成部分。为了给广大从事刑法学研究的专家学者提供一个高层次的交流平台，也使广大读者系统和全面地了解刑法理论和实践研究的成果，本丛书力求兼顾以下几方面特点：

第一，本丛书入选书目的内容全面覆盖我国现行刑法中各项重要制度和刑法学中若干重大理论问题。本丛书对刑法理论研究和司法实践中的热点问题予以充分关注，着力推荐针对刑法学中某一具体制度或理论进行系统深入研究的作品。近年来，我国刑法学者对德日刑法理论进行了更为细致的研究，引起了对犯罪论体系进行改造等诸多关于刑法基础理论问题的争鸣，这些争论有助于进一步深化刑法学研究的根基和深层次解决当前司法实践中遇到的重大疑难问题。因此，本丛书吸纳了一批介绍国外刑法理论，并能对我国司法实践作出积极回应的具有开创性的作品。

第二，本丛书的出发点是在现行刑法典的基础上，深入研究刑法学的基本原理、刑法的基本制度和刑法解释方法，以期对刑法立法的完善起到积极作用，帮助广大司法工作者正确理解法律精神，在办案中准确解释法律。为此，本丛书选择了一批对我国现行刑法及其相关司法解释的制定背景、具体内容进行解读或者阐释的作品。希望这些成果能直接服务于刑事立法和司法工作，尤其是对公检法机关的司法工作人员规范执法、提高办案质量发挥指导作用。

第三，本丛书由最高人民检察院、公安部等长期从事刑事业务指导工作的专家担任总主编，选择了具有前瞻性、创新性、实用性和建设性的刑法领域的优秀研究成果收入本丛书。

希望在国家出版基金的资助下，《中国刑事法制建设丛书》为我国的刑事法制建设发挥积极的推动作用。

欢迎广大读者批评指正。

中国刑事法制建设丛书·刑法系列编委会

2011 年 5 月

目　录

第一编　自首制度及司法适用

第一编
自首制度及司法适用

第一章　自首制度概述

自首制度在中外刑法中都是一项很重要的刑罚裁量制度。自首制度在中国源远流长，一向被认为是中华法系的特色制度。在外国刑事法律中，自首也有专门的规定，得到了一定的重视。自首制度是统治阶级在总结和犯罪作斗争的经验上创设的，是宽严相济刑事政策的具体化、法律化，在预防与惩治犯罪中发挥着积极作用，值得深入研究。

一、我国自首制度的沿革

自首作为一项法律制度，源远流长，从其产生到成熟经历了一个漫长的历史演进过程。对自首制度立法沿革的考察，对推动现今自首制度研究、发展和完善，以及正确理解和适用我国现行刑法中关于自首制度的规定，作用重大，意义深远。

（一）自首制度的发源

自首制度依据现存刑法史料，最初发端于夏时期，在《尚书·洪范》中记载有，“凡厥庶民，有猷、有为、有守”，其大意是，“凡是处罚庶民的罪犯，其中有预谋犯罪的，有实施犯罪的，有犯罪后自首的，只有区别这些情节，分别给予不同的处罚，才能有效地惩罚犯罪”①。商朝及西周承袭了夏朝的刑法简册，其刑法制度中也有自首制度的内容。在《尚书·周书·康诰》中记载：“既道极厥辜，时乃不可杀。”宋朝蔡沈对此解释为：“既道称道尽输其情，不敢隐匿，罪虽大，时乃不可杀。”即犯罪人已经将犯罪事实全部交代，犯罪虽大，亦不可杀。明朝学者认为：“此后世律文自首者免罪之所出也。”② 由此说明，西周时期统治者把犯罪后是否交代其罪行，同是否过失（眚）、是否惯犯（终）一起，视

① 参见宁汉林、魏克家著：《中国刑法简史》，中国检察出版社1999年版，第323页。

② 丁婷：《试论我国刑法中的自首制度》，载《西北第二民族学院学报（哲学社会科学版）》2001年第2期。

为量刑时考虑的因素之一，这就是自首制度的萌芽。[①] 但是由上述《尚书·洪范》的记载，推论自首制度最早出现在夏时期，恐难成允当之论。[②] 不管如何，这时的自首制度仍不是现代意义上的自首。但历史地考察，作为萌芽时期的自首，虽然范围与其后历朝的自首以及现在的自首有所不同，但它无疑为自首制度的确立奠定了基础。

（二）秦汉至隋朝时期法律中的自首

我国秦朝刑事立法与刑事司法已经积累了一定的经验，并将之上升为刑法理论，反映了当时人们对刑法的理性认识。自首制度作为重要的刑法制度之一，和其他刑法制度一样在当时都达到了相当高的发展水平。秦律称“自首”为“自告”或“自出”。秦律《法律问答》中记载有：“司寇盗百一十钱，先自告，可论？当耐为隶臣，或曰赀二甲。”司寇在秦律中是一种官职，相当于后世中的刑部尚书，其犯罪要比庶民加重处罚。但是，由于他先自告了，故其所受刑罚仅相当于犯同样罪的庶民所受的刑罚。“把其假以亡，得及自出，当为盗不当？自出，以亡论。其得，坐藏（赃）为盗；盗罪轻于亡，以亡论。”其大意为，携带借用的官府财物逃走，如能自首就以逃亡罪处罚，免盗窃罪；如果被捕获，按赃数以盗窃论处；如果盗窃罪轻于逃亡罪，则仍以逃亡罪论罪。《睡虎地秦墓竹简·封诊式》载有盗窃犯甲在逃亡途中遇杀人犯乙“而捕以来自出，甲毋它坐”的案例。[③] 该案例的大概情况如下：“男子甲缚诣男子丙辞曰：甲故士伍，居某里，乃四月中盗牛，去亡以命。丙坐贼人命，自昼甲见丙阴市庸中，而捕以来自出，甲毋它坐。”翻译成现代汉语就是说，男子甲犯有盗窃、逃亡罪。逃亡期间，见犯有杀人罪的丙隐藏在市庸里，于是将他捕获来自首，由于甲不仅自首，而且有捕获其他犯罪人的立功表现，故免除其罪。这些规定表明，本应处重刑者由于自首而减轻处罚。此外，秦律中还规定负有连坐责任的人，告发别人犯罪，也视同自首，如“夫有罪，妻先告，不收”。可见，秦律中的自首制度，已具有后世自首制度之雏形。

汉朝时期，自首制度不仅有所发展，而且更加完善。《汉书·刑法志》记载：“及杀人先自告……已论命……”即杀人后先自告，即自首，“已论命”，这里“命”，意为处刑，“已论命”的意思即为不处死刑，减为其他劳役刑。[④]《汉

---

① 参见高铭暄主编：《刑法学原理（第3卷）》，中国人民大学出版社1994年版，第305页；陈兴良著：《刑法适用总论（下卷）》，法律出版社1999年版，第451页。

② 参见赵秉志主编：《刑罚总论问题探索》，法律出版社2003年版，第390页。

③ 睡虎地秦墓竹简整理小组编：《睡虎地秦墓竹简》，文物出版社1978年版，第154页。

④ 参见宁汉林、魏克家著：《中国刑法简史》，中国检察出版社1999年版，第323页。

书·淮南衡山济北王传》记载："先自告，除其罪。"自告即自首，得减免刑罚。汉武帝时衡山王刘赐的儿子刘孝，曾参与其父的谋反活动，但因"先自告反"，即自首了谋反的罪行，因而免除了对其所犯谋反罪的刑事责任。到东汉时，自首在量刑上较西汉有所变化，即自首者既可以免罪，也可以减罪。比如，汉明帝即位时发布的《赎罪诏书》中规定："其未发觉，诏书到先自告者，半入赎。"所谓半入赎，即减轻刑罚的一部分。从现有史料考察，这种"自告除其罪"的规定，只适用于官吏谋反、枉杀人和农民的叛乱。在具体适用中还必须遵守以下一些条件：（1）如果是共犯或犯罪集团，而为"造意"与"首恶"者，即使先自告也不能除其罪。（2）如果一人犯数罪，只能赦免其自首的罪行；对于其没有自首的犯罪，依法照样予以处罚。由此可知，汉律关于自首的规定还是比较详备的。有学者认为，汉律中规定"自告除其罪"的用意在于：一是针对犯罪而采取的一种斗争策略，即分化瓦解谋反和叛乱者。二是防止官吏欺君罔上，造成忠君的气氛。因为欺君罔上比谋反杀人更加危险。三是保护某些贵族功臣，给他们以自告除罪的机会。①

三国时期，魏律中不仅有自首的规定，而且出现"自首"这一称谓，这个称谓一直被后世沿用。尽管后之北魏律又曾称"自告"，但汉代以后，魏晋南北朝及隋律皆改"自出"、"自告"为"自首"，并为后世沿用至今。两晋南北朝之时，于自首制度无所增益。隋朝有《开皇律》，继有《大业律》，但均未保存下来。

（三）唐朝时期法律中的自首

自首制度到唐代达到了完备的程度。唐律关于自首的规定可以概括为以下几个方面的内容：

1. 自首的一般原则

《唐律疏议·名例律》中规定："诸犯罪未发而自首者，原其罪。"这是唐律关于自首一般原则的规定。"过而不改，斯成过矣。今能改过，来首其罪，皆合得原。"即是说，凡能自首其罪的，皆可得到减免处罚。

2. 关于自首的方式

唐律主要规定了以下几种自首的方式：

第一种是"身自首"，即犯罪人犯罪后，亲自去官府供述所犯罪行。

第二种是"代首"，即犯罪人犯罪之后，出于本意，遣人代己向官府自首，"有甲犯罪，遣人代首"。至于罪人与被遣人之间，"不限亲疏，但遣代首即是"。

---

① 参见周世虹：《中国古代自首制度的缘起与发展》，载《安徽农业大学学报（社会科学版）》2008 年第 6 期。

但“闻首不赴者，不得原罪”，即遣人代首后，没有亲赴官府接受审判的，不能认为是自首。①

第三种是“为首”，即依法得相容隐之人（指同居及大功以上亲等，或部曲奴婢），在罪人不知、甚至是违背罪人意志的情况下，为罪人向官府自首，意图使罪人得以减轻或免除处罚。

第四种是“相告言”，即依法得相容隐者，将罪人之罪告知官府并意图使其受到处罚，此“纵经官司告言，皆同罪人身首之法”。

第五种是“捕告”，即对谋反、大逆及谋叛等十恶大罪，依律应负缘坐之责的人将罪人捕获并送至官府，“虽捕告以送官司，俱同罪人自首之法”。

第六种是“首露”，即凡是盗窃、诈骗他人财物的，如能向财物的主人自首交代，同到官府自首的性质一样，可以免除处罚；如果知道有人将要告发而向财物主人首露的，可获减罪二等的处理；犯盗窃、诈骗之外的罪，虽然不是向官府自首，能悔过还主的，则可获减罪三等的处理。

第七种是“公事失错自觉举”，即唐律中关于职务犯罪的自首。《唐律疏议·名例律》中载：“诸公事失错，自觉举者，原其罪；应连坐者，一人自觉举，余人亦得原之。其断罪失错，已行决者，不用此律。其官文出稽程，应连坐者，一人自觉举，余人亦原之，主典不免；若主典自举，并减二等。”“自觉举”只适用于“公事失错”这一特定犯罪。觉察举发后，能有效阻止其危害结果的发生，一人自觉举，效力及于连坐的人，是这一类型自首的特征。“公事失错”在没有发生危害结果时，自觉举的能原其罪。若危害结果已经发生则不能适用此律。因此律中规定，断罪出现失错后，判决的刑罚已经执行的，不适用此律。“官文书”是传达上级命令或指示以及反映下情的文件，“稽程”即延误送达，自觉举的就能防止或减少危害的结果，因此，应负连带责任中有一人自觉举的，皆原其罪。“主典”是专司官文书收发责任的，不能免除处罪。主典自觉举的，减二等处刑。主典自觉举的，效力及于连坐的人，所以该律规定余人亦减二等。

3. 共同犯罪的自首

关于共同犯罪的自首问题，唐律中主要规定了“犯罪共亡”的自首，即犯罪共同逃跑之后的自首。对于犯罪共亡而自首的处理，首先“轻罪能捕重罪首，免其罪”，即是说倘若共亡之人系轻重不同之罪，其中一人悔悟并将比自己所犯之罪严重的同伙捕获来向官府自首，即可免罪。其次“及轻重等，获半以上首者，皆除其罪”，就是说若共亡之人系轻重同等之罪，而其中有悔悟者，将其共亡之人数一半以上捕获来向官府自首，亦可免罪。

---

① 参见宁汉林、魏克家著：《中国刑法简史》，中国检察出版社1999年版，第325页。

4. 数罪的自首

数罪的自首有两种情况：第一，“其轻罪虽发，因首重罪者，免其重罪”，“假有盗牛事发，因首铸钱，铸钱之罪得原，盗牛之犯仍坐之类”。反之，“若重罪已发，首其轻罪，则轻罪当然应免”。根据唐律的规定，二罪以上俱发，只以重者论。可见，即使不自首，轻罪之责任也当免除。第二，“因问所劾之事而别言余罪者亦如之”，即讯问被告发的犯罪，在讯问过程中又招供余罪的，因余罪未被官府发觉，因此对于余罪也成立自首。①

5. 自首的限制

唐律中有六种犯罪是不允许自首的，分别是：（1）伤害罪。（2）盗窃、毁坏、丢失不能返还的物品的犯罪。这些物品指定印、符节、官文书、禁兵器、禁书等。（3）“事发逃亡”的犯罪。（4）度关方面的犯罪，包括越度、私度和冒度三等犯罪。（5）“私习天文”的犯罪。“天文玄远，不得私习。”（6）贱人奸良人的犯罪。

6. 自首的处罚

唐律对自首从宽处罚幅度的规定不同，有两种处罚规定：一种是自首免刑。犯罪未发而自首的，犯罪后“身自首”或遣人“代首”的，免其刑。轻罪发而首重罪的，免重罪之刑；讯问本罪而交代他罪的，对他罪免除处罚。另一种是自首减刑，“知人欲告及亡叛而自首者，减罪二等坐之；即亡叛者虽不自首，能归还本所者，亦同”，“自首不实及不尽者，以不实不尽之罪罪之；至死者，听减一等”。唐律中自首制度之完备，内容之细密，都是前所未有的，说明我国封建立法技术到唐朝已达到了相当高的水平。

（四）宋朝至清朝时期法律中的自首

宋朝有关自首的规定基本上沿用唐律，但在某些地方放宽了自首的条件。表现在：一方面在《宋刑统·名例律》中规定了“犯罪已发未发自首”条，把犯罪已被发觉之后投于官府的行为亦视为自首。在自首制度发展史上，首开犯罪已发自首之先河；另一方面，规定了“按问自首法”，即案情已发甚或罪人已被逮捕之后供述犯罪事实的，亦认定为自首，并予减刑。这实际上是把如实供认也视为自首。可见，自首制度发展到宋朝，认定条件进一步得以放宽。

元朝统治者虽“遵用汉法”，但在自首制度的规定上，与前朝诸代相比有以下特点：第一，与汉以后诸代之立法习惯不同，把自首内容分别规定在各具体罪中；第二，在自首时间上，原则上须在犯罪未发之时，但是，如果犯罪在他处已发，即使计起日程，处于此处的犯罪人是在不知的情况下自首的，也以“知人

① 参见［唐］长孙无忌等撰：《唐律疏议》，中华书局1983年版，第101页。

欲告”自首论，减罪二等坐之；第三，在自首形式上，一般须犯罪人“身自首”，只有当“犯人实有病故”之时，才“许亲属代首”；第四，在自首制度的规定上，赤裸裸地体现了阶级的不平等，如规定奴隶盗窃了主人的财物后自首的，仅免于刺字，仍负其他刑事责任，并“仍付其主为奴”；第五，官吏家人犯罪的，官吏要负连带责任。

《大明律·名例律》中的“犯罪自首”条虽因袭唐律，但文字上稍有变更，内容上也稍有增益。例如，在“强窃盗、诈欺取人财物，而于事主处首服”之后，增加“悔过回付还主者，与经官司自首同，皆得免罪，若知人欲告而于财主处首还者，亦得减罪二等。其强窃盗者能捕获同伴解官者，亦得免罪，又依常人一体给赏”，等等。这表明了明律对自首的规定又有所发展。

清律是以明律为蓝本的中国历史上最后一部封建法典。其《名例律》中“犯罪自首”条完全沿用明律。与明律不同的是，清律除了《名例律》对自首的规定之外，在其他一些条例中也有一些补充规定，但这些补充规定的内容过于烦琐，远不如明律简便适用，所以清末制律未予采纳。1910年颁发的《大清新刑律》在总则中未专设“自首”一章，而是对清律中有关的烦琐条文予以简化。该律在我国刑法史尤其是自首制度发展史上有着特别的意义：首先，首次明确规定了自首的定义，即“犯罪未发觉而自首于官府受审判者，为自首”。其次，明确规定了“首服”制度，该律第51条第2款规定，“犯亲告罪而向有告诉权之人首服，受官之审判者，亦同”。再次，明确规定了预备犯、阴谋犯的自首，该律第53条规定，“预备或阴谋犯，分别特定各条之罪，未至实行而自首于官府受审者，得免除或减轻其刑，但没收不在免除之限”。各条之罪，主要是指内乱罪、外患罪等。最后，从自首处罚原则上，自首减轻处罚，只是对预备犯、阴谋犯的自首，才规定既可以减轻处罚，也可以免除处罚。

（五）民国时期法律中的自首

1912年袁世凯在南北达成议和时，于同年3月11日宣布，“现在民国法律未经议定颁布，所有从前施行之法律及新刑律，除与民国国体抵触各条，应失效力外，余均暂行援用，以资遵守”。同年4月3日，南京临时政府参议院根据临时大总统的咨文，作出继续适用《大清新刑律》的决议。北洋军阀政府将《大清新刑律》略加修改，更名为《暂行新刑律》，于1912年8月颁布施行，其中的自首制度得以完整保留。国民党政府于1928年3月颁布的《中华民国刑法》中，关于自首制度也基本照搬了《大清新刑律》，只不过条文更加简化。《中华民国刑法》第38条第1项规定，“对于未发觉之罪，自首于该管公务员受裁判者，得减所首罪之刑三分之一”。第2项规定，“向被害人、告诉人或者有请求权之人自首而受该管公务员裁判者，亦同”。1935年1月1日公布的“刑法典”为台湾地区现行“刑法典”，其第62条规定，“对于未发觉之罪自首而受裁判者，减轻其刑，但有特别规定者，依其规定”。该“法典”对自首处罚规定作了修改，将可以减轻改为必然减轻。同时增加特别规定，并删除向有告诉权人认罪以自首论之规定，缩小了自首成立的范围。另外，其分则中对所谓内乱罪、行贿罪和参与犯罪结社罪的自首，均有“减轻或免除其刑”的特别规定。

（六）革命战争及新中国成立后法律中的自首

我国现行刑法中的自首制度源于革命根据地时期。早在第二次国内革命战争时期就颁布有《川陕省苏维埃政府关于反革命自首的条例》等关于自首的规定。例如，1930 年 4 月颁行的《鄂豫皖区六安县肃反条例》规定，“凡犯本条例各条之罪未经察觉而自首者，得斟酌原因减刑或免刑”。1931 年《赣东北特区苏维埃暂行刑律》规定：（1）犯罪未发觉而自首于审判机关受审判者，得减本罪一等。（2）一罪既发觉，而自首未发觉余罪者，得减所自首余罪之刑一等。（3）预备或阴谋犯，未至实行而自首于审判机关受审者，得免除或减轻其刑，但没收不在免除之限。至抗日战争和解放战争时期的有关法律中，已经有了较为完善的有关自首制度的规定。抗日战争时期各根据地的抗日民主政权和解放战争时期各解放区的人民政权都非常重视自首制度，并分别颁布了有关于自首制度的专门性法规。例如，《山东省汉奸自首自新暂行条例》规定，汉奸在未经逮捕前，具有痛改前非之决心，具有下列条件之一，向县一级以上政府投案自首者，应减刑或免刑：（1）检举其他战争罪犯或汉奸案件，经判决确定，或者获重要证据确有价值者；（2）揭发报告战争罪犯、汉奸或间谍阴谋等确实可信者；（3）献出敌方机密，确有利于人民解放事业者；（4）携带军械资财来献者；（5）自动交出敲诈勒索所置之财富者；（6）自动报告其所知之全部敌伪情形，并彻底坦白其罪过者。

民主革命时期各革命政权关于自首制度的立法实践，为新中国成立后自首制度的立法积累了丰富的经验。新中国成立以后，1951 年的《惩治反革命条例》和《妨害国家货币治罪暂行条例》等单行刑事法律，对自首制度也都作出了规定。例如，《惩治反革命条例》规定，“自动向人民政府真诚自首悔过者得酌情从轻、减轻或者免除处刑”。以此为基础，1979 年《中华人民共和国刑法》（以下简称《刑法》）明确规定了自首制度，第 63 条规定，“犯罪以后自首的，可以从轻处罚。其中，犯罪较轻的，可以减轻或者免除处罚；犯罪较重的，如果有立功表现，也可以减轻或者免除处罚”。随后为适应形势需要颁布的特别刑法或附属刑法中，也有关于自首的规定。例如，1982 年全国人大常委会《关于严惩严重破坏经济的罪犯的决定》中规定，凡在本决定施行之日以前犯罪，而在 1982 年 5 月 1 日以前投案自首，或者已被逮捕而如实地坦白承认全部罪行，并如实地检举其他犯罪人员的犯罪事实的，一律按本决定施行以前的有关法律规定处理。凡在 1982 年 5 月 1 日以前对所犯的罪行继续隐瞒拒不投案自首，或者拒不坦白承认本人的全部罪行，亦不检举其他犯罪人员的犯罪事实的，作为继续犯罪，一律按本决定处理。1984 年最高人民法院、最高人民检察院、公安部印发《关于当前处理自首和有关问题具体应用法律的解答》（以下简称《解答》），对自首的认定条件（即自动投案、如实交代自己的罪行、接受审查和裁判），以及如何看待“送子女或亲友归案”作了进一步明确规定。1997 年《刑法》第 67 条第 1 款规定：“犯罪以后自动投案，如实供述自己的罪行的，是自首。对于自首的犯罪分子，可以从轻或者减轻处罚。其中，犯罪较轻的，可以免除处罚。”第 2 款规定：“被采取强制措施的犯罪嫌疑人、被告人和正在服刑的罪犯，如实供述司法机关还未掌握的本人其他罪行的，以自首论。”1998 年最高人民法院发布了《关于处理自首和立功具体应用法律若干问题的解释》（以下简称《解释》），对自首与立功制度的适用作了进一步详细的规定。2009 年最高人民法院、最高人民检察院联合发布了《关于办理职务犯罪案件认定自首、立功等量刑情节若干问题的意见》。2010 年最高人民法院发布了《关于处理自首和立功若干具体问题的意见》（以下简称《意见》），对司法实践中如何准确理解和适用自首作出详细规定。2011 年《中华人民共和国刑法修正案（八）》（以下简称《刑法修正案（八）》）将“自首又有重大立功”情节的量刑适用进行了修订。这些都对我国刑法中的自首制度给予了进一步完善。

纵观历史长河中自首制度的产生、发展、演变，可以看出，我国的自首制度，不仅源远流长，而且是逐步发展，日趋完善。同时，自首制度的产生、发展，也与我国的政治、经济、文化发展存在着密切的关系，为世界法制文明的发展作出了突出贡献。

二、外国刑法中的自首制度

外国古代刑法中的自首制度已无可考证。在资本主义国家中，较早规定自首制度的是 1810 年《法国刑法典》第 108 条有关自首人的规定。在社会主义国家中，较早规定自首制度的为 1950 年《朝鲜民主主义人民共和国刑法典》，该法第 48 条规定，犯罪人于犯罪后“自首了犯罪”，是决定刑罚时“从轻处罚的轻微情节”①。以下从立法模式、成立要件和刑事责任等方面，对外国刑法中的自首制度予以简要介绍。

（一）自首的立法模式

纵观外国刑法中规定的自首的立法模式，大体包括下列类型：

1. 总则立法模式

总则立法模式，是指自首制度规定在刑法总则中，适用于刑法分则的一切犯

① 参见高铭暄主编：《刑法学原理（第 3 卷）》，中国人民大学出版社 1994 年版，第 313 页。

罪。外国刑法学者将规定在刑法总则中的自首制度称为“一般自首制度”[①]。我国刑法学者称这种情况为“概括式立法模式”，并认为这种立法模式的特点是，突出量刑公正和刑罚个别化原则，不设专条定义，仅概括地规定自首作为量刑时从宽处罚的一个情节，与其他同类情节规定在一起，供法官在决定刑罚时考虑。[②] 采用这一立法模式的国家和地区有前苏联、朝鲜、罗马尼亚、阿尔巴尼亚、巴西、奥地利、格陵兰（丹）、保加利亚等。例如，1941 年《巴西联邦共和国刑法典》第 48 条规定，“犯罪人的自首是自动向当局坦白别人所不知的或者归罪于他人的罪行”，是“对犯人处刑的从轻情节”。1952 年《阿尔巴尼亚共和国刑法典》第 43 条，把“实施犯罪后自首”作为“减轻罪过”的六种情节之一。1954 年《格陵兰刑法典》第 88 条规定“罪犯自首并彻底坦白者”是法院应酌情减轻责任的八种情节之一。1976 年《罗马尼亚刑法典》第 74 条第 3 项规定，将“犯罪分子向国家机关自首、审判时坦白、帮助发现或捕获共同犯罪人所表现出来的态度”，作为可以减轻责任的三种情节之一。1986 年《苏俄刑法典》第 83 条第 9 项规定“真诚悔过或自首”是减轻责任的九种情节之一。《奥地利财政刑法》第 29 条规定：“财产犯罪，依及时之自己申告，且履行赔偿责任者，免除其刑。”[③]《西班牙刑法典》第 9 条第 9 项规定：“在获悉提出司法诉讼前，犯罪者由于内心真正之忏悔所刺激，拟对犯罪加以补救或为使犯罪效果减低程度而给被害者满意之补偿或向有关当局表示悔过”是减刑之情况之一。可见，在总则立法模式下，自首制度的规定都比较粗略，是定罪量刑从宽处罚的一个情节，并且与其他同类情节规定在一起，供法官裁量时考虑。此外，在未规定自首制度的某些国家的刑法典中，也往往把犯罪人犯罪时或犯罪后的态度规定为法官裁量刑罚时应斟酌的情状，其间无疑包含自首制度。

2. 分则立法模式

分别立法模式，是指自首制度在刑法总则中并无规定，但在刑法分则中规定的具体犯罪及其刑事责任中，存在有自首从宽处罚内容的立法模式。外国刑法学者将规定在刑法分则中的自首制度称为“特别自首制度”。我国学者称这种情况为“罪条式立法模式”[④]，并认为这种立法模式的特点是，严格依照罪刑法定的原则，只要行为人实施了分则条文明确规定自首从宽处罚的罪，法官量刑时就可对犯罪人的自首情节予以考虑。具体哪些罪规定有自首情节，各国刑法规定不

---

① 参见周振想著：《自首制度的理论与实践》，人民法院出版社 1989 年版，第 19 页。

② 参见马克昌主编：《刑罚通论》，武汉大学出版社 1999 年版，第 369 页。

③ 高仰止著：《刑法总则之理论与实用》，台湾五南图书出版公司 1986 年版，第 498 页。

④ 参见马克昌主编：《刑罚通论》，武汉大学出版社 1999 年版，第 369 页。

一。例如，现行《法国刑法典》分则第三节标题即为“危害国家内部或外部安全重罪之自首及不自首”。并在第108条规定，“凡危害国家内部或外部安全之阴谋或其他重罪，如共犯之中，于实施或着手实施前，并于追诉开始前，有首先向政府或行政当局或司法警察揭发阴谋或重罪以及正犯从犯者；或开始追溯后，帮助政府逮捕上述正犯及从犯者，免除该自首人应处之刑”。此外，该法第138条、第139条、第226条规定，凡犯伪造货币罪、伪造国玺罪和加入帮会罪，但能自首并揭发同案犯者，免除处罚。现行《德国刑法典》第98条规定，实施叛国的谍报行为，行为人自动终止或向主管机关自首的，法院可根据规定减轻处罚或依法免除处罚。行为人受外国或中间人的胁迫而实施前述行为的，如自动终止或立即向有关主管机关自首的，依法不予处罚。第129条规定，行为人犯建立犯罪组织罪的，在犯罪行为尚未被阻止前，及时向官方坦白犯罪计划的，法院可以根据规定酌情减轻处罚或免除处罚。① 可见，在这种立法模式中，按照罪刑法定的原则，行为人只有实施了刑法分则明确规定的自首从宽处罚的那些特定的犯罪，自首者才能得到从宽处罚的待遇。在分则没有规定可以自首的犯罪类型中，即使行为人于犯罪后向主管机关自首，也不能成为法官裁量时从宽处罚的情节，至于该立法模式中哪些犯罪有自首规定，各国刑法的规定不尽相同。但是一般来说，这些犯罪通常属于立法者认为危害性比较大或危害结果一旦发生将造成十分严重后果的犯罪。

3. 总则和分则双重立法模式

该种立法模式是指自首制度既规定在刑法总则中，又规定在刑法分则中。总则中的一般自首适用于分则条文中对自首未作特别规定的一切罪条；分则中的特别自首，既不是一般自首的重复，也不受其约束，仅适用于该分则条文中特别规定的罪条。我国学者将这种情况称为“混合立法模式”②，其特点是，分则中的特别自首的从宽幅度大于一般自首，借此遏制某些特定的犯罪。例如，《日本刑法典》总则第42条规定了一般自首制度及其处罚原则，“犯罪未被官方发觉以前自首的，可以减轻刑罚。就告诉才能提起公诉的犯罪，犯罪人向可以告诉的人告诉自己的犯罪事实，委托其处理的，与前项同”。同时，分则某些条文作了特别自首规定，如第80条及第93条规定了犯预备或阴谋内乱罪、帮助内乱或帮助预备或阴谋内乱罪，在实行暴动前自首的，私战的预备或阴谋自首的，犯伪证罪在判决确定前或惩戒处分前自行坦白的，免除其刑。1996年《俄罗斯联邦刑法典》第61条第1项规定，“自首、积极协助揭露犯罪、揭发同案犯和起获赃物”是十种可以减轻处罚的情节之一；第291条规定，“因公务人员索贿，或者主动

① 徐久生、庄敬华译：《德国刑法典》，中国法制出版社2000年版，第107、124页。

② 参见马克昌主编：《刑罚通论》，武汉大学出版社1999年版，第369页。

向有权提起刑事案件的机关坦白行贿事实的行贿人，可免除刑事责任”。一般而言，分则单独规定较大幅度从宽处罚的自首类型的，都是危害重大或较难侦破的犯罪，至于这些特定类型的犯罪在不同国家的刑法中到底有哪些，各个国家并不相同，但在危害国家犯罪以及贿赂犯罪中作如此特别规定是比较常见的。

（二）自首的成立要件

考察外国刑法中自首制度的内容，自首的成立要件一般有下列几项：①

1. 犯罪尚未被发觉

所谓犯罪尚未被发觉，不仅指犯罪事实尚未被发觉，也包括犯罪人未被发觉。未被发觉，一般指未被“官方”或“侦查机关”发觉。近年来在有些国家的刑法中，甚至犯罪在侦查机关发觉后，也可以构成自首。逐渐放宽自首成立的条件，已经成为各国刑法改革的共同趋势。

2. 需向有关机关或个人投案

有关机关的指称在各国刑法中不尽一致。例如，在《罗马尼亚刑法典》中，有关机关是指国家机关；在《法国刑法典》中，是指政府或行政当局或司法警察。有关个人，一般是指在亲告类犯罪中有告诉权或请求权的人。对于亲告类犯罪来说，向该罪中有告诉权或请求权的人投案，也成立自首。例如，《韩国刑法典》第52条第2款规定：“告诉才处理的犯罪，向被害人自白者，可以减轻或免除处罚。”《日本刑法典》第42条第2款也有如此的规定。这些与我国《大清新刑律》中首次明确规定的“首服”制度基本相同。

3. 需自己告知罪行

在外国刑法中，自首与告诉、告发、自白存在严格的区别。犯罪由被害人告知，为告诉；第三人告知犯罪是告发；在被讯问时方告知犯罪的属于自白。只有犯罪人自己将其罪行告知有关机关或有关个人的才是自首。当然，这里的罪行告知，只要是犯罪的主要事实即可，不要求为全部情节。而且对告知的方式没有严格的要求，可以是犯罪人亲自向有关机关或个人告知，也可以通过电话、电报、书信等先向有关机关或个人告知。

4. 须接受国家裁判

须接受国家裁判，是指犯罪人向有关机关或有关个人告知其罪行后，必须听候处理，接受国家的审判与裁决。如果投案告知自己的罪行后又潜逃的，不能构成自首。

（三）自首的刑事责任

在对自首的犯罪人予以从宽处理这点上，各国均持肯定的态度。但是，具体

① 参见高铭暄主编：《刑法学原理（第3卷）》，中国人民大学出版社1994年版，第313～315页；高格编著：《比较刑法学》，长春出版社1991年版，第300页。

做法并不一致，大体上可归纳为两类：

1. 必然性规定的立法

必然性规定的立法，是指犯罪后一旦自首，则不问其所自首的罪行的性质、轻重，自首的动机、时间以及悔悟的程度等，一律从轻、减轻处罚的立法方式，也称“必减主义”或“绝对从宽原则”。目前采用这种方式规定自首制度的有阿尔巴尼亚、朝鲜、蒙古、法国、格陵兰（丹）等国家和地区。从统计分析上看，目前规定了自首制度的外国刑法中，绝大多数属于这种立法例。①

2. 任意性规定的立法

任意性规定的立法，是指犯罪自首后并非一概从宽处罚，是否从轻、减轻及如何从轻、减轻处罚，要由司法人员根据自首罪行的性质、轻重，自首的动机、时间以及悔悟的程度等诸因素，综合分析、具体确定的立法。在刑法条文上往往用“可以”、“得”等字眼表述，如前述所指《日本刑法典》中的规定。

有的国家的刑法对自首从宽处罚的规定，经历了一个从相对从宽到绝对从宽的转变过程。例如，1958 年《苏联和各加盟共和国刑事立法基本原则》第 33 条将“真诚坦白或自首”作为“可据以”从宽处罚的情节，采取的是相对从宽的原则；1960 年《苏俄刑法典》第 38 条规定，真诚悔过或自首以及积极帮助揭露犯罪的是减轻责任的情节，采取的是绝对从宽的原则；其后 1978 年、1986 年屡经修改，但自首制度的规定始终坚持绝对从宽的原则未变。此外，外国刑法对自首从宽处罚的程度也存在很大差异，有规定从轻处罚的，有规定减轻处罚的，有规定免刑的，等等。

三、我国刑法中的自首制度

（一）自首的立法及司法解释规定

《刑法》第 67 条第 1 款规定：“犯罪以后自动投案，如实供述自己的罪行的，是自首。对于自首的犯罪分子，可以从轻或者减轻处罚。其中，犯罪较轻的，可以免除处罚。”第 2 款规定：“被采取强制措施的犯罪嫌疑人、被告人和正在服刑的罪犯，如实供述司法机关还未掌握的本人其他罪行的，以自首论。”1998 年最高人民法院发布了《解释》，对自首与立功制度的适用作了进一步详细的规定。2009 年最高人民法院、最高人民检察院联合发布了《关于办理职务犯罪案件认定自首、立功等量刑情节若干问题的意见》，将职务犯罪自首的节点，提前到纪检监察等办案机关谈话和采取调查措施前，此举出发点在于贯彻职务犯罪从重处罚的刑事政策，缩短了职务犯罪分子争取从宽处理政策的犹豫期间，在

① 参见赵秉志主编：《刑罚总论问题探索》，法律出版社 2003 年版，第 404 页。

一定程度上赋予了纪检监察机关司法机关的地位，强化了纪检监察机关在查办公职人员违法违纪活动中的权威。2010年最高人民法院发布了《意见》，对如何理解1998年《解释》作了进一步细化和解读，其中明确了犯罪嫌疑人被亲友采用捆绑等手段送到司法机关，或者在亲友带领侦查人员前来抓捕时无拒捕行为，并如实供认犯罪事实的，虽然不能认定为自动投案，但对上述情况，司法机关可以参照法律对自首的有关规定酌情从轻处罚。同时规定，"其他符合立法本意，应当视为自动投案的情形"，留待司法机关根据实际情况具体掌握。《刑法修正案（八）》将"自首又有重大立功"情节的量刑适用进行了修正。

（二）自首的概念和特征

根据现有资料，外国和其他地区刑法典中均没有自首概念的明文规定，但在对自首制度采用叙明式立法的刑法典中，虽然没有使用"自首"一词，但其规定的内容实际上与自首概念无异。例如，根据1941年《巴西刑法典》第48条规定，自首是指自动向当局坦白别人所不知的或应归罪于他人的罪行的行为。又如，1994年《西班牙刑法典》第9条第9项规定，自首是指在获悉提出司法诉讼前，犯罪者由于内心真正之忏悔所刺激，拟对犯罪加以补救或为使犯罪效果减轻程度而给予被害者满意之补偿或向有关当局表示悔过的行为。

在外国和其他地区刑法理论中，自首的概念大约有下列几种界定：[①]（1）所谓自首，是指本人不等搜查机关来调查，自觉地交代了自己的犯罪事实，并请求处分的行为。认罪（即首服），是指告诉才处理的犯罪，犯人向有告诉权的人坦白自己的犯罪事实，对他的起诉没有异议。[②]（2）我国台湾地区的刑法理论一般认为，自首是指犯罪人在其犯罪未被发觉前，自行报告自己之犯罪事实，而接受裁判之行为。[③]（3）犯罪者在未被发觉前自行投案，表示自愿接受裁判者，为自首。[④]（4）自首，是指犯罪人在其意识到有可能逃避侦查和审判的情况下自动向审判机关投案的行为。[⑤]

由上述比较可以看出，外国和其他地区刑法所界定的自首概念包含了四个方面的要素：一是犯罪尚未被发觉；二是向有关当局或有告诉权人投案；三是告知

① 参见沙君俊：《自首制度比较研究》，载《现代法学》2003年第1期。

② ［日］木村龟二主编，顾肖荣、郑树荣等译：《刑法学词典》，上海翻译出版公司1991年版，第436～437页。

③ 梁恒昌：《论自首》，载台湾《刑事法杂志》1959年第1期。

④ 甘雨沛、何鹏著主编：《外国刑法学（上册）》，北京大学出版社1984年版，第527页。

⑤ H. A. 别利亚耶夫等主编，马改秀等译：《苏维埃刑法总论》，群众出版社1987年版，第338页。

自己所犯罪行；四是接受裁判或请求处分。

纵览当前各种法学著作以及刑法学论文，关于我国现行《刑法》中自首概念的表述，大多只能说是关于《刑法》总则中一般自首的概念，并不能包括《刑法》分则规定的特别自首。例如，“在我国刑法中，刑法可以分为一般自首和特殊自首（准自首）。一般自首是指犯罪以后自动投案，如实供述自己的罪行的行为。特殊自首是指被采取强制措施的犯罪嫌疑人、被告人和正在服刑的罪犯，如实供述司法机关还未掌握的本人其他罪行的行为”[1]。“所谓自首，是指犯罪分子犯罪以后自动投案，如实供述自己的罪行的行为，或者被采取强制措施的犯罪嫌疑人、被告人和正在服刑的罪犯，如实供述司法机关还未掌握的本人其他罪行的行为”[2]，等等。对于《刑法》分则在行贿罪和《中华人民共和国国家安全法》中规定的特别自首情形，显然难以包括。鉴于《刑法》中除了总则中的一般自首，还有分则中的特别自首，因而在概念上作一种包容式的总的表述，可能既不简便，又容易使人混淆，对实践无任何价值。基于简单易行、有利于实践理解和操作的原则，本书不再对自首作囊括一切自首类型的概念表述。鉴于分则中关于特别自首这一类型的规定较少，实践中产生的争议不大，所以本书重点就总则中的一般自首详细述之。为表述上的方便，以下不作特别强调，所谓自首均仅指《刑法》总则中的一般自首（含准自首）。

1979 年《刑法》中第一编总则第四章“刑罚的具体运用”下设第三节“自首”，该节只有一个条文，规定：“犯罪以后自首的，可以从轻处罚。其中，犯罪较轻的，可以减轻或者免除处罚；犯罪较重的，如果有立功表现，也可以减轻或者免除处罚。”此后，在颁行的一些特别刑法、附属刑法中对具体犯罪的自首问题也作出了特别规定，但对自首的概念，都没有作明确的界定。理论界对自首的界定存在不同的看法，具体有如下几种观点：第一种观点认为，犯罪人只要自动投案就应被认为是自首；第二种观点认为，犯罪人主动交代自己的罪行就是自首；第三种观点认为，自首就是犯罪人自动投案和向一定机关交代自己的罪行；第四种观点主张，自首是犯罪人向一定机关交代自己的罪行和接受国家审判；第五种观点认为，自首就是犯罪后自动投案，如实交代自己的罪行并接受国家审查和审判的行为[3]。

上述第一、二种观点被理论界认为是单要件说，第三、四种观点为二要件说，第五种观点为三要件说。单要件说过于宽泛，支持者较少，而其中二要件说

---

① 参见陈兴良著：《刑法适用总论（下卷）》，法律出版社 1999 年版，第 461 页。

② 参见赵秉志主编：《刑罚总论问题探索》，法律出版社 2003 年版，第 404 页。

③ 参见马克昌等主编：《刑法学全书》，上海科学技术文献出版社 1993 年版，第 215 页。

和三要件说争议较大。由于1979年《刑法》未将自首概念法定化，导致司法实践中各地方认定的自首标准不一致。理论界也存在很大争议，如在当时全国很有影响的两本刑法学教材中，就存在很大区别。在杨春洗教授等著的《刑法总论》中，认为自首是犯罪后犯罪分子自动投案和如实交代自己罪行的行为，显然属于上述的二要件说。在高铭暄教授主编的高等学校法学教材《刑法学》中，认为自首是犯罪分子犯罪后自动投案、主动交代自己的罪行和接受国家裁判的行为，显然属于三要件说。1984年4月16日，最高人民法院、最高人民检察院、公安部印发了《解答》，其中指出，在司法实践中，对于犯罪分子作案后，同时具备自动投案、如实交代自己的罪行并接受审查和裁判这三个条件的，都认为是自首。《解答》采用了上述三要件说，代表了当时司法实务界的通行观点，因而在当时成为了通说。在1997年《刑法》修订以前，我国刑法学界有的学者建议应当在立法中明确界定自首的含义，指出不明确界定自首含义的弊端有二：一是不利于刑法适用的统一，二是不利于引导犯罪分子自首。① 这一建议得到了立法的采纳。

我国1997年《刑法》第67条规定："犯罪以后自动投案，如实供述自己的罪行的，是自首……被采取强制措施的犯罪嫌疑人，被告人和正在服刑的罪犯如实供述司法机关还未掌握的本人其他罪行的，以自首论。"这一规定并未将"接受审查和裁判"列入其中，因而在关于自首概念的表述上，引起理论上的普遍争议，其焦点就是"接受审查和裁判"是否还是自首概念的应有之义，是否还是自首成立的必备要件。总的看，比较有代表性的有以下几种意见：

第一种意见认为，《刑法》条文界定的自首就是自首的概念，"接受审查和裁判"不再是自首概念的内容。这是比较有代表性的观点。② 但也有刑法学者虽然肯定了《刑法》将原来的自首三要件修改为两要件，即"现行刑法仅将自动投案和如实供述所犯罪行作为自首的条件"，但是又对这一修改表示异议，认为"新刑法对于自首概念的这一修改，很难说比原来的概念更为科学"。③

第二种意见认为，虽然《刑法》对必须接受审查和追诉没有明确规定，但对于自首的犯罪分子来说，必须做到这一点，只有这样才能说明有悔改的诚意。如投案后如实供述了自己的罪行又潜逃，逃避司法机关对其的侦查、审判，就不

---

① 李希慧、谢望原：《我国刑法应建立完备的自首、坦白、立功制度》，载《法学研究》1997年第2期。

② 参见马克昌主编：《刑罚通论》，武汉大学出版社1999年版，第374页；周道鸾、单长宗、张泗汉主编：《刑法的修改与适用》，人民法院出版社1997年版，第176页。

③ 参见周振想主编：《中国新刑法释论与罪案》，中国方正出版社1997年版，第458页。

是真正的自首。① 还有人认为，对“接受审查和裁判”，1997 年《刑法》第 67 条虽然未予明确，但国家设立自首制度的目的是为了减少侦查、审判的难度，鼓励犯罪分子改过自新，使被其犯罪行为破坏的社会秩序在一定程度上得到恢复。因此，对于投案并交代自己的犯罪行为后又潜逃、脱逃的，如果也认定为自首，既与刑法设立自首制度的目的相悖，也将使司法机关无法依自首从宽处罚的原则追究其刑事责任。所以，接受审查和裁判，是成立自首的第三个条件。②

第三种意见认为，司法解释中的“接受审查和裁判”规定得比较抽象、模糊，理解上容易产生分歧，在实践中造成不少弊端。由于少数地方的司法实务部门，把犯罪分子依法为自己辩护、辩解、申诉以及对刑事诉讼过程中司法工作人员的违法行为提出控告的行为，看做是对抗审查和裁判的行为，导致对实际上符合自首条件的犯罪分子未作自首予以认定。修订后的《刑法》规定，犯罪分子作案后，只要同时具备自动投案和如实供述自己罪行两个条件，即成立自首。这种规定并非表明犯罪分子可以不“接受审查和裁判”，实际上，自动投案，如实供述自己罪行，本身已经充分表明犯罪分子对于司法机关追究犯罪的活动持相当配合的态度，基于这种态度就可以对犯罪分子从宽处罚。在上述两个条件以外，再规定必须接受审查和裁判，实际上并无必要，并且有弊无利。③ 这种观点认为，接受审查和裁判是必须具备的条件，但已暗含在自动投案和如实交代两个条件之中，不必再单独规定这个条件。

对此争议，著名刑法学者陈兴良认为，根据法律规定，实际上已经不把接受审查和裁判作为自首成立的条件，因而意味着放宽了自首的条件。那种犯罪分子自动投案并如实供述自己罪行后潜逃不接受审查和裁判的，也应视为自首，但可不予从轻处罚。但其同时认为，司法解释规定了“犯罪后嫌疑人自动投案又逃跑的，不能认定为自首”是对立法的补正解释，即通过司法解释的方式修改了立法本意。④

对于上述问题，笔者认为，从自首的立法价值和存在本质上看，“接受国家审查和裁判”应是其应有之意，否则这一行为在制度上很难获得国家从宽处罚的政策支持。并且，如果认为立法本意上仅仅自动投案和如实供述就够了，甚至认为自动投案、如实供述自己犯罪行为后逃跑的，也应认定为自首，无疑是纵容

① 参见胡康生、李福成主编：《中华人民共和国刑法释义》，法律出版社 1997 年版，第 75 页。

② 参见贾宇等主编：《新编中国刑法学（总论卷）》，陕西人民出版社 1998 年版，第 409 页。

③ 参见陈正云等主编：《中国刑法通论》，中国方正出版社 1997 年版，第 221 页。

④ 参见陈兴良著：《刑法适用总论（下卷）》，法律出版社 1999 年版，第 466 ~ 467 页。

犯罪分子逃避打击，也与自首制度节约司法资源、提高司法效率的价值相冲突。从司法实务工作中看，这样的解读只能对司法实践造成干扰和混乱。至于一些学者对“接受审查和裁判”作为自首要件的批判，也多是对这一条件的错误理解以及基于对法律精神的误解而采取的错误行为，与这一条件的本意完全不相干，显然是不公允的。[①] 从相关立法文献中关于法律中没有规定“审查和裁判”的原因的解释中，我们可以看出，立法之所以不再规定“审查和裁判”，多是出于减少实践中理解和执行中分歧的目的，因为实践中一些司法者不能真正把握这一条件的本质内涵，错误地把犯罪嫌疑人或被害人的合理辩解、上诉、申诉以及对违法司法人员的控告，认定为不“接受审查和裁判”，而将符合自首条件的情形不认定为自首。并且认为，具备自动投案、如实供述自己罪行两个条件，已经可以将“接受审查和裁判”包括在内。[②] 由此，笔者进一步认为，“接受审查和裁判”是自首应有之意。一般而言，自动投案、如实供述自己罪行的，推定为具备“接受审查和裁判”这一条件，但如果客观行为能够证实不“接受审查和裁判”，则就不再认定为自首。在结论上，那些强烈主张“二要件说”的学者，也认为一旦有明显证据证实犯罪嫌疑人不“接受审查和裁判”（如自动投案、如实供述自己罪行后又逃跑的），即使认为能成立自首的，也不从轻处罚；而那些严格主张“三要件说”观点的学者，对于这种情形下，直接就不认为成立自首，当然也就不涉及从轻处罚的结论，与“二要件说”的结论是一致的。如果以对司法实践的影响看，“二要件说”可能更不利于司法机关明确准确执行法律，因为既然不能从宽处罚，最好就不认定为自首，免得使犯罪嫌疑人心理产生从宽处罚的预期，对裁判结果更不认同，从而强化对法律的对抗心理。因而，笔者以为，关于立法和理论上关于成立自首是否需要“接受审查和裁判”的争议，由于在最终处理结论上是完全一致的，仅仅体现为理论出发点不一致，仅具有理论上的价值，不具有实践价值。基于此，笔者主张在自首的概念上，或者可以既考虑现有立法规定，又充分兼顾自首的本质含义，将“接受审查和裁判”作为认定自动投案的重要内容，强调自动投案的彻底性。“尽管‘必须接受国家的审查和裁判’在现行刑法规定的自首构成要件中被去掉了，但其在‘自动投案’这个要件中仍然发挥着重要作用。”[③] 因而自首的概念在理论上仍可界定为“犯罪以后自动投案，如实供述自己罪行的行为”；或者“犯罪以后自动投案，如实供述自己罪行，接受国家审查和裁判的行为”。两种表述其实质差别不大。

---

① 王学沛：《论新刑法对自首制度的修改》，载《法商研究》1998 年第 5 期。

② 这一观点也可从最高人民法院发布的《关于处理自首和立功具体应用法律若干问题的解释》中得到印证，其中规定，“犯罪后嫌疑人自动投案又逃跑的，不能认定为自首”。

③ 参见赵秉志主编：《刑罚总论问题探索》，法律出版社 2003 年版，第 407 页。

根据上述自首的概念，笔者认为自首具有以下特征：

第一，自首是犯罪后的一种表现。自首发生在犯罪以后，在通常情况下是犯罪人悔罪的一种表现。犯罪人在犯罪以后对于犯罪的态度，对于犯罪人的处罚具有重要意义。有些犯罪人在犯罪以后不思悔改，并且积极消灭罪证、逃避处罚，甚至重新犯罪；有些犯罪人在犯罪以后，主动向司法机关投案并如实交代自己的犯罪行为，请求宽大处理；还有些犯罪人在犯罪后，持有侥幸心理，既不积极毁灭罪证也不重新犯罪，司法机关抓捕时不反抗，并如实交代自己罪行。不管如何，自首首先必须发生在犯罪以后，但这里的犯罪包括预备、未遂、中止和既遂等各种犯罪形态。在预备实施犯罪以前不存在需要国家审查和裁判的事实基础，因而无所谓自首。但对于实践中一些犯罪人实施犯罪前就向司法机关电话告知要去自首，实施犯罪后确实投案并如实供述的，由于其投案行为和如实供述行为仍然发生在犯罪以后，所以也是犯罪后的一种表现。此外，作为犯罪人的一种表现，自首是客观存在的，不是只停留在心理层面，而是需要外化为客观行为的一种罪后表现。如果犯罪人虽然内心悔罪，但并未投案的，或者正在犹豫之中而被司法机关抓捕归案的，仍然不能构成自首。

第二，自首犯是犯罪人的一种类型。自首的犯罪人，在刑法理论上往往成为自首犯，这是与累犯相对应的一种犯罪人的类型。犯罪人在犯罪以后具有自首情节，我们可以将其称为自首犯。自首犯是犯罪人人身危险性较小的一类犯罪人。根据我国刑法规定，对于自首犯，可以从宽处罚。

第三，自首是对犯罪人从宽处罚的一种刑罚制度。我国的刑罚具有预防犯罪的目的，对于犯罪分子实行宽严相济的刑事政策。除了极少数罪行极其严重的犯罪分子，必须判处死刑立即执行的以外，对于绝大多数犯罪分子都是实行惩罚与教育改造相结合的政策，使其改恶从善，化消极因素为积极因素。对于愿意悔过自新的犯罪分子，根据其犯罪事实和具体情况，依照国家的法律和政策可以从宽处罚。所以，我们应当把自首理解为体现我国刑罚目的的一种刑罚制度。

（三）自首的立法模式

前述介绍了国外刑法中关于自首的三种立法模式，其中总则式立法模式规定了一般自首制度，该自首制度适用于刑法分则规定的一切犯罪。这种立法模式重视适用自首制度鼓励犯罪人悔过自新并以其减少司法运作成本。然而，它没有区分侧重对一切犯罪适用同样的处罚原则，对于国家应当重点遏制的犯罪和难以侦查的犯罪没有规定特别自首制度，不利于充分发挥自首制度的作用，存在立法技术上的缺憾。分则式立法模式，没有规定一般自首制度，只规定了适用于少数犯罪的特别自首制度，从一个方面说明了这种立法的惩治重点所在，然而这种立法模式没有自首制度的普遍适用性，这是该种立法模式不完善的地方。而总则和分则相结合的立法模式，即在总则中规定一般自首制度，又在分则中规定特别自首制度，既重视了自首制度一般立法效果，又突出重点，对国家应当重点遏制和司法成本较大的犯罪规定特别自首制度，吸收了上述两种立法模式之长，又避免其短，是较完善的立法模式。

我国刑法中自首制度的立法模式属于总则和分则相结合式的立法模式，即《刑法》总则和分则对自首制度分别作了规定。我国1979年《刑法》对自首制度的规定较为简单，只规定了一般自首制度。然而，1979年《刑法》以后颁行的特别刑法和附属刑法对特别自首作了补充规定。例如，1988年全国人大常委会通过的《关于惩治贪污罪贿赂罪的补充规定》第2条第3项中规定，"个人贪污数额在二千元以上不满五千元，犯罪后自首、立功或者有悔改表现、积极退赃的，可以减轻处罚，或者免予刑事处罚"；第8条第2款规定："行贿人在被追诉前，主动交代行贿行为的，可以减轻处罚，或者免予刑事处罚。"《中华人民共和国国家安全法》第24条规定，"犯间谍罪自首或者有立功表现的，可以从轻、减轻或者免除处罚"；第25条规定："在境外受胁迫或者受诱骗参加敌对组织，从事危害中华人民共和国国家安全的活动，及时向中华人民共和国驻外机构如实说明情况的，或者入境后直接或者通过所在组织及时向国家安全机关或者公安机关如实说明情况的，不予追究。"修订后的1997年《刑法》第67条对自首制度作了总则性规定，其量刑原则适用于一切犯罪，同时《刑法》分则第164条第4款、第390条第2款、第392条第2款规定了行贿人、介绍贿赂人在被追诉前主动交代其犯罪行为的，可以减轻处罚或免除处罚。

（四）自首的分类

依据一定的标准，对自首进行适当的分类，对于深化对自首制度的认识，准确地把握和运用该项制度，具有重要的理论和实践意义。综观外国和我国台湾地区刑法中对自首的分类，归纳起来，主要有两种分法：

一是根据刑法对自首规定情况不同，分为一般自首和特别自首。刑法总则规定的自首为一般自首，这对一切犯罪适用；刑法分则规定的自首为特别自首，它只对特定犯罪适用。

二是根据自首者主动告知自己罪行的对象不同以及告知所犯罪行的特点，自首可分为首服、自首、别首三种。所谓首服，也称认罪和自服，即犯有亲告罪者向有告诉权之人，告知自己的犯罪事实并听候处分的行为。所谓自首，即指犯罪人在犯罪事实未被官方发觉之前，向该管公务员自动交代自己的犯罪事实并受裁判的行为。正如台湾学者蔡墩铭所言，"自首，谓犯人在其犯罪未发觉前向该管公务员自承犯罪而受裁判"[①]。所谓别首，即指犯罪人虽因某罪而被传讯，采取

① 蔡墩铭著：《刑法总论》，台湾三民书局1977年版，第310页。

强制处分，或已被判刑，即又主动交代了尚未发觉或未查明作案人的其他不同种类的罪行的行为。[①] 首服、自首、别首虽都属刑事政策性最强的酌减事由，“是既遂犯走向悛悔从善的大门”[②]。但三者概念各异，内容有别。首先，首服与自首的主要区别在于其告知的对象不是侦查、审判和司法监督机关，而是有告诉权的人。关于有告诉权的人，有的认为仅限于被害人，但一般认为这种解释过于狭窄，被害人的亲属、监护人等也应认为是有告诉权的人。关于向告诉权者主动认罪的时间，法无明文规定，一般认为应该是在被害人还未觉察犯罪之前进行，但也有人认为只要官方未觉察之前就可以。其次，别首与自首的区别在于犯罪事实已被发觉，受到官方的查询、追问之后，自动交代尚未发觉的自己的其他种类的犯罪事实，因此，别首在承认犯罪事实的主动性上不及自首。

根据我国《刑法》及最高人民法院 1998 年《解释》的规定，笔者认为，可以从以下不同角度，以不同的标准，将自首分为以下几种：

1. 一般自首、准自首、特别自首

这是依照自首的适用对象、法定成立条件以及处罚原则的不同对自首所作的一种分类，是我国刑法对于自首的法定分类。所谓一般自首，又可称为典型自首，是指《刑法》第 67 条第 1 款所规定的自首。所谓准自首，又可称为余罪自首，是指《刑法》第 67 条第 2 款所规定的自首。所谓特别自首，是指《刑法》第 164 条第 4 款、第 390 条第 2 款和第 392 条第 2 款以及《中华人民共和国国家安全法》中有关条款规定的自首。一般自首、准自首和特别自首有着不同的适用对象和成立条件。

2. 亲首、代首、送首、陪首、余首[③]

这是依照犯罪人归案方式的不同对自首所作的一种分类。所谓亲首，即犯罪人于犯罪后亲自向有关机关或个人投案自首的行为。所谓代首，即犯罪人在犯罪后虽有投案自首的意愿，但因故不能亲往，因而明确委托他人代自己投案自首的行为。所谓送首，指未成年人犯罪以后，由其监护人或其他有关人员将其送到有关部门自首，也就是通常说的“送子归案”。2010 年 12 月 22 日最高人民法院印发的《意见》中规定：“犯罪嫌疑人被亲友采用捆绑等手段送到司法机关，或者在亲友带领侦查人员前来抓捕时无拒捕行为，并如实供认犯罪事实的，虽然不能认定为自动投案，但可以参照法律对自首的有关规定酌情从轻处罚。”因此，这里的送首不包括采取强力方式违背犯罪人意愿而归案的情形。所谓陪首，即犯罪

① 金凯著：《比较刑法》，河南人民出版社 1985 年版，第 273 页。

② 甘雨沛、何鹏著：《外国刑法学》，北京大学出版社 1984 年版，第 527 页。

③ 参见周振想著：《自首制度的理论与实践》，人民法院出版社 1989 年版，第 85 ~ 106 页。

人犯罪以后，在其亲友陪同下投案自首的行为。所谓余首，即犯罪人因犯罪被查获归案后，主动如实交代自己还未被司法机关发觉的其他罪行的行为。

3. 其他分类

对于自首，在刑法理论上还有其他一些分类方法：（1）有的学者以犯罪人自首的罪行所属的停止形态为标准，将自首分为四种，即预备犯的自首、未遂犯的自首、中止犯的自首和既遂犯的自首。[①]（2）以司法机关对犯罪者及犯罪事实掌握的程度为标准将自首划分为六种：①犯罪事实尚未被发觉时的自首；②犯罪事实已被发觉，但犯罪人未被发觉时的自首；③犯罪事实及犯罪人都已被发觉，但司法机关尚未查处时的自首；④通缉犯逃跑后又回来自首；⑤被动归案后交代司法机关尚未发觉的另一罪行；⑥已决犯在判决后主动交代未被发觉的罪行。[②]

（五）自首的本质

现象和本质是揭示客观事物的外部表现和内部联系相互关系的范畴，世界上的一切事物都是现象和本质的对立统一体，作为一种法律制度的自首也不例外。“我们看事物必须要看它的实质，把它的现象只看做入门的向导，一进了门就要抓住他的实质，这才是可靠的科学的分析方法。”[③] 因此，正确理解和掌握自首制度的本质，是我们在司法实践中准确把握和适用好这一制度的前提和基础。如果不能从本质上理解自首制度，仅仅停留在法律条文和司法解释的文字表面含义上，即使再精细深入，也只能说是处于机械执法的层面。纵观我国刑法学界对于自首本质的认识，主要有以下几种观点：

第一种观点认为，自首的本质是行为人主动提请有关司法机关追诉其所犯罪行。主张这种观点的学者认为，自首是犯罪人犯罪以后的一种积极行为，它表明自首的犯罪人已经认识到自己行为的违法性和应受惩罚性，从而认识到自己的犯罪行为与现行统治秩序是相对立的。正是基于这种认识，自首的犯罪人产生了一种主动提请司法机关追诉其所犯罪行的心理。而在通常情况下，犯罪人总是被动地接受司法机关的追诉。[④] 也有学者将其表述为“犯罪人出于自己意志而将自身交付国家追诉”[⑤]。其本质含义与这一观点基本一致。这一主张强调自动归案的主动性和如实供述性，从根本上说这也是行为人犯罪后接受国家审查和裁判的前提和基础。

---

① 莫洪宪：《论自首和立功》，载《法学评论》1996 年第 2 期。

② 李新贵：《论自首形式的种类》，载《政法论坛》1986 年第 2 期。

③ 《毛泽东选集》（合订本），人民出版社 1964 年版，第 96 页。

④ 王学沛：《论自首》，载《全国刑法硕士论文荟萃》（1978 届～1988 届），中国人民公安大学出版社 1989 年版，第 534 页。

⑤ 参见赵秉志主编：《刑罚总论问题探索》，法律出版社 2003 年版，第 408 页。

第二种观点认为，自动投案是自首成立的本质条件。犯罪人实施犯罪以后，只有归案了，司法机关才能对其实施法律制裁。从司法实践来看，归案的方式有两种：一种是被动归案，即被司法机关抓获归案，或者被人民群众扭送归案等。被动归案的本质在于归案行为是违背犯罪人意志的。另一种是自动归案，即自动投向司法机关。自动归案的本质在于归案行为是犯罪人出于本意的行为。可见，自首的本质就在于犯罪人犯罪后把自己交付国家追诉。[①] 这一主张强调行为人犯罪后归案的自主性，即行为人归案的主要原因并非外界强力，而是行为人的自主行为。但该主张对犯罪人是否需要如实供述，未作强调。

第三种观点认为，“自首的本质在于悔罪”，或者说“自首的本质在于悔罪和悔改”。“悔罪贯穿于自首的全过程。自首成立的每一要件都是悔罪的表现。不悔罪就无所谓自首。”[②] 如果自首的本质不是悔罪，如果犯罪人不悔改，怎能反映其人身危险性减小，又怎能适用从宽处罚的规定?[③] 这种观点强调行为人犯罪后的主观心理态度，认为行为人自动投案和如实供述只不过是这种悔罪心理支配的外在行为。

笔者认为，作为自首的本质，必须具备两个特征：首先，它应该是自首所特有的，其他任何事物都不可能具备；其次，它必须是自首区别其他事物的根据所在。由此对于上述三种观点，笔者认为，第一种观点强调归案的自主性和归案后供述的如实性，与刑法的规定一致，也与司法实践中掌握的认定标准基本一致。如在自主性方面，实践中犯罪人被其家属采用捆绑等方式送去司法机关后如实供述的，由于归案非因犯罪人自主，而是外界强力所致，因而不认定为自首，对这种情况的从宽处理主要是考虑到对亲情的维护，让犯罪人知道亲属的行为是为了让其得到从宽处理，否则会使犯罪人亲情破碎，不利于其复归社会。对于实践中亲属在不让犯罪人知晓的情况下通知司法机关，在司法机关抓捕时没有反抗行为，归案后能够如实供述的，由于不能证实行为人归案的自主性，也不认定为自首，这充分说明了自动投案对于成立自首的必要性。对于归案后是否如实供述，无论刑法还是司法实践都作了充分强调，对于不能如实供述，甚至如实供述后又翻供的，也不认定为自首。对于这一主张，笔者大部分认可，但对于实践中归案后脱逃的，在脱逃途中又主动归案的，由于司法机关已经开始追诉程序，只不过

---

① 参见周振想著：《自首制度的理论与实践》，人民法院出版社 1989 年版，第 40 页。

② 参见周振想著：《自首制度的理论与实践》，人民法院出版社 1989 年版，第 41 页；席卫东：《自首和立功制度探微》，载丁慕英等主编：《刑法实施中的重点难点问题研究》，法律出版社 1998 年版，第 534 页。

③ 刘树德：《人身危险性的理论思考与规范分析》，载陈兴良主编：《刑事法评论（第 2 卷）》，中国政法大学出版社 1998 年版，第 199 页。

行为人尚未归案，追诉处于一种特殊状态（侦查阶段处于未终结、审查起诉和审判阶段处于诉讼中止），这个时候再说是行为人主动提请司法机关追诉其罪行，就与客观事实状态不尽适合，只能说是行为人的自主归案，使司法机关对其罪行的追诉得以正常进行。上述两种情况在本质含义上是一致的，但在表述上可以进一步完善，因而笔者认为，自首的本质在于：行为人犯罪后自主地将其犯罪行为交付国家审查和裁判。由于国家审查和裁判必须以行为人到案和查明事实为基础，因而必须要求行为人犯罪后自动投案和如实供述，对于行为人在司法机关追诉过程中脱逃后又归案的，也属于自主交付国家审查和裁判，能够为这一表述所包容。对于余罪自首（即准自首）的情况，同样能够包括，因而认为这一表述相对更为合理全面。

对于第二种观点，由于仅仅强调归案的自主性，对如实供述性强调不够或未做强调，与刑法规定和司法实践掌握的标准不一致，不能够正确认定自首，因而其科学性应该说还不够。

对于第三种观点，把悔罪作为自首的本质，笔者以为是不足取的，不仅与法律和司法解释的规定不一致，也会背离设置自首制度的本意，使实践中本来符合自首的行为，得不到认定。因此，悔罪不能成为自首的本质特征，其具体理由是：

一是“悔罪”或“悔改”不是自首特有的属性，而是独立于自首之外的其他制度中的一种法律现象。《刑法》第 72 条第 1 款规定，“对于被判处拘役、三年以下有期徒刑的犯罪分子，同时符合下列条件的，可以宣告缓刑，对其中不满十八岁周的人、怀孕的妇女和已满七十五周岁的人，应当宣告缓刑：（一）犯罪情节较轻；（二）有悔罪表现；（三）没有再犯罪的危险；（四）宣告缓刑对所居住社区没有重大不良影响……”可见，在我国刑法中，“悔罪表现”是决定适用缓刑的条件之一，而被适用缓刑的犯罪分子，并不仅限于自首的人。《刑法》第 78 条第 1 款规定：“被判处管制、拘役、有期徒刑、无期徒刑的犯罪分子，在执行期间，如果认真遵守监规，接受教育改造，确有悔改表现的，或者有立功表现的，可以减刑……”第 81 条规定：“被判处有期徒刑的犯罪分子，执行原判刑期二分之一以上，被判处无期徒刑的犯罪分子，实际执行十三年以上，如果认真遵守监规，接受教育改造，确有悔改表现，没有再犯罪的危险的，可以假释……”可见，在我国刑法中，把某些犯罪人在刑罚执行期间确有“悔改”表现，作为适用减刑和假释的条件，这些人也不仅仅是自首的人。并且，“悔罪”和“悔改”心理同样会出现在一些被动归案的坦白者身上，这些人被动归案后，在执法人员反复、耐心的法律教育后，清楚认识到自己的罪孽，往往有强烈的悔罪、改正意愿，这也是一种“悔罪”、“悔改”。换句话说，在我国刑法中，“悔罪”有其独立的制度价值和实际构造，与自首制度并行不悖，如果把悔罪作为自首的本质属性，就不能把二者区别开来，也不利于发挥自首和悔罪两种制度的积极作用。

二是在法律和司法解释的规定中，得不出成立自首必须要求悔罪的结论，实践中很多情况下即使不是出于“悔罪”，也应认定为自首。《刑法》第 67 条规定，“对于自首的犯罪分子，可以从轻或减轻处罚。其中，犯罪较轻的，可以免除处罚”。这就考虑了自首动机的复杂多样。对于犯罪后自首的人，有可能是为了争取宽大处理，有可能是在亲朋好友的规劝下勉强投案，有可能是畏于法律的强大威慑、走投无路，甚至是为了解决生存困境或逃避黑社会性质组织的追杀，无论如何只要能够自主归案并如实供述自己的罪行的，就能够成立自首。并且，对于犯罪后自首的人，立法者还基于不同的动机类型，授权法官根据具体案情，行使可以从宽处罚也可以不从宽处罚的自由裁量权。因此，无论从现有法律和司法解释的规定上，还是从立法精神上分析，“悔罪”或“悔改”都不是自首成立的条件，因而也就不能将其作为自首的本质特征了。

三是将“悔罪”、“悔改”作为自首的本质，会模糊自首与坦白、供认之间的界限。自首与坦白、供认之间在“悔罪”、“悔改”的表现上存在着交叉或重叠的情况，但是二者具有很大的差异，它们在刑法中的意义和作用也不一样，不容混淆。例如，犯罪人被动归案后如实坦白、交代自己犯罪事实的，认罪且供述稳定的，主动退赃的，积极赔偿被害人损失的，努力减轻犯罪影响的，这些行为在一定意义上都体现了犯罪人内心对自身犯罪行为的悔改，或者说是犯罪人的“悔罪”行为，但是根据刑法规定，这些行为都不能成立自首，在刑罚后果的体现上，也不尽相同。实践中那些能够体现犯罪人“悔罪”的自首行为，由于立法的具体规定，在行为构成上，除了有如实交代犯罪事实等“悔罪”行为表现外，还必须有自动投案行为。如果将“悔罪”行为自首行为的本质，就很难将立法上的自首行为行为与那些被动归案后如实供述、坦白的行为予以明显区别，给实践中正确认定和处理自首与坦白等行为带来困惑。

四是将“悔罪”、“悔改”作为自首的本质，不符合自首制度的立法精神。国家创设自首制度的目的，除了与犯罪人人身危险性减小的情节作相应的政策兑现，还为了促使犯罪人尽可能地自动投案，以便让司法机关能够及时发现犯罪，查明事实真相，避免刑及无辜，准确惩罚犯罪，从而节省大量的人力、物力和财力，实现诉讼经济。无论犯罪分子出于何种动机，仅仅自动投案并如实供述自己的犯罪事实，就足以达成和实现这一目的。因而，为了使犯罪人在自首前能够预知自己行为的后果，自首成立的条件的规定应该尽可能客观、明确、具体，不存有模糊地带。而如果把“悔罪”、“悔改”作为自首的本质，由于其主观性特征，以及需要在审判阶段由法官根据实际情况具体认定，在是否成立自首以及是否能够得到从宽处理上，大大增加了犯罪人自首前的犹豫，不仅堵塞了其他各种动机下前来自首的大门，也使行为人对自己行为是否属于悔罪产生模糊认识，这样就会使自首这一制度价值的发挥受到限制，也有悖于目前世界各国对自首成立的条件逐渐放宽的国际潮流。

五是将“悔罪”、“悔改”等心理现象作为自首的本质，将误导对自首概念的界定和认定，影响自首制度的正确适用。“悔罪”、“悔改”是一种犯罪人犯罪后的主观心理状态，对于司法机关来说，考察犯罪人是否悔罪、悔改具有较大的难度，容易被犯罪分子作出的某些假象所迷惑。同时，判断犯罪分子是否悔罪、悔改也没有统一的标准，在实践中难以把握，从而可能产生在认定自首时偏离自首客观标准的情况，而在司法实践中要予以准确认定，操作难度也很大。因此，将“悔罪”、“悔改”等主观范畴的因素纳入自首本质的内容，只会增加自首认定的随意性。

（六）自首的价值

自首从宽是一项世界性的刑罚裁量制度。“许多所谓的事实问题都是价值问题，我们需要价值的指引，以便评价结果和事实，并权衡各种冲突的利益。我们若不能指出法律体系应当促进的价值，就不能具体说明法律的限度。”① 从原始意义看，“价值”经常被界定为客体满足主体需要的积极意义或客体的有用性。② 也有人认为，价值是客体的属性，但是仅有客体的属性，倘若没有主体的参与，也无所谓价值。价值必须是客体的属性能够满足主体的要求，能够为主体所用。因此，价值是通过客体符合主体的要求而体现的，反映了客体与主体之间的关系。③ 自首制度作为一种刑罚裁量制度，是刑罚制度的重要组成部分，存在深厚的价值意蕴，因此，它本身体现着刑罚的诸多价值。探究自首制度的价值，必须以厘清自首制度的本质为前提和基础。需要说明的是，与前述关于自首行为本质的理论不同，自首制度本质的理论是关于自首作为刑罚裁量制度根源的阐释，解决的是立法者为什么设立自首制度的问题，即关于创设自首制度的指导思想、基础理念、利益权衡与政策评价等问题，司法人员通过深入把握自首制度的本质，可以进一步明确立法机关设立自首制度的目的与价值追求，从而为正确适用刑法关于自首的具体规定，提供思想、理念与政策指导和评价标准。而自首行为本质的理论是关于自首行为性质的阐释，解决的是自首行为是什么的问题，司法人员通过对自首行为本质的深入探讨，可以全面、准确认识和把握自首行为的特征，

① ［美］迈克尔·D. 贝勒斯著，张文显等译：《法律的原则》，中国大百科全书出版社 1996 年版，第 153 页。

② 张文显著：《法哲学范畴研究》（修订版），中国政法大学出版社 2001 年版，第 156 页。

③ 陈兴良主编：《刑事法总论》，群众出版社 2000 年版，第 23 页。

并在司法实践中正确区别自首与近似行为。二者探讨的不是一个层面的问题，自首制度的本质理论，实际上是在目的与价值层面，为准确把握和界定刑法中的具体自首行为，提供思想理论指引。目前关于自首制度本质的几种理论观点有：

1. 功利论

功利论认为，自首制度的本质是功利。主张该理论的学者认为，从法理上分析，首先，立法者确立自首制度，最根本的是出于功利目的，是为了及时地、最大限度地实现刑罚目的，充分发挥刑罚作用。其次，自首制度符合刑罚的经济性原则，有助于实现刑罚效益最大化。因为自首为国家节约了司法资源，因此自首是国家基于对刑法效益性的认可而设置的。从犯罪学角度分析，自首是犯罪人所寻求的一种权衡成本与利益的功利选择，自首制度则是对这一选择的肯定。从我国现行刑法规定以及司法实践中的情况来看，也充分体现了自首功利性的特征，如立法机关在解释设立该制度的理由时曾说："为了更好地体现和执行这一刑事政策，鼓励犯罪分子自首、立功，有利于查处犯罪，草案对自首、立功的做了较宽大的处刑规定……"[①] 这种说法显然体现出这一偏向。有的学者在评价该制度时就明白无误地指出："其首要目的就在于充分提高刑事斗争的有效性。"自首制度中的应当情节，也是"为了尽可能提高司法机关的破案率，也就是提高整个刑事斗争的效率"[②]。但该论者同时也认为，自首制度不能是完全脱离报应的限制的纯粹的功利主义，否则就会丧失正义。[③]

2. 交易论

交易论主张，自首制度的本质是国家与犯罪人进行的交易。自首制度是其寻求权力与个人之间的合作、妥协进而谋取"双赢"，是自首主体行为人与国家之间达成的契约。[④] 还有观点进一步认为，交易的主体分别为国家和犯罪人，而双方交易的筹码分别为刑罚权以及犯罪信息。[⑤] 交易论实际上也是建立在功利主义的基础上，是对功利主义的进一步发展，其立足点在于自首对国家司法资源的节省。

---

① 王汉斌1997年3月6日在第八届全国人民代表大会第五次会议上《关于〈中华人民共和国刑法〉（修订草案）的说明》。

② 王学沛：《论新刑法对自首制度的修改》，载《法商研究》1998年第5期。

③ 参见董邦俊、丁祥国：《论自首制度的本质》，载《中国地质大学学报（社会科学版）》2003年第4期。

④ 参见孙万怀、苏惠渔：《从理念渊源看自首》，载李希慧、刘宪权主编：《中国刑法学年会文集（2005年度）第一卷：刑罚制度研究（上册）》，中国人民公安大学出版社2005年版，第315、319页。

⑤ 参见陈进龙、陈小凤：《自首的本质：交易性》，载《信阳农业高等专科学校学报》2009年第3期。

3. 综合论

综合论认为，自首制度的价值兼具功利与公正。“自首，足以使搜查官吏，立知真实犯人，不致有株连无辜之虞；自首，易明犯罪真相，搜查机关可省无益搜查之手续。”① 可见，国家设立自首制度的初衷首先在于降低司法成本，提高刑事司法效益。“自首之制……其用意在于奖励犯人之悔过自新，但近代文明进步，社会关系日趋繁复，发现犯罪之方法，荣有未周，自首减刑，并足使侦查机关易明犯罪之真相，不致连累无辜，且免追究之烦，固不仅奖励改悔而已。”② 打击、控制犯罪，在很大程度上是人力、物力及财力的投入与较量。降低刑事司法成本，提高刑事司法效益便成为制度设立时需要考虑的问题。对犯罪嫌疑人来说，而自首从宽是一种未来利益的诱惑，会极大地鼓励犯罪嫌疑人主动投案，如实交代自己的犯罪事实；对被害人而言，因犯罪嫌疑人在自首从宽的感召下，自动投案，使刑事司法活动得以顺利进行，罪犯得到惩罚，被害人得到安抚，正义得到了伸张；对国家而言，因追诉罪犯需要一定的物质支撑，尤其是侦查、起诉、审判的运行需要投入大量的人力、物力，而自首从宽，积极鼓励犯罪嫌疑人自动投案，则节省了刑事成本的支出，且可以提高办案效率和质量，达到了以较少的人力投入、少量的物力消耗获取较佳的刑罚之社会效益。

但自首制度不仅仅是基于功利价值的选择，而且是刑罚公正价值的要求。首先，在自首从宽的感召下，犯罪嫌疑人投案自首，说明了其主观恶性的减弱。“犯罪人已经认识到自己行为的恶劣，谴责这种行为，接受惩罚，把受罚看成是他罪有应得的结果，并准备赎罪。”③ 因此，自首是犯罪嫌疑人在认识到自首的性质及其后果的基础上的自由意志选择，反映了其主观恶性的减弱，即使是慑于法律的威力，在司法机关通缉、追捕中走投无路而自首，较那些顽固抵抗、拒不归案的犯罪嫌疑人来说，其人身危险性也要小得多。其次，从刑罚的目的来看，“刑罚的目的仅仅在于：阻止罪犯再重新侵害公民，并规诫其他人不要重蹈覆辙”④。投案自首是犯罪嫌疑人有悔罪或悔改之意的开端，表明其已具备接受改造、悔过自新的基础。再次，从罪责刑相适应原则来看，《刑法》第5条规定，“刑罚的轻重，应当与犯罪分子所犯罪行和承担的刑事责任相适应”，根据这一原则的要求，“在分析罪重罪轻和刑事责任大小时，不仅要看犯罪的客观社会危害性，还要结合考虑行为人的主观恶性和人身危险性，把握罪行和罪犯各方面因

---

① 王觐著：《中华刑法论》，中国方正出版社2005年版，第439～440页。

② 韩忠谟著：《刑法原理》，中国政法大学出版社2002年版，第301页。

③ 马克昌主编：《刑罚通论》，武汉大学出版社1999年版，第387页。

④ 参见［意］贝卡里亚著，黄风译：《论犯罪与刑罚》，中国大百科全书出版社1993年版，第42页。

素综合体现的社会危险性程度，从而确定其刑事责任程度，适用相应轻重的刑罚”[①]。因此，在适用刑罚时，除了根据行为人罪行和罪恶大小之外，还应考虑行为人的个人情况，如生活经历、犯罪原因、犯罪后的态度等与人身危险性大小有关的因素，有针对性地适用相应的刑罚，以期教育改造罪犯，预防其再次犯罪。综合上述各种情况，自首犯从宽处罚，从刑法公正价值的立场看，具有一定的事实和法理基础。

笔者认为，自首制度有其功利的内容，但将自首制度的本质定位为功利则有所不妥。首先，功利主义并非内含于自首制度本身，而是自首制度产生的外部效果。正如台湾学者韩忠谟先生所言，“自首之制，为中国古律之特色，远在汉唐，即已行之，其用意在奖励犯人之悔过自新，但近代文明进步，社会关系日趋繁复，发现犯罪之方法，容有未周，自首减刑，并足使侦查机关易明犯罪之真相，不致连累无辜，且免追究之烦，固不仅奖励改悔而已”[②]。可见，在设立伊始，自首制度是对犯罪人悔罪的一种奖励，但随着社会的发展，犯罪日益复杂化，自首制度又被赋予了新的价值与目标——效率，随之而来的是功利主义倾向的产生与发展。然而，本质是指事物本身固有的属性，事物的本质是内在而恒定的，因此，功利主义只能体现为自首制度的效果与价值，却无法成为自首制度的本质。其次，从犯罪人的角度来看，自首制度确实具有很强的功利意味。但是自首是国家刑罚制度的规定，是一定刑罚价值观念的体现，重心不是行为主体的行为，而是刑法对行为主体行为的一种价值观念角度的评价。[③] 再次，“让犯罪人就其犯罪承担责任是刑罚所固有的谴责性，是独立于预防犯罪之外的价值所在”[④]。功利主义无法保障刑法承载的道德谴责义务的实现，单纯的功利追求可能会陷入目的正当而手段不正当的状态。刑罚作为对犯罪这一特殊的道德错误的特殊的谴责手段，也是作为犯罪人就其犯罪承当责任的方式而存在，我们不会因为刑罚不能收到预防的效果而不对犯罪人施加刑罚。我们也不是只要成立自首就一定给予从宽处罚，对于罪行特别严重、情节特别恶劣、危害后果特别严重的犯罪人，刑法规定可以不予从宽处罚，这里就充分体现着正义对功利的调整和限制。因此只要刑罚在本质上具有正义性的一面，自首制度作为刑罚裁量制度的内容，就必须受到正义观的限制，因而功利论不能完全体现自首制度的本质属性，不能说自首制度的本质在于功利。

---

① 参见高铭暄、马克昌主编：《刑法学》，北京大学出版社、高等教育出版社 2000 年版，第 30 页。

② 韩忠谟著：《刑法原理》，中国政法大学出版社 2002 年版，第 392～393 页。

③ 苏惠渔主编：《犯罪与刑罚理论专题研究》，法律出版社 2000 年版，第 409 页。

④ 邱兴隆著：《刑罚的哲理与法理》，法律出版社 2003 年版，第 315 页。

对于交易论，笔者认为其存在着同样的缺陷。持这种观点的学者可以说是借鉴了国外的辩诉交易制度的精神内核，但我国的自首制度不同于国外的辩诉交易制度。辩诉交易制度是根源于美国 19 世纪 30 年代的一项司法制度，其含义是：在法院开庭审理之前，作为控方的检察官和代表被告人利益的辩护律师进行协商，以控诉方撤销指控、降格指控或要求法官从轻判处刑罚为条件，换取被告人的认罪答辩。[①] 自首制度与辩诉交易制度最本质的区别在于，辩诉交易是程序法的内容，是一种真正的交易。而自首制度是实体法的内容，是刑罚裁量制度。刑事实体法与刑事程序法秉持不同的正义观与评判标准，前者追求实体正义，后者追求程序正义。在纯粹的程序正义中，不存在判定正当结果的独立标准，而是存在一种正确的或公平的程序，这种程序若被人们恰当地遵守，其结果也会是正确的或公平的，而无论它们可能会是一些什么样的结果。[②] 而如前所述，自首制度必须在考虑功利的基础上，充分考虑结果正义。而且辩诉交易制度与自首制度在发生时间、启动主体、制度前提等方面都有不同。[③] 所以，二者也不能够相提并论。再者，交易论的主张也与我国现行的刑法规定不符合。从我国刑法对自首制度的规定来看，无法体现交易的特征。因为交易行为最本质的特征就是双方都持有可以进行交换的物，并且能够进行等价交换，这样的交易才是有效并且公平的。而我国刑法对自首实际上是一种“宽进严出”的态度，也就是说在这种情况下，国家是否给予犯罪分子对价是不确定的，而且给予多少对价也是不确定的，当对价的有无及多少都无法确定的时候，交易的有效性与公平性均无法保证，此时还怎能将之称为交易呢？

因此，在强调自首制度功利目的的同时，必须保证功利与公正的统一。提高诉讼效率不能牺牲诉讼公正，必须通过法治轨道为诉讼效率的提高和诉讼公正的维持提供法律空间。一味追求功利，则与罪责刑相适应的刑法原则相冲突。对此应解决好两个问题：一是对罪责刑相适应原则不能做简单机械的理解。这一刑法原则不仅要求受刑罚者所受刑事处罚与其犯罪事实相适应，也要求与犯罪后的事实，包括其认罪态度相适应，即所谓罪刑适应与责刑适应的统一。而综合考虑受刑罚者各方面的情况并给予适当刑罚，正是现代目的刑取代报复刑的一个重要特征。二是刑事责任追究（即国家刑罚权）的实现，应当考虑其总体效益，从而

---

① 申剑、姜旭春：《辩诉交易制度研究》，载《云南大学学报（法学版）》2004 年第 5 期。

② ［美］约翰·罗尔斯著，何怀宏等译：《正义论》，中国社会科学出版社 2009 年版，第 67 页。

③ 参见蒋涤非：《自首制度存在价值浅析》，载李希慧、刘宪权主编：《中国刑法学年会文集（2005 年度）第一卷：刑罚制度研究（上册）》，中国人民公安大学出版社 2005 年版，第 340 页。

适当地权衡利弊。因为对自首这一罪后事实的重视与否，有可能影响到一些案件的侦破，从而可能导致犯罪人长期逍遥法外，甚至冤及无辜。所以，为防止更大的利益成本损耗、更大的司法成本投入，在某些情况下，罪责刑相适应的严格要求，需让位于更有效地实现国家刑罚权的总体需要。这其中隐含了从绝对的罪责刑相适应原则向刑罚学新派之“刑罚个别化”原则的发展演进。

自首是法定的量刑情节，属于刑罚论的内容。因此，在判断自首制度的本质时，还必须以刑罚目的理论为基础。在刑罚的目的理论方面，可以说是存在着报应主义和功利主义由来已久的争议。

报应主义认为，“善有善报、恶有恶报”，“刑罚的本质是报应，与伦理上无色的社会防卫措施的保安处分相区别”①。德国哲学家康德主张：“法院的惩罚绝对不能仅仅作为促进另一种善的手段，不论是对犯罪者本人或者市民社会都是如此。惩罚在任何情况下，必须只是由于一个人已经犯了一种罪行才加刑于他。因为一个人绝对不应该只作为一种手段去达到另一个目的……”② 报应主义从已然之罪中去寻求刑罚的正当化根据，关注的是刑罚权行使的社会公正性。

功利主义认为，刑罚并不是对犯罪的报应，而是为达到一定社会目的而采取的手段，因此，刑罚权的行使应该是为实现一定的社会功利价值。英国著名哲学家边沁指出：“任何惩罚都是伤害；所有的惩罚都是罪恶。根据功利原理，如果惩罚被认为确有必要，那仅仅是认为它可以起到保证排除更大的罪恶的作用。”③由此推论，认为下列情况应免予惩罚：（1）无根据，不存在什么伤害事件需要防止，该行为对社会整体没有伤害。（2）无益或代价太昂贵，如果惩罚造成的伤害比它要防止的还要大。（3）无效果，该伤害行为不能用惩罚去阻止。（4）无必要，即损害不需惩罚便可加以防止或自已停止，亦即以较小的代价便可防止或停止。功利主义强调从未然之罪中去寻求刑罚的正当化根据，关注的是刑罚权行使的社会功利性。

由此产生了对两种理论进行折中的综合主义，主张刑罚具有对犯罪报应或惩罚的一面，同时主张刑罚具有双面预防，即一般预防和特殊预防的目的。贝卡里亚认为：“刑罚的目的既不是要摧残折磨一个感知者，也不是要消除业已犯下的罪行……刑罚的目的仅仅在于：阻止罪犯再重新侵害公民，并规诫其他人不要重

---

① ［日］吉川经夫著：《改订刑法总论》，法律文化社 1974 年版，第 287 页，转引自马克昌主编：《刑罚通论》，武汉大学出版社 1999 年版，第 27 页。

② 引自《西方法律思想史资料选编》，北京大学出版社 1983 年版，第 424 ~ 425 页。

③ ［英］杰里米·边沁著，孙力等译：《立法理论——刑法典原理》，中国人民公安大学出版社 1993 年版，第 66 ~ 67 页。

蹈覆辙。”①

现代各国刑法几乎没有单采报应主义或功利主义的，而是采取同时兼顾公正与功利的并合主义，扬长避短，兼收并蓄。我国刑法理论通说认为刑罚具有一般预防和特殊预防的目的，也与这一主张有异曲同工之妙，兹不多言。

由上述可见，自首制度的本质是在报应的基础上追求功利，其价值取向是追求功利，兼顾公正。

自首制度追求功利价值，具体体现在以下三个方面：

其一，自首制度的立法精神体现了追求功利的价值取向。自首制度是“惩办与宽大相结合”的刑事政策的法律化、具体化。而“惩办与宽大相结合”的刑事政策本身，就是为了分化瓦解犯罪分子，提高案件侦破率，更有效地预防和惩治犯罪，其功利性显而易见。以此刑事政策为指导思想的自首制度，其功利目的也是不言而喻的。这一点在《关于〈中华人民共和国刑法〉（修订草案）的说明》中也有明确论述：“为了更好地体现和执行这一刑事政策，鼓励犯罪分子自首、立功，有利于查处犯罪，草案对自首、立功的做了较宽大的处刑规定。”②

其二，自首的成立要件也体现了追求功利的价值取向。主要表现在：首先，“悔罪”并未被规定为自首成立的要件之一。这也就是说，不论是否出于真诚悔罪的动机，只要自动投案并如实供述自己罪行，有利于发现和惩治、预防犯罪的，就认定为自首。其次，投案的时间条件规定得很宽松。犯罪事实和犯罪人均已被发觉后，甚至在司法机关采取强制措施后逃跑，在通缉、追捕过程中投案的，也认定为自动投案。最后，投案方式非常多样，除了亲首以外，代首、陪首、送首的，只要最终亲自到案，如实供述自己所犯罪行，符合自首条件的，都认定为自首，这也是出于调动社会各方面力量同犯罪作斗争的功利目的。

其三，自首犯的处罚原则也体现着对功利价值的追求。对于自首犯，一般都可从轻或减轻处罚，其中犯罪较轻的，可以免除处罚。这也就是说刑罚并非完全以已然之罪为根据，而是从预防、惩治犯罪的功利目的出发，对已然之罪的刑罚予以从轻、减轻或免除，功利优先的价值取向非常明显。

在强调自首制度功利目的的同时，不可完全不考虑刑罚的公正价值，必须保证功利与公正的统一。自首制度的立法精神和具体内容对功利价值的追求也受到公正的制约。这在立法中主要体现在两个方面：

---

① ［意］贝卡里亚著，黄风译：《论犯罪与刑罚》，中国大百科全书出版社 1993 年版，第 42 页。

② 王汉斌 1997 年 3 月 6 日在第八届全国人民代表大会第五次会议上《关于〈中华人民共和国刑法〉（修订草案）的说明》。

其一，对于自首的情形，法律规定“可以”从轻、减轻或免除处罚。“可以”就意味着既可从宽，又可不予从宽，赋予法官一定程度的自由裁量权。是否从宽，由法官根据罪行的社会危害性、投案时间、投案动机、投案方式作出决定。对于罪行非常严重、情节非常恶劣的，虽然自首也不予从宽。这体现了刑罚公正对刑罚功利的制约。

其二，根据罪行轻重，而在从宽幅度上区别对待。一般犯罪较轻的，可以免除处罚，而犯罪较重的，只能从轻或减轻处罚。这也体现了重罪重刑、轻罪轻刑的刑罚公正原则的要求。

综上可见，自首制度的价值可以从以下几个方面加以把握：

一是对犯罪人的价值。一旦将自首作为从宽处罚的依据，那么最直接的获益人无疑就是犯罪人，对其量刑可以从轻、减轻甚至免除处罚。通过自首这“第二座黄金桥”，犯罪人也开始了重新回归社会、融入社会的过程。

二是对国家的价值。对国家而言，犯罪人自首省去了抓捕以及侦查的过程，节约了大量的司法资源，使国家成为犯罪人自首这个行为的最确定的获益人。对犯罪分子而言，即使其自首了，如果存在特殊情形，也是不会从宽处罚的。而无论对犯罪人是否从宽处罚，国家的获益都是确定的。需要注意的是，国家的获益是自首的一种价值，一种客观的外部效果，不能因此而认为国家设立自首制度就是为了追求司法成本节约，因为刑事责任才是刑罚的前提与依据。

三是对被害人的价值。对于被害人而言，犯罪人的及时归案可以使正义得到伸张，在精神上得到补偿。同时可以通过对犯罪人提起附带民事诉讼，获得物质上的补偿。

四是对刑事法律本身的价值。自首制度作为一种法定的量刑情节，在《刑法》分则规定的法定刑的基础上调节对犯罪人的刑罚量。刑法毕竟无法达到十分完美的境界，总是存在这样或者那样的缺陷。而且现实中发生的案件复杂多样，会出现很多应予从宽处罚而法律却没有规定的情况，如防止损害后果扩大、被害人过错等。此时如果有自首情节存在，可以通过调节控制对自首从宽处罚的幅度来实现整体上的罪刑均衡，实现刑罚的公正。因此，可以说在特定情况下，自首可以成为刑罚的调节器，弥补刑法规定的不足。

五是对社会的价值。如果犯罪分子不能及时归案，仍然混迹社会，无疑会增加社会的不安定因素，增加一般社会公众成为犯罪被害人的可能性。因此，犯罪分子的自首也会促进社会的安定，减少犯罪的发生。

（七）自首制度的司法意义

我国刑法规定自首制度，是宽严相济的刑事政策的具体化、法律化，是我们党和国家预防和惩治犯罪的成功经验的总结。自首从宽有利于迅速侦破刑事案件，有利于节省人力、物力和财力，降低司法的成本；有利于及时惩治犯罪，实现刑罚之一般预防与特殊预防的目的；有利于分化瓦解犯罪势力，深挖余罪，感召犯罪分子主动投案，激励犯罪分子悔过自新，减少其再犯可能性；有利于兼顾刑罚的惩罚与教育功能，提高刑罚的效益，对于维护社会秩序具有重要意义。

首先，自首制度有利于犯罪人认罪投诚、悔过自新，给犯罪分子提供了一个弃暗投明的机会，促使其改恶从善、重新做人。作案人在实施犯罪行为后，会产生种种复杂心理，大多既有一定的悔罪之心，又怕罪行败露受刑罚严厉制裁而惶惶不可终日，何去何从，犹豫不决。如果对他们置之不理，这些人就可能采取隐匿方法逃避司法机关的侦查，甚至破罐破摔，继续犯罪；如果给他们指出一条悔过自新的光明之路，这些人就可能甩掉包袱，弃旧图新。我国刑法规定的自首从宽的制度，就是为了给这些在犯罪后处于惊恐痛苦之中的犯罪分子指明出路，促使他们选择投案自首，争取从宽处罚。

其次，自首制度对于节省司法资源，提高司法效率具有重要意义。及时查明案情，尽快侦破案件，把一切隐匿的、潜逃的罪犯捕获，是司法机关的一项重要任务。犯罪人是案件最直接的知情者，如果他们如实供述犯罪行为，就可以为司法机关调查取证提供全面可靠的线索，使司法机关及时准确地处理案件，从而节省从立案侦查到缉拿罪犯归案这一过程之中不必要的支出。刑法明确规定对投案自首者可以从宽处罚，除了可以促使一些犯罪分子投案自首，交代自己的罪行外，还可以分化、瓦解犯罪分子，深挖余罪，使一些案件不侦自破，从而节省司法机关为侦破案件、追捕罪犯所花费的人力、物力，使司法机关能够集中力量侦破其他案件，有助于司法效率的提高。

再次，自首制度有利于国家司法权的实现。从认识论的角度来看，任何案件都是可以而且能够侦破的。但是，具体案件的情况是千差万别的，加上侦查人员的素质、侦查工作机制的差异、客观条件的限制等主客观因素的存在，使一些案件悬而未决。有的是发现不了犯罪，有的是发现了犯罪而没有发现犯罪人，有的是发现了犯罪和犯罪人却不能抓获犯罪人，这些情况致使国家的司法权无法实现。因此，有的学者就指出，自首实质上是国家刑罚权折中性的体现。“国家设立自首制度，等于与犯罪人之间订立一个契约，即明确发出要约，敦促犯罪分子投案自首。”① 这样作为国家而言，既侦破了案件，又实现了国家的司法权；作为犯罪人而言，实施了投案自首的行为，对国家投案自首的要约作出了承诺，得到了刑罚处罚方面的从宽处理。

最后，自首制度有助于促进预防犯罪的刑罚目的的实现。刑罚的根本目的是预防犯罪，包括特殊预防（即通过对犯罪人适用一定的刑罚，使之永久或者在

① 苏惠渔主编：《犯罪与刑罚理论专题研究》，法律出版社 2000 年版，第 407 页。

一定时间内丧失再犯罪的能力）和一般预防（即通过对犯罪人适用一定的刑罚，而对于社会上的其他人，主要是那些不稳定分子产生阻止其犯罪的作用）。众所周知，自首从宽制度的设立和运用对于鼓励、敦促犯罪人在犯罪后主动投案，接受法律制裁具有突出功效，犯罪人在这一制度感召下弃旧图新、认罪服法，具备接受教育、改造的主客观基础，得到从宽处理有利于教育、改造罪犯和刑罚特殊预防目的的实现。① 另一方面，自首制度对于一般预防的刑罚目的的实现也具有重大价值。一般预防之刑罚目的的实现，关键在于刑罚必然、刑罚及时、刑罚公开和刑罚适当，对于犯罪最强有力的约束力量不是刑罚的严酷性，而是刑罚的必定性。"……惩罚犯罪的刑罚越是迅速和及时，就越是公正和有益。"② 而自首制度的设立和运用，有利于司法机关及时查明案情、迅速侦破案件，将一切隐匿的、潜逃的罪犯抓获，有利于震慑社会上的其他不稳定分子，使他们悬崖勒马，放弃犯罪念头，因而有利于刑罚一般预防目的的实现。

---

① 马克昌主编：《中国刑事政策学》，武汉大学出版社 1992 年版，第 206～207 页。

② ［意］贝卡里亚著，黄风译：《论犯罪与刑罚》，中国大百科全书出版社 1993 年版，第 56～99 页。

第二章　一般自首

一般自首，是指《刑法》第67条第1款所规定的自首，即“犯罪以后自动投案，如实供述自己的罪行的，是自首”。一般自首的成立条件是指构成一般自首必须具备的条件，这是认定一般自首的法律标准。一般自首的成立条件是一般自首概念的具体化。概念揭示了一般自首的内涵和外延，成立条件则是在概念的基础上，进一步回答自首的成立需要具备哪些条件，解决的是自首的规格问题。换句话说，一般自首的概念具体化为实践操作中需要把握的几个方面，就成为了一般自首的成立条件，即A（概念）=a+b+c（a、b、c分别为成立的条件之一）。

成立一般自首需要具备几个条件，刑法学界及司法实务部门曾有争论。如前所述，在1997年《刑法》修订前，一般认为成立自首需要三个条件，即自动投案、如实供述自己的罪行、接受审查和裁判，三个条件必须同时具备，缺一不可。在当时颁布施行的司法解释中有明确规定。在《刑法》修订后，其中第67条第1款规定，“犯罪以后自动投案，如实供述自己的罪行的，是自首”，并未将接受国家审查和裁判作为成立条件之一，引起了争论。关于这一争论问题，前文已有论述和笔者的主张，在此不再赘述。关于一般自首的成立条件，我们基于法律的明文规定和前文主张，认为“接受国家审查和裁判”是自首成立的核心特征之一，但由于该特征已经内化在“自动投案”的认定之中，作为自动投案彻底性认定的要素，在自动投案中加以把握即可，因此在研究一般自首的成立条件时，笔者认为只要具备以下两个条件即可：一是自动投案；二是如实供述自己的罪行。

一、自动投案

自动投案，是指犯罪分子在犯罪以后，归案之前，自动向有关机关和个人投案，等待进一步交代犯罪事实，进而接受国家审查和裁判的行为。自动投案行为的本质是基于行为人的自由意志，自动将其身体置于国家司法机关控制之下。因而，自动投案的核心在于归案的自主性。

社会上发生的犯罪形形色色，但是犯罪之后，除极个别情况外，大部分都会受到法律追究，因此迟早都会归案。实践中犯罪人归案的方式多种多样，有的被司法机关捕获归案，有的被人民群众扭送归案，有的被被害人强制归案，有的则是犯罪人自动投案。总之，犯罪人的归案方式不外乎两种情况：一种是自动投案，一种是被动归案。根据法律和司法解释的规定以及自首本质的要求，自动投案是一般自首成立的首要要件和本质要件。如前所述，自首的本质在于行为人犯罪后自主地将其犯罪行为交付国家审查和裁判。因此，自动投案——自主地将自己置于国家司法机关控制之下，是自首成立的前提和首要条件。不仅如此，相对于被动归案，自动投案在一定程度上也反映出犯罪分子人身危险性有所减小。

自动投案作为犯罪人犯罪之后的一种行为，有其特殊的主客观构造。在主观认识层面，行为人认识到自己实施了犯罪行为，至于犯了什么罪，可能判什么刑，不需要有明确的认识。对于行为人误认为自己行为构成犯罪，但是法律上不构成是犯罪的，如仅仅违反道德但法律无明文规定或者具有正当防卫、紧急避险等正当化事由的，即使行为人主动到司法机关说明并要求国家审查和裁判，由于没有实行犯罪的前提，无所谓自首。在实践中，有的人对于自己的行为是否构成犯罪存在疑问，即认为自己可能构成了犯罪，也可能不构成犯罪，在此情况下主动到司法机关说明情况的，并言明如果构成犯罪愿意接受国家法律制裁的，也应当认为可以构成自首中的自动投案。在意志层面，行为人基于自己行为构成犯罪的认识，决定向国家司法机关投案，即不是消极等待国家司法机关来抓捕自己归案，或者为逃避刑事责任而逃跑，而是自愿主动到司法机关，将自己身体置于司法机关有效控制之下，等待进一步交代犯罪行为并接受国家的审查和制裁。

由于实践中自动投案的情形多种多样，司法机关办案时在认识和把握上难免会出现分歧。如何准确理解自动投案这一要件，最高人民法院1998年《解释》作了较为详尽的阐述。《解释》第1条规定，“自动投案，是指犯罪事实或者犯罪嫌疑人未被司法机关发觉，或者虽被发觉，但犯罪嫌疑人尚未受到讯问、未被采取强制措施时，主动、直接向公安机关、人民检察院或者人民法院投案。犯罪嫌疑人向其所在单位、城乡基层组织或者其他有关负责人员投案的；犯罪嫌疑人因病、伤或者为了减轻犯罪后果，委托他人先代为投案，或者先以信电投案的；罪行尚未被司法机关发觉，仅因形迹可疑，被有关组织或者司法机关盘问、教育后，主动交代自己的罪行的；犯罪后逃跑，在被通缉、追捕过程中，主动投案的；经查实确已准备去投案，或者正在投案途中，被公安机关捕获的，应当视为自动投案。并非出于犯罪嫌疑人主动，而是经亲友规劝、陪同投案的；公安机关通知犯罪嫌疑人的亲友，或者亲友主动报案后，将犯罪嫌疑人送去投案的，也应当视为自动投案。犯罪嫌疑人自动投案后又逃跑的，不能认定为自首”。总之，基于对自动投案核心要素的把握，从自首制度的立法精神、政策价值上，对属于自主性归案的情况作了明确和适当延伸，便于司法实践中正确认识和统一掌握。以下从四个方面对自动投案的要素加以研讨：

（一）投案时间

投案时间，是指自动投案的时限。综观各国刑法及我国台湾地区的“刑法”，均对自首作了时间性限定，如日本、我国台湾地区均规定自首成立须于犯罪未发觉之前自动投案。至于何谓“犯罪未发觉”，通说的解释为：其一，犯罪事实尚未被发觉前；其二，犯罪事实虽已发觉，但犯罪人尚未被发觉前。“犯罪事实和犯人是谁如果判明，犯人的所在即使搜查机关还不知道，也成为发觉”①，此时即使犯罪人自动投案，亦不能成立自首。并且，“发觉”一般仅指被搜查官员发觉，“被害人以及被害人以外之人，知悉该项事实，并知犯罪人之为何人，而搜查官吏犹未知之者，仍不能谓之发觉”②。

在我国，投案时间一般限定在犯罪之后、被动归案之前，只有在此时限内投案，才能成立自首。相比较而言，我国刑法对投案时间的规定更为宽松。根据1998年《解释》的规定，即使犯罪事实和犯罪嫌疑人均已被司法机关发觉，但只要犯罪嫌疑人尚未受到讯问、未被采取强制措施，甚至采取强制措施后脱逃的，只要没有被缉拿归案，都符合自动投案的时间条件。这样规定，更有利于鼓励犯罪分子主动归案，促进刑事案件的早日破获，这是值得肯定的。

这里的犯罪，包括犯罪预备、犯罪未遂、犯罪中止、犯罪既遂等各种犯罪的停止状态。不仅包括单人犯罪，也包括两人以上共同犯罪；不仅包括故意犯罪，也包括过失犯罪。因此，在犯罪预备、犯罪未遂、犯罪中止、犯罪既遂以后；单人犯罪还是共同犯罪之后；故意犯罪或者过失犯罪之后，只要自动投案的，都可以成立自首。

犯罪之后，在理解和把握上一般不存在疑问。没有犯罪发生，不需承担刑事责任，也就无所谓旨在减免刑事责任的自首。即使当事人误以为本不构成犯罪的行为为犯罪行为，因而向司法机关自动投案的，因无犯罪事实作为前提，也不成立自首。需要注意的是，一般而言自首理应在犯罪之后，但实践中有的犯罪人在报警后等待警方到达现场处理的时间内，又继续实施犯罪行为的，与典型的犯罪后自首有一定区别。对此如何认定，如“翁见武故意杀人案”③。在这起案件中，犯罪人翁见武持铁锤、菜刀砍打被害人后，误以为被害人已经死亡，便打电话向

---

① 参见马克昌著：《比较刑法原理——外国刑法学总论》，武汉大学出版社2002年版，第908页。

② 参见王觐著：《中华刑法论》，中国方正出版社2005年版，第439页。

③ 参见吴敏：《翁见武故意杀人案——被告人报警后又继续实施犯罪行为的，是否构成自首》，载《刑事审判参考》2009年第1集。

警察报案，等待警察到现场处理。但在向“110”报警后，翁见武发现被害人站起来拿着菜刀再次进入客厅，并在被台阶绊倒时将翁见武拽倒在地，翁见武遂将菜刀夺过，继续砍剁被害人，导致被害人死亡。裁判机关裁定翁见武的行为也是自动投案，构成自首。理由在于：首先，从案件整体情况看，行为人的报警行为虽发生在犯罪行为实施过程中而不是犯罪行为实施完毕之后，但其在自己已报警，公安人员马上到达的情况下，有条件逃跑却未逃跑，而是留在现场等待公安机关处理，显然属于主动将自己置于司法机关有效控制之下，符合自动投案的本质特征。其次，《刑法》第67条虽规定自动投案的时间条件是“犯罪以后”，但这种规定并不是从犯罪是否完成的角度作出的，而是一种立法技术上的提示性规定，其逻辑性要大于时间性。因为，任何自动投案行为都只可能发生在“犯罪以后”，而且从《刑法》规定看，《刑法》第67条虽然规定“犯罪以后”，但并未明确限制在犯罪既遂以后，这也就是说，没有排除在犯罪过程中存在自动投案的可能。报警只是投案行为的意思表示，而不是投案行为的全部，更重要的投案表现是其作案后留在现场等候处理。如此，犯罪人的投案行为也是发生在犯罪以后，与《刑法》的规定没有矛盾，应认定为自动投案。但在该案的评语中，同时认为，“一般情况下，行为人实施完犯罪后报警，又继续实施犯罪行为的，是否成立自首要根据具体情况来作分析，不能一概而论。而且，对于这种情况，即便认定了自首，是否一概在量刑上予以从轻处罚，也要根据具体案情，结合被告人犯罪的性质、情节和对社会的危害程度来适当把握”[①]。对此，笔者认为，综合来看，犯罪人的投案行为仍然在犯罪以后，因此对该结论也持相同意见。

另一个需要研究的是，作为自首成立时间截止点的归案标准问题。对于这一问题，一般情况下不存在疑问。犯罪人犯罪后，在被强制缉拿归案之前，或者被司法机关（职务犯罪的纪检监察机关）讯问、采取调查措施或强制措施之前，没有主动将其自身置于司法机关控制之下，不成立自动投案。在司法实践中可能存在疑问的是，最高人民法院在《解释》第1条规定了“犯罪嫌疑人尚未受到讯问、未被采取强制措施时，主动、直接向公安机关、人民检察院或者人民法院投案”是自动投案，即犯罪嫌疑人只要是受到讯问、被采取了强制措施，就是被动归案，而不可能是自动投案。这一规定即是把犯罪后被讯问认定为归案，或者说是成立自首的时间截止点，与此相关的问题是，如果犯罪嫌疑人被司法机关电话传唤或通过有关单位代为通知后直接到案、在司法机关尚未开始讯问前就主动交代犯罪行为的，能否成立自首？对此，笔者认为是可以的。理由在于：

一是符合司法解释的规定。司法解释规定的是“尚未受到讯问”，根据《中

---

① 参见吴敏：《翁见武故意杀人案——被告人报警后又继续实施犯罪行为的，是否构成自首》，载《刑事审判参考》2009年第1集。

华人民共和国刑事诉讼法》(以下简称《刑事诉讼法》)的规定，讯问是立案之后，侦查机关和司法机关为了查明犯罪嫌疑人、刑事被告人是否犯罪和犯罪情节的轻重而对犯罪嫌疑人、刑事被告人进行面对面的审查。讯问不是强制措施，否则《解释》中不会并行规定“未被采取强制措施”的条款。在一般意义上，讯问，一是“问”的意思；二是“审问”的意思。① 在《刑事诉讼法》中，讯问有严格的法律要求，必须由人民检察院或者公安机关的侦查人员进行。讯问是侦查案件的必要手段，对不需要逮捕、拘留的犯罪嫌疑人，可以传唤其在限定的时间到指定的地点接受讯问；对需要采取拘留、逮捕措施的，传唤、拘传的时间不得超过 24 小时。可见，讯问具有特定的法律意义，它意味着被问的对象已经在案。犯罪嫌疑人在被侦查机关电话传唤或通过有关单位代为通知后直接到案主动供述犯罪事实的，符合《解释》中的“尚未受到讯问”的规定，即仍在《解释》规定的时间范围内。

二是传唤不具有强制性。传唤，是指公安机关、人民检察院和人民法院使用传票通知刑事诉讼的当事人在指定的时间，自行到指定的地点接受讯问的诉讼活动。传唤区别于拘传的是，拘传有强制性，传唤没有强制性，并非《刑事诉讼法》规定的强制措施，其除了与拘传一样可以适用于犯罪嫌疑人和被告人之外，还可以对其他当事人，如自诉人、被害人等适用。《解释》中只列举了讯问和强制措施，没有把传唤列入其中不是没有理由的。因为犯罪人犯罪后仅仅接受侦查机关电话传唤或通过有关单位代为通知而直接到案的，仍然是在非强制情况下到案的，仍然符合归案的自主性。

三是犯罪嫌疑人具有归案的自动性和主动性。对于侦查机关电话传唤或通过有关单位代为通知犯罪嫌疑人在限定的时间到指定的地点去接受讯问，因为没有强制性，犯罪嫌疑人选择的余地还是很大的，既可以选择归案，也可以选择拒不到案，甚至逃跑，其主动归案，就表明其有认罪悔改、接受惩罚的主观目的，即具有归案的自动性和自主性。并且《解释》中还有“犯罪后逃跑，在被通缉、追捕过程中，主动投案的……应当视为自动投案”的规定。如果犯罪嫌疑人仅仅接受了传唤就直接归案的，反而不认定自首，于法于理都不通，也不符合立法本意。

关于上述问题的典型案例，在最高人民法院刑事审判庭主办的《刑事审判参考》2000 年第 3 集中的“庄保金抢劫案”中，审判机关认为行为人没有自动投案，即便一经传唤就如实供述犯罪事实，因不符合自首条件，不认定为自首。而《刑事审判参考》在 2005 年第 4 集中的“王春明盗窃案”中，审判机关认为

① 中国社会科学院语言研究所词典编辑室编:《现代汉语词典》(第 5 版)，商务印书馆 2008 年版，第 1554 页。

犯罪嫌疑人经公安机关口头传唤到案的情况，符合《解释》的规定，应当视为自动投案。[①] 基于上述分析，笔者认为，后一个案例的裁判应当是正确的，也是司法实务部门今后应该采取的正确观点和做法。

当然，如果犯罪嫌疑人接受传唤到案后没有主动交代犯罪事实，在司法机关进行一定的政策教育后，才主动交代犯罪行为的，应根据其供述时司法机关对犯罪事实掌握的程度，分两种情况作出认定：对于在司法机关尚未掌握其实施犯罪的重要证据、根据现有证据和工作经验尚不能断定其为所查询犯罪的重大嫌疑人之时作出供述的，可按“仅因形迹可疑被有关组织查询而作供述”对待，认定为自首；对于在司法机关逐步掌握了其实施犯罪的重要证据，足以断定其为所查询之罪的重大犯罪嫌疑人之后才作供述的，则可以认定为坦白罪行，按照法律规定从宽处罚。

上述讨论是侦查机关通过电话或有关单位代为通知的方式未当面传唤的情况，对于侦查人员当面直接传唤后犯罪嫌疑人归案的，能否认定自首也应当区别讨论。如果侦查机关在传唤前已经掌握了一定证据，可以将被传唤人确定为犯罪嫌疑人，则侦查人员当面对犯罪嫌疑人进行传唤后，被传唤人如实供述的，不能认定为自首。因为这种传唤实际上已经使犯罪嫌疑人失去了选择的余地，根本不具备不归案（逃跑）的现实条件，只能被动归案。根据《公安机关办理刑事案件程序规定》的规定，经过传唤没有正当理由不到案的可以拘传，可见当面的传唤可以理解为一种强制归案措施，犯罪嫌疑人没有自主选择的余地，失去了选择的自主性，失去了归案的自主性和主动性，就不能再认定为“自动投案”了。但是由于犯罪嫌疑人归案后能够如实供述，可以认定为坦白，按照《刑法》第67条第3款进行从宽处罚。对于侦查机关掌握的证据尚不足以将被传唤人列为犯罪嫌疑人，则当面传唤后被传唤人如实供述的，则可以参照前述“仅因形迹可疑被有关组织查询而作供述”的情况，认定为自首并按照有关规定予以从宽处理。

但需要注意的是，上述结论仅仅对非职务犯罪才能够适用。对于职务犯罪分子在“双规”期间供述罪行的处理问题，理论和实务界曾有争论。所谓“双规”，一般是指根据党的纪律法规和《中华人民共和国行政监察法》的规定，纪检监察部门接到群众举报或发现问题时，责令身为党员干部的被查处人在规定的地点与规定的时间内如实交代自己的违法乱纪问题。对此情况，有的同志认为，

---

① 参见任卫华：《庄保金抢劫案——犯罪嫌疑人一经传唤即如实供认犯罪事实的可否认定为自首》，载《刑事审判参考》2000年第3集；王学堂：《王春明盗窃案——犯罪嫌疑人被公安机关传唤到案后，如实供述自己的罪行的，能否认定为自首》，载《刑事审判参考》2005年第4集。

纪检部门不是司法机关，即使被查处人的犯罪事实被其发觉，也不能视为司法机关已经发觉，而且“双规”也不是《刑事诉讼法》规定的五种强制措施之一，被“双规”的被查处人不能视为已被采取了强制措施。故“双规”期间如实交代犯罪事实的，应当视为自动投案，以自首论处。[①] 也有的同志持相反观点，认为被查处人交代之前，纪检部门已经发觉了其犯罪事实，这时的纪检部门实际上代行的是司法机关的部分职权，应当视同为司法机关。被查处人被“双规”，标志着其犯罪事实已被司法机关发觉并被采取了强制措施。因而在此期间供述自己罪行的情形不能认定为自动投案。[②] 最高人民法院、最高人民检察院2009年发布了《关于办理职务犯罪案件认定自首、立功等量刑情节若干问题的意见》，规定职务犯罪分子仅仅接受调查机关谈话，即已经丧失成立自首的机会。由于该意见的出台晚于1998年《解释》，根据新法优于旧法的原则，对于职务犯罪分子，接受纪检监察等办案机关调查谈话时，就已经不能够再成立自首。当然，这里的办案机关同样包括检察机关，由此笔者认为，对于检察机关办理的职务犯罪案件，犯罪分子在接受调查谈话时，就已经丧失成立自首的机会，此时即使主动交代犯罪事实，如果该事实与检察机关已经掌握的线索相关，就不再成立自首。

在归案问题上，与上述情况相类似的问题还有，犯罪嫌疑人因特定违法行为被采取劳动教养、行政拘留、司法拘留、强制隔离戒毒等行政、司法强制措施，是否属于归案，在此期间主动向执行机关交代尚未被掌握的犯罪行为的，是否属于一般自首中的自动投案。根据1998年《解释》和2010年最高人民法院公布的《意见》的规定，这种情况也属于自动投案。笔者认为这一规定是正确的，其理由在于：（1）行政拘留、劳动教养、强制隔离戒毒等措施不是刑事诉讼意义上的强制措施。《刑事诉讼法》规定的强制措施仅仅包括拘传、取保候审、监视居住、拘留和逮捕五种，适用对象仅限于犯罪嫌疑人、被告人和正在服刑的罪犯。而行政拘留、劳动教养、强制隔离戒毒并不是刑事诉讼意义上的强制措施，被行政拘留或劳动教养、强制隔离戒毒的人，是因为实施了扰乱社会治安的一般违法行为，不是犯罪嫌疑人、被告人和正在服刑的罪犯。因此，上述人员在行政拘留、劳动教养、强制隔离戒毒期间，如实供述自己的罪行的，应视为自动投案。（2）《刑法》第67条第2款规定：“被采取强制措施的犯罪嫌疑人、被告人和正在服刑的罪犯，如实供述司法机关还未掌握的本人其他罪行的，以自首论。”根据“举重以明轻”的原则，对于因实施一般违法行为而被行政拘留、劳动教养、强制隔离戒毒的人，主动如实供述司法机关尚未掌握的犯罪事实的，也应理所当

① 参见谢望原：《自首与立功的两个问题》，载《法制日报》2003年9月4日。

② 参见刘凌梅、司明灯：《我国刑法中自首制度司法适用若干问题研究》，载《刑事司法指南》2002年第1辑。

然地认为是自首。否则，就有显失公平之嫌，也与自首制度设立的初衷不相符合。（3）被行政拘留、劳动教养、强制隔离戒毒的人在行政拘留、劳动教养、强制隔离戒毒期间，向公安机关如实供述公安机关尚未掌握的犯罪事实的，实际上属于“罪行尚未被司法机关发觉，仅因形迹可疑，被有关组织或者司法机关盘问、教育后，主动交代自己的罪行”的情形，应当视为自动投案，并因其如实供述自己罪行，因而成立自首。

在投案时间问题上，还存在一个需要研究的问题，即犯罪事实和犯罪嫌疑人均已被发觉，犯罪嫌疑人逃跑后，在被通缉、追捕的过程中主动归案，能否视为自动投案而成立自首。对此，在《刑法》修订之前，理论界曾存在三种观点：（1）否定说。该说认为这种情况不能认定为自首，如果认定为自首，无异于鼓励犯罪分子逃跑。（2）肯定说。该说认为这种情况应视为自首，因为将其视为自首有助于鼓励犯罪分子自动投案，有利于案件的侦查、审理，不会鼓励犯罪分子逃跑。（3）折中说。该说认为对于这种情况是否视为自首，不能一概而论。在公安机关采取强制措施之前、发出通缉令后，犯罪分子自动投案并交代罪行的，应视为自首。但是，在被采取强制措施后，犯罪分子逃跑，被通缉过程中自动归案的，就不能视为自首。① 此外，在《刑法》修订后，刑法学界又出现了一种接近于折中说的观点，笔者称之为“修正的折中说”，即不是一律对被采取强制措施后逃跑的犯罪分子的自动投案行为不予认定自首，而是将犯罪分子的罪行区分为本罪（即逃跑前被指控的罪行）与脱逃罪，对本罪不认定为自首，而对脱逃罪认定为自首。②

对于以上几种观点，笔者赞成肯定说的意见。理由如下：

第一，法律设立自首制度的初衷之一是为感召犯罪分子主动归案，及时消除犯罪后的不良影响，减少社会不安定因素。这不仅对犯罪分子本身有利，而且对于节约司法成本也是有利的，能够节省大量人力、物力、财力，使刑事案件得以及时侦破。那种把自首从宽看做是犯罪分子占了莫大的便宜，因而主张对自首条件从严掌握的观点无疑是对自首制度的偏见。在司法实践中，犯罪分子犯罪后逃跑而被通缉是多发情况，如果对此种情形中犯罪分子主动归案的行为不予认定为自首，“也就断绝了犯罪分子悔过自新之路，无异于鼓励犯罪分子抵抗到底，这显然不利于刑罚目的的实现”③。

---

① 参见高铭暄主编：《新中国刑法学研究综述（一九四九——一九八五）》，河南人民出版社 1986 年版，第 464 页。

② 参见刘子厚：《对新刑法中自首制度若干问题的研究》，载《四川法学研究》1997 年第 10 期。

③ 陈兴良著：《刑法适用总论（下卷）》，法律出版社 1999 年版，第 468 页。

第二，对犯罪后逃跑，后又主动归案的犯罪人认定为自首，不会导致刑罚不公正。我国刑法中的自首是“可以”从轻、减轻或者免除处罚的多功能情节，而且从宽处罚的幅度可因具体情况不同而有较大的差异。对于犯罪后逃跑，在被通缉、追捕过程中投案的犯罪分子来说，对其从宽幅度当然不能与犯罪事实或犯罪嫌疑人未被发觉时主动投案的情况同等对待。再者，犯罪分子作案后逃跑，在通缉以后归案，以自首论处，相对于在相同情况下未自首的犯罪分子应当给予宽大处理。而不是与未逃跑的犯罪分子同等而论，犯罪后逃跑，是一个从重情节，即使后来投案自首可以获得宽大处理，对其的处罚也不可能轻于未逃跑的犯罪分子。所以，将犯罪分子被通缉、追捕过程中主动归案的行为认定为自首，并不会导致对其处罚幅度的过宽而影响刑罚公正。

第三，对于折中说来讲，其出发点在于：被采取强制措施后，犯罪嫌疑人已丧失了自动投案的前提，不能因逃跑而创造出投案的前提，进而构成自首，得到从宽处理。如此，岂不会导致对逃跑的犯罪嫌疑人处罚更轻吗？修正的折中说在折中说的基础上，进一步考虑到犯罪嫌疑人的逃跑行为会构成脱逃罪，认为脱逃罪未曾被采取过强制措施，因此能成立脱逃罪的自首。笔者认为，折中说与修正的折中说看似考虑得面面俱到，但实际上经不起推敲，殊不足取。理由在于：一是从立法规定上看，自首的投案时间为犯罪之后、被动归案之前。归案是指犯罪嫌疑人的人身置于司法机关的控制之下，只要现在犯罪嫌疑人的人身未置于司法机关实际掌握之中，犯罪嫌疑人就存在自动投案的前提，就属于尚未归案。其以前被采取过强制措施只能表明其曾经归案，是归案的过去时，而作为投案前提的未归案，强调的则是现在时。二是犯罪嫌疑人在被采取强制措施之前逃跑，或者在被采取强制措施之后逃跑，并不必然标志着犯罪嫌疑人的人身危险性产生了本质的差别。犯罪嫌疑人最终投案终究是出于其本人意志的自动行为，无论如何，应当予以鼓励。三是从对犯罪嫌疑人的最终处罚结果看，将被采取强制措施后逃跑的犯罪嫌疑人的自动投案行为认定为自首，并不会导致量刑的偏差。量刑时，首先要考虑其脱逃的恶劣情节，然后再考虑自首。并且，由于脱逃情节的影响，对其自首从宽幅度可能小之又小。如果以被采取强制措施后不逃跑的犯罪嫌疑人的量刑作为一个参照，则对逃跑后又投案的犯罪嫌疑人的量刑将肯定高于这个水平，量刑偏差根本不会发生。至于修正的折中说所主张将被采取强制措施后又逃跑的犯罪嫌疑人的罪行分为本罪与脱逃罪的观点，由于被采取强制措施后逃跑的犯罪嫌疑人并不一定构成脱逃罪，当只有本罪存在的时候，岂不就不存在犯罪嫌疑人的自首了？这显然对鼓励在逃犯罪嫌疑人的主动归案是不利的。

综上，笔者认为，否定说、折中说以及修正的折中说的疑虑是不必要的，其结论不完全合理。前述最高人民法院的《解释》对此情况作出了明确的规定，“犯罪后逃跑，在被通缉、追捕过程中，主动投案的……应当视为自动投案”。

这是对肯定说最好的注解。在在司法实践中也有类似的案例，如在“梁国雄、周观杰等贩卖毒品案”中，审判机关认为“不论是侦查人员让犯罪嫌疑人去协助抓捕其他犯罪嫌疑人，还是该犯罪嫌疑人脱逃，只要其能够再去司法机关投案，就应认定其具有投案行为，如果能够如实供述所犯罪行，就应认定为具有投案自首情节”[①]。但实践中需要注意，这种情况下的自首从宽是与那些犯罪后逃跑被司法机关通缉、追捕被动归案的犯罪嫌疑人相比，而不是与那些犯罪后没逃跑的犯罪嫌疑人相比。

由此，可将我国自首制度中的投案时间划分为以下四种情形：（1）犯罪事实与犯罪嫌疑人均未被司法机关发觉之前；（2）犯罪事实已被发觉，但犯罪嫌疑人尚未被发觉之前；（3）犯罪事实和犯罪嫌疑人均已被发觉，但犯罪嫌疑人尚未受到讯问、未被采取强制措施之前；（4）犯罪后逃跑，在被通缉、追捕过程中。凡是在上述时间内主动投案的犯罪嫌疑人，都符合自动投案的成立条件。

（二）投案对象

自动投案的对象不限于司法机关，也包括其他有关单位、组织。“对于所向自首之人，并未加以限定，就立法精神观之，自以从宽解释为妥。”[②]“原则上自须向检察官、司法警察官或其他具有侦查犯罪职权之公务员或机关为之。但并不以此为限，倘向无侦查犯罪权限之机关自首其罪，经该机关将其自首移送于侦查机关者，仍不失为自首。”[③]一般认为，对于投案的机关应当作宽泛的理解，不应加以限制。因为自首的本质是主动将自己交付给司法机关追诉。向司法机关以外的其他机关投案，最终也必将移送到司法机关，符合自首特征。[④]

司法机关，是指对犯罪负有侦查、起诉、审判职能的公安机关、人民检察院、人民法院及其派出单位。《刑事诉讼法》第108条规定，“公安机关、人民检察院或者人民法院对于报案、控告、举报，都应当接受”。犯罪人向公安机关、人民检察院或者人民法院自首的，亦适用上述规定。《解释》也规定，“自动投案，是指……主动、直接向公安机关、人民检察院或者人民法院投案”。根据2009年最高人民法院、最高人民检察院《关于办理职务犯罪案件认定自首、立功等量刑情节若干问题的意见》的规定，职务犯罪分子犯罪后向纪检监察等

---

① 参见薛淑兰、蔡金芳：《梁国雄、周观杰等贩卖毒品案——为贩卖毒品者交接毒品行为的定性及自首、立功的认定问题》，载《刑事审判参考》2005年第6集。

② 韩忠谟著：《刑法原理》，中国政法大学出版社2002年版，第301页。

③ 高仰止著：《刑法总则之理论与实用》，台湾五南图书出版公司1986年版，第500页。

④ 陈兴良著：《刑法适用总论（下卷）》，法律出版社1999年版，第469页；张明楷、黎宏、周光权著：《刑法新问题探究》，清华大学出版社2003年版，第114页。

办案机关投案的，也可以成立自首。根据该规定，纪检监察等办案机关不仅是职务犯罪分子可以选择的投案机关，且如果没有及时自动投案，在纪检监察等办案机关掌握犯罪线索后采取调查谈话、讯问等措施时，再如实交代的，已经不能成立自首。

另外，虽然法律和司法解释中未提及，但国家安全机关作为与危害国家安全犯罪作斗争的专门机关，也应包括在司法机关范围之内，犯罪人向国家安全机关主动投案的，也属于向司法机关自动投案。

犯罪嫌疑人还可以向其所在单位、城乡基层组织及其他有关负责人投案。"所在单位"，是指公、检、法以外的犯罪嫌疑人所属的其他国家机关以及事业单位、人民团体、国有企业等，如果犯罪嫌疑人是在民营企业或外资企业工作的，也可以直接向其工作的企业投案。基层组织主要是指村民委员会、居民委员会等，其中，农民除了向村民委员会投案外，还可向乡政府投案；城镇无业居民、未就业的未成年人也可向其父母所属的机关、单位投案。其他有关负责人，主要是指非在执行公务之中的司法机关及其他国家机关、企业、事业单位的国家工作人员以及村民委员会、居民委员会等基层组织的负责人，民营企业和外资企业的负责人应当包括在"其他负责人"之中。犯罪嫌疑人向司法机关投案，经过该机关登记自首材料即可发生自首效力。但犯罪嫌疑人向其所在单位、城乡基层组织或者其他有关负责人投案的，应当在把犯罪嫌疑人移送到司法机关时才能发生自首效力，否则，犯罪嫌疑人属于尚未真正归案。因为现代社会中对犯罪及犯罪人责任的追究权力专属于司法机关，司法机关以外的单位或个人接受犯罪人的投案，只是充当犯罪人与司法机关之间的中介角色，其作用在于将前来投案的犯罪人及其罪行及时转交司法机关处理。如果犯罪人向上述单位、组织或人员投案的目的是为了请求其帮助掩盖、包庇自己的犯罪事实，则显然不能认定为自动投案；如果犯罪人向上述单位、组织、人员投案后，在有关机关将其送交司法机关的过程中，出于各种原因发生思想转变，反对甚至抗拒其将自己移交给司法机关，进而脱离有关单位的控制，也不能认定为自动投案；如果犯罪人犯罪后投向根本不可能将其犯罪告知司法机关，甚至可能会帮助其掩盖罪行的人（如犯罪人与所属单位负责人有亲属关系，不同意将犯罪人的犯罪告知司法机关并经犯罪人认可），同样不能认定为自动投案。然而，如果不是出于犯罪人的原因，而是上述单位、组织或者负责人员出于某种认识或考虑（有的误认为犯罪人的行为尚构不成犯罪，有的认为发生了犯罪对单位的形象不利，有的担心上级机关处罚等原因），从而单方面产生对犯罪人纵容、包庇的意思，在犯罪人向其投案后未将犯罪人及其罪行及时移交给司法机关处理的，能否认定为自动投案呢？笔者认为，这里要分两种情况处理：如果犯罪人明确知道上述单位、组织或负责人员的意见并予以接受的（如有的犯罪人向所在单位投案后，明知单位领导怕因发生犯罪影响自己晋升，从而接受单位领导提出的内部处理、不报司法机关处理的意见），则其自首就不能认定；如果犯罪人没有认识到单位有关负责人员的意思，不知道上述单位、组织有包庇、掩盖犯罪的意思（如单位负责人故意曲解法律告知其行为不构成犯罪，行为人因此产生错误认识，认为其行为不是犯罪，以致没能及时到司法机关投案），则其行为仍然应当认定为自首。其理由是：既然投案对象所充当的是犯罪人与司法机关的中介角色，其行为应视为司法机关职能的合理延伸，根据刑事案件中有利于被告人的原则和精神，中介责任的过错不应由投案人承担。由此，依照《解释》的有关规定精神，应认为此时犯罪人属于“经查实确已准备去投案……”应依法认定为自动投案。

关于“其他有关负责人员”，也有学者认为，不应限制在非执行职务期间的人员的范围内。因为机关、单位负责人的国家工作人员身份在其任职期间始终是存在的，很难说其在执行职务时接受投案，是其所属机关、单位的代表，而不在执行职务时接受投案，就是代表个人。而且，作此区分在司法实践中的意义不是很大。不管该有关负责人在接受投案时是否在执行职务，也不管犯罪分子是向单位投案，还是向有关负责人投案，总之依法都应该视为自动投案。① 笔者认为，该种观点固然有一定的合理性，即区分了“有关负责人”是否处于执行职务期间，对自动投案的认定并无太多实践价值。但是，既然《解释》将“其他有关责任人员”与“所在单位、城乡基层组织”予以并列，则表明“其他有关责任人员”就是非执行职务期间的人员。如果“其他有关责任人员”是在执行职务期间，那么犯罪人向其投案的，则应属于向其所属机关、单位或者组织投案。这样，《解释》则根本没有必要将其与“所在单位、城乡基层组织”予以并列，否则会导致《解释》关于投案对象的规定存在并列义项交叉、重叠的逻辑错误，从理论的严谨性和周延性的角度来看，是不足取的。另外，机关、单位负责人的身份在其任职期间始终是存在的这一事实，并不等同于该人员始终处于执行职务的期间和状态，如公司的聘任制总经理在异地度假期间，其所属员工因犯罪向其投案的，该总经理的任职身份未变，但却并未处于执行职务期间。因此，笔者认为应将《解释》规定的“其他有关负责人员”理解为公安机关、检察机关、人民法院以及犯罪人所在单位（公检法机关除外）、城乡基层组织中的非在执行职务期间的负责人员为宜。

此外，有学者认为，在外国航空器、船舶上犯罪的中国公民或外国公民，主动向外国机长、船长交代罪行，只要其愿意接受我国司法机关的审判，也应认定为自动投案，即认为投案对象可以是外国司法机关或外国个人。其理由在于：这

① 刘凌梅、司明灯：《我国刑法中自首制度司法适用若干问题研究》，载《刑事司法指南》2002 年第 1 辑。

些犯罪嫌疑人工作地点流动性很强，经常工作在公海上或天空中，不能要求他们犯罪后马上找到他们想要投案的司法机关，在他们向自己的上司主动交代罪行后，机籍国或者船旗国将案件交由我国司法机关予以管辖时，其未表示反对，即可视为向我国司法机关自动投案。如此认定，对于扩大我国自首制度在国际上的影响，树立我国法治国家的国际形象具有重要意义。[①] 笔者认为这一观点有一定道理，如在“谢源初故意伤害案”中，审判机关认为，虽然从《刑法》及司法解释的表述看，从维护国家主权的角度，这里的司法机关仅指中国司法机关，但是从自首的本质特征以及自首制度的设立宗旨考虑，有必要对一些特殊案件中的“准自首”涉及的“司法机关”作适当的扩大解释，将其理解为亦包括外国司法机关在内，即应当肯定向外国警方“自首”的行为也符合自首的成立条件。[②]

在研究投案对象的范围时，还有一个问题值得探讨，那就是投案对象是否可以为个人，这里主要指被害人。对此，将在后面章节详细阐述。

（三）投案意愿

自动投案的本来意思是指犯罪人基于自己的自由意志决定而积极主动地投案。有的学者认为，自动投案必须是基于犯罪分子本人的意志，这是确定自动归案是否成立的关键条件。[③] “投案应当具有自动性，这里的自动性意味着投案是犯罪人基于自己的意志自由而选择的结果。正是这种自动性，使投案与其他被迫归案的形式区分开来。”[④] 总之，有无投案的意愿是自动投案是否成立的必备要件。行为人没有投案意愿，即使到司法机关，被司法机关控制后如实供述的，也不能认定为自动投案。而印证投案意愿的主要标志是行为人明确告知司法机关其来司法机关的目的是投案。例如，“明安华抢劫案”，审判机关认为，虽然《刑法》和司法解释的规定均未明确行为人必须告知其到司法机关的目的是投案，才能成立自动投案，但从刑法设立自动投案，即要求行为人犯罪后主动将自己置于司法机关管辖之下的本意来看，必须明确告知到司法机关的目的是投案，这是成立自动投案不言而喻的要件。若行为人是以投案为目的主动来司法机关的，无论司法机关是否已掌握了其犯罪事实、是否已决定对其采取强制措施，均应当认

---

① 薛淑兰：《自首之投案对象与自动投案》，载中国人民大学法律科学研究中心主编：《现代刑事法治问题探索（第二卷）》，法律出版社 2004 年版，第 435～440 页。

② 参见薛淑兰：《谢源初故意伤害案——犯罪后潜逃国外，因非法人境被外国警方扣押，在此期间主动供述其在国内所犯罪行的，能否认定为自首》，载《刑事审判指导》2004 年第 1 集。

③ 许发民：《自首制度研究评述》，载《刑法问题与争鸣》（2001 年第 3 辑），中国方正出版社 2001 年版，第 177 页。

④ 陈兴良著：《刑法适用总论（下卷）》，法律出版社 1999 年版，第 473 页。

定为自动投案。行为人到公安机关的目的并不是投案，而是了解被害人是否死亡。公安局根据协查通报将行为人抓获后，虽然行为人如实供述了自己的主要犯罪事实，但因其欠缺自动投案这一条件，故不能认定为自首。[①] 对此，笔者予以赞成。

但是，在司法实践中，除犯罪人积极主动投案这一典型的自动投案类型之外，还有一些犯罪人投案时其自动性有一定瑕疵，如经亲友规劝、甚至被监护人强制投案等，对这些行为如何认定，是理论研究和司法实践中需要认真考虑的。笔者认为，在司法实践中认定犯罪人的投案意愿是否自动，在核心要素上，必须把握行为人到案的意志自由的决定性或非强制性，在具体要件把握上必须注重主客观相统一，即尽管投案意愿是主观性的东西，但必须具备一定的客观方面的表现印证才能认定。如果没有客观方面的表现予以印证，不能单纯依赖犯罪人的供述认定具备自动投案的主动性。

在最高人民法院前述的《解释》中规定了几种"准自动投案"的类型，"罪行尚未被司法机关发觉，仅因形迹可疑，被有关组织或者司法机关盘问、教育后，主动交代自己罪行的……并非出于犯罪嫌疑人主动，而是经亲友规劝、陪同投案的；公安机关通知犯罪嫌疑人的亲友，或者亲友主动报案后，将犯罪嫌疑人送去投案的，也应当视为自动投案"。这些在积极主动性方面存在瑕疵的"准自动投案"情形，在司法解释上也具有与典型的自动投案相同的法律效果，就是紧紧把握了上述自动投案意愿的核心要素。因为通过上述行为能够反映出犯罪人的投案行为不是在受到外在物理强制下作出的，还是基于自己的意志自由，将自己交付国家司法机关审查和处理。由此，2010 年最高人民法院《意见》又进一步明确提出，犯罪嫌疑人具有以下情形之一的，也应当视为自动投案：（1）犯罪后主动报案，虽未表明自己是作案人，但没有逃离现场，在司法机关询问时交代自己罪行的；（2）明知他人报案而在现场等待，抓捕时无拒捕行为，供认犯罪事实的；（3）在司法机关未确定犯罪嫌疑人，尚在一般性排查询问时主动交代自己罪行的；（4）因特定违法行为被采取劳动教养、行政拘留、司法拘留、强制隔离戒毒等行政、司法强制措施期间，主动向执行机关交代尚未被掌握的犯罪行为的；（5）其他符合立法本意，应当视为自动投案的情形。同时还规定，罪行未被有关部门、司法机关发觉，仅因形迹可疑被盘问、教育后，主动交代了犯罪事实的，应当视为自动投案，但有关部门、司法机关在其身上、随身携带的物品、驾乘的交通工具等处发现与犯罪有关的物品的，不能认定为自动投案。针对交通肇事后犯罪人向公安机关报告后，因保护现场、抢救伤者而没能投案的情

① 参见田立文、夏汉清：《明安华抢劫案——子女进入父母居室内抢劫的能否认定为"入户抢劫"》，载《刑事审判参考》2001 年第 10 集。

况，《意见》规定，交通肇事后保护现场、抢救伤者，并向公安机关报告的，应认定为自动投案，构成自首的，因上述行为同时系犯罪嫌疑人的法定义务，对其是否从宽、从宽幅度要适当从严掌握（对此问题以下有专门论述）。对于交通肇事逃逸后又自动投案，如实供述自己罪行的，《意见》也规定“应认定为自首”，但又提出“应依法以较重法定刑为基准，视情决定对其是否从宽处罚以及从宽处罚的幅度”。这些都是按照上述主客观相统一的原则来把握的，即都是在具备一定客观表现的基础上予以认定。对于犯罪人明确反对归案的，如犯罪嫌疑人被亲友采用精神强制（欺骗）、物理强制（捆绑）等手段送到司法机关，或者在亲友带领侦查人员前来抓捕时无拒捕行为，并如实供认犯罪事实的，虽然不能认定为自动投案，但可以参照法律对自首的有关规定酌情从轻处罚。这两种情形，前者是明显在犯罪人受到外力强制下到案的，主观意志不能自由决定，客观上有反对投案的外在表现，理所当然不具备自动投案的意愿，因而不能认定为自首；后者虽然无明确反对投案的客观表现，但是也没有体现主观上基于自由意志决定投案的客观表现，认定是否具备主观意愿的自动性就缺少客观证据印证，因而不能认定为自首。但由于两种行为都是犯罪人亲属支持司法机关办案的行为，在功利价值角度上与自首制度具有同向性，并且为了维护犯罪人与亲属的亲情，有利于犯罪人回归社会，法律和司法解释又规定在这两种情况下，对犯罪人可予以宽宥处理。

在自动投案的主观问题上，还涉及自动投案的动机。在刑法理论上，是否将投案动机规定为自首的必备要件，即自动投案是否以悔罪动机为必要，存在两种对立的观点：[①] 一为“肯定说”，认为应将投案动机规定为自首成立的必备要件，主张“自首的本质在于悔罪”；二为“否定说”，认为不应将投案动机规定为自首的必备要件，“投案须是自动的，但不要求内心的悔悛”，将投案动机作为自首的必备要件加以规定，将严重有损自首制度设立之鼓励犯罪人悔过自新、节约国家司法资源的积极功效，并有可能因此导致自首制度之运用过程中出现新的认识偏差。对此笔者认为，自动投案的动机是多种多样的，有的出于真诚悔罪，有的为争取宽大处理，有的经亲友规劝而醒悟，有的慑于法律的威严，有的潜逃在外生活无着等。但从自首制度的立法目的和自首的本质看，自首不以悔罪为必要，动机如何并不影响自动投案的成立。同样道理，自动投案也不以悔罪为必要，动机如何也不影响自动投案的成立，只要是犯罪人基于自由意志将自己交付国家司法机关处置其犯罪行为，就是自动投案。例如，在“姚伟林、刘宗培、庄晓华非法制造注册商标标识案”和“董保卫、李志林等盗窃、收购赃物案”中，审判机关认为，自首的立法精神主要是为瓦解、分化犯罪分子，提高刑事案

① 参见马克昌主编：《刑罚通论》，武汉大学出版社1999年版，第379页。

件的办案效率，节约司法成本。从犯罪分子投案及供述行为的客观结果考虑，只要有利于司法机关查清有关事实并顺利进行审判，就可以认定为自动投案。行为人自动投案的动机多种多样，有的是真诚悔罪，有的是畏惧惩罚，有的是出于无奈，有的抱着其他想法，有的甚至还想钻法律的空子。投案的动机虽各有不同，但是都不影响自首的成立，只是司法机关在裁量决定对自首者是否从宽以及从宽处罚的幅度时考虑的因素。即便是行为人为泄私愤的动机，也并不影响自首的成立。[①] 并且，司法实践中有的情况下犯罪人的投案动机如何，是难以把握和认定的，甚至有的情况下根本就无投案动机，如犯罪人醉酒后到司法机关投案，酒醒后虽对投案行为有所悔悟但由于已经交代犯罪行为，不得不认可其投案行为，继续如实供述自己的罪行，此种情形下怎么认定其动机就成问题。并且，将动机作为必备要件，增加了自首认定的条件和难度，从立法和司法解释的精神上看，是本着尽可能简便自首成立的条件、简化自首成立的程序的意旨，如果非要强求自首成立必须具备悔罪的主观要件，就势必为那些有自动投案之念，而把握不准自己投案动机的犯罪人人为地设置障碍，阻挡他们投案自首、悔过自新的道路，背离我国刑法设置自首制度的初衷，不利于国家司法资源的节约，亦不利于国家司法效率的提高。

此外，对于犯罪后及时投案，并如实供述自己的行为的犯罪嫌疑人，司法机关认为对其采取强制措施证据不足，即予以释放，后经侦查补充证据后又将其抓获，仍应认定其主观上具有自动投案的意愿，属于自动投案。

（四）投案行为

投案行为，是指犯罪嫌疑人将自己置于司法机关有效控制的客观表现。关于自动投案的行为方式，我国法律对其并无特别的限制和要求。一般认为，自动投案通常应是犯罪人本人直接向有关部门自动投案。对于犯罪人因为某种客观原因（如病、伤）不能亲自投案的，或者为了减轻犯罪后果，让他人先代为投案的；犯罪嫌疑人因客观原因不能亲身投案，而先以信、电投案以及送子或亲友归案的，即犯罪嫌疑人犯罪后由于惧怕心理，请求他人陪同投案的；或者并非出于犯罪嫌疑人的主动，而是经家长、亲友规劝，陪同投案的；公安机关通知犯罪嫌疑人的亲友，或者亲友主动报案后，将犯罪嫌疑人送去投案的，也应当视为自动投案。这也就是说，自首方式并无限制。[②] 这样，依照犯罪人归案方式的不同，可

---

① 杨万明：《姚伟林、刘宗培、庄晓华非法制造注册商标标识案——举报同案犯并如实交代自己参与共同犯罪事实的应否认定为自首》，载《刑事审判参考》2000 年第 4 集；方炯、谭松林：《董保卫、李志林等盗窃、收购赃物案——投案动机和目的是否影响自首成立》，载《刑事审判参考》2006 年第 1 集。

② 马克昌主编：《刑罚通论》，武汉大学出版社 1999 年版，第 378 页。

将自首分为亲首、代首、送首、陪首、余首。

1. 亲　首

亲首，是指犯罪人在犯罪以后亲自向有关机关或个人投案自首的行为，其在自首案件中占有较高的比例。按照司法解释的规定，以下几种行为也属亲首范围：一是如果犯罪嫌疑人因其他客观原因不能亲自投案的，以信、电方式报案后，在原地等待司法机关抓捕的，如交通肇事后为保护现场、抢救伤者，并向公安机关报告的情形；二是犯罪后主动报案，虽未表明自己是作案人，但没有逃离现场，在司法机关询问时交代自己罪行的；三是明知他人报案而在现场等待，抓捕时无拒捕行为，供认犯罪事实的；四是在司法机关未确定犯罪嫌疑人，尚在一般性排查询问时主动交代自己罪行的；五是因特定违法行为被采取劳动教养、行政拘留、司法拘留、强制隔离戒毒等行政、司法强制措施期间，主动向执行机关交代尚未被掌握的犯罪行为的。前述仅仅因司法机关电话等方式传唤后及时到案如实供述的，也是亲首。

2. 代　首

代首，是指犯罪人在犯罪后虽有自动投案的意愿，但因故不能亲往，因而明确委托他人代自己投案自首。在此种情形中，被委托人系按照犯罪人的意愿向司法机关代为投案，在犯罪人和司法机关之间充当了桥梁，系犯罪人主观意愿的延伸，如在交通肇事犯罪后，为抢救伤者或财产，而委托他人向司法机关或单位、组织、个人报案的，即为代首。从表面上看，司法机关获悉犯罪情况不是来自于犯罪嫌疑人，是由犯罪嫌疑人之外的人报告而得知的，但这里并不是他人举报犯罪，因为他人向司法机关报告的行为在本质上是接受犯罪嫌疑人委托而为，因此可以认为是犯罪嫌疑人自己的行为。这里需要注意的是，如果犯罪嫌疑人本人及代为投案人由于客观原因未能与司法机关联系上，犯罪嫌疑人投案的意思没能到达司法机关，而司法机关依据举报等线索将犯罪嫌疑人抓捕归案的，如果能够查实犯罪嫌疑人确实准备去投案，也要认定为自首。①

3. 送　首

有学者认为，送首是指未成年人犯罪以后，由其监护人或其他有关人员将其送到有关部门自首，也就是通常所说的“送子归案”。② 笔者认为，虽然送未成年人自首在实践中较为常见，但此种观点将送首的对象仅限于未成年人则显得过于狭窄，与司法解释的规定有所不符，不利于对送首的正确理解和适用。根据司法解释的规定，“公安机关通知犯罪嫌疑人的亲友，或者亲友主动报案后，将犯

---

① 参见朱平：《薛佩军等盗窃案——盗窃毒品如何定罪量刑》，载《刑事审判参考》2002 年第 4 集。

② 陈兴良著：《刑法适用总论（下卷）》，法律出版社 1999 年版，第 472 页。

罪嫌疑人送去投案的，也应当视为自动投案”。故送首，应是指犯罪嫌疑人犯罪以后，由其亲友或紧密关系人将其送至司法机关或有关单位、组织、个人投案自首的行为。司法解释并未限制或要求犯罪嫌疑人一定是未成年人。需要注意的是，并非所有由亲友送交投案的都认定为犯罪嫌疑人的自动投案，只有在犯罪嫌疑人不抗拒投案的情况下，才能认定为自动投案。因为这样才能体现投案并不违背犯罪嫌疑人的意志，犯罪嫌疑人主观上对被送去投案仍认可，对其行为仍有一定的觉悟，如犯罪嫌疑人经亲友规劝后仍不愿投案，是亲友将其捆绑而强行送交司法机关归案的，则不能视为自动投案。在《刑事审判指导》2004 年第 1 集中刊载的“龚春雷故意伤害案”中，审判机关认为“即使没有直接将犯罪嫌疑人送去归案，但有效控制住犯罪嫌疑人，使公安机关将其抓获，可视为送子归案的一种形式，应认定为自动投案”①。同样在《刑事审判参考》2005 年第 6 集刊载的“孙传龙故意杀人案”中，对于孙传龙父亲孙杰诗经公安人员说服教育，答应带领公安人员去抓获孙传龙，后带领公安人员在陕西省西安市将孙传龙抓获的行为，审判机关认定孙传龙构成自首，理由是“把特殊情况下亲友的自动性视为了犯罪嫌疑人的自动性……主要是为了鼓励犯罪嫌疑人的亲友协助司法机关同犯罪作斗争，协助司法机关侦查破案”②。这里实际上是弱化了自首自动性的本质特征，即犯罪嫌疑人没有自动投案的，将其他人的自动性解释为犯罪人的自动性。但在 2010 年最高人民法院《意见》中却又明确指出，犯罪嫌疑人被亲友采用捆绑等手段送到司法机关，或者在亲友带领侦查人员前来抓捕时无拒捕行为，并如实供认犯罪事实的，虽然不能认定为自动投案，但可以参照法律对自首的有关规定酌情从轻处罚。这一规定实际上反映了最高审判机关在这一问题认识上的转变，即认定自动投案，必须有犯罪嫌疑人本人的客观行为予以印证，亲友的自动性不能代替犯罪嫌疑人的自动性。在客观行为不能证明犯罪嫌疑人是否具有自动性，如“亲友带领侦查人员抓捕时无拒捕行为”的，则不认定为自动投案，但是在处罚时参照自首酌情进行处理。这一方面坚持了自首必须具备自动性的特征，另一方面对于亲友协助司法机关抓捕犯罪的行为，予以政策兑现和鼓励。但是，如果犯罪人亲友对其实施了哄骗、捆绑、麻醉措施，途中犯罪人明确表示不再反抗，且归案后主动如实供述其罪行的，因为犯罪嫌疑人的主观意志在途中已经发生转变，由不自愿转变为自愿，则应视为自动投案，成立自首。

---

① 参见叶建平、吴文举：《龚春雷故意伤害案——亲友将犯罪嫌疑人捆绑后及时报请公安机关将其抓获的，能否认定为“自动投案”》，载《刑事审判指导》2004 年第 1 集。

② 参见陈殿福、张云周：《孙传龙故意杀人案——亲友带领公安人员抓获犯罪嫌疑人能否认定自首》，载《刑事审判参考》2005 年第 6 集。

4. 陪　首

陪首，是指犯罪人犯罪以后，在他人陪同下投案自首的行为。这里的他人，法律未作明确限制，可以是亲友、同学、同事、邻居等，但笔者认为，应该以完全行为能力人为宜。

总之，投案的行为方式是多种多样的，但能否认定为自首，还需要看是否具有自动投案的本质条件。

二、如实供述自己的罪行

如实供述自己的罪行，是自首的另一个条件。“如实供述自己的罪行”在实践中如何掌握运用，准确把握其尺度，需要进一步研究。

（一）如何理解“罪行”

自首的情况下，犯罪分子自动投案后应当如实供述自己的罪行。“罪行”的内涵如何界定，涉及供述的内容与范围。关于“罪行”的含义，理论界有多种意见，有人认为，罪行是指犯罪事实，即客观存在的犯罪的实际情况的总和。某一具体罪行的范围应当以犯罪人所知的为限，并且是犯罪的主要事实，只要这一事实足以使司法机关查明犯罪真相就可以成立自首。[①] 有人提出，罪行貌似规范评价的范畴，实质上是指行为事实。所谓行为事实，是指客观存在的犯罪实际情况的总和。至于这一事实在法律上应当受到何种评价，不在应当供述之列，因为行为是否构成犯罪，是司法机关判断的内容，而非犯罪嫌疑人承认的内容。[②] 甚至有的学者直截了当地指出，刑法所规定的如实供述“自己的罪行”，主要是指客观犯罪事实。[③]

这里需要认真研究两个问题，一是罪行的范围，即是犯罪的全部事实，还是犯罪事实中的主要部分。二是何谓“主要犯罪事实”，即是包括犯罪构成的主客观各方面事实，还是基础的犯罪构成要件事实；是仅指定罪事实，还是量刑事实也一并包含。

对于第一个问题，根据最高人民法院《解释》第1条第2项的规定，如实供述自己的罪行，是指犯罪嫌疑人自动投案后，如实交代自己的主要犯罪事实，即“罪行”是指主要犯罪事实。该规定实际上是吸收了1984年《解答》内容而形成。在《解答》中规定，“如实交代自己的罪行，是指犯罪分子自动投案后，全部交代自己的罪行，至少是如实地交代自己的主要犯罪事实”。《解答》将

① 陈兴良著：《本体刑法学》，商务印书馆2001年版，第795页。

② 张明楷、黎宏、周光权著：《刑法新问题探究》，清华大学出版社2003年版，第122页。

③ 张明楷著：《刑法学》（第四版），法律出版社2011年版，第454页。

“如实交代自己的罪行”的底线定在如实交代主要犯罪事实上。《解释》是采用了这个底线，没有要求犯罪分子全部交代自己的罪行。对于“如实供述自己的罪行”这一问题，在理论上的解释也基本大同小异。有人认为，如实供述“只须足以使侦查人员凭以查明该犯罪之真相为已足，并不以完全与事实相符为必要”[①]；有人认为，如实供述自己的罪行，是指犯罪分子自动投案后，主动如实地供述了自己的犯罪行为；[②] 有人认为，所谓如实供述自己的罪行，是指犯罪分子自动投案后，主动如实供述自己的全部犯罪事实。[③] 虽然提法不同，但在具体论述时，最终都将如实供述的内容定位在主要犯罪事实上。也许正因为如此，多数人干脆直接采用了司法解释上确定的内容。[④] 在实践中，犯罪分子归案后的供述如果是全部事实当然更好，这对于认定自首不会产生任何争议。但是，对于没有交代全部事实的情况，不外乎以下两种原因：一是主观上不想全部交代，有意隐瞒了部分犯罪事实，如动机过于卑劣不敢交代；二是主观上没有隐瞒的故意，但由于犯罪时处于特殊的环境，基于当时环境观察、记忆犯罪发生的情况与实际情况有所误差。对于前一种情况，由于犯罪分子主动投案后已经交代的事实属于主要犯罪事实，为司法机关查明犯罪情况提供了比较充分的条件，按照“两个基本”的证据标准，在一般情况下，案件都能够顺利诉讼，并且只要继续深入侦查，也能够将隐瞒的犯罪事实予以查清，基本不影响对犯罪分子的追究，所以综合考虑，为鼓励犯罪分子犯罪后及时自动归案，减少因为犯罪分子未归案造成的各种不安定状态，认定为自首利大于弊。对于后一种情况，基于对人性化的考虑，非出于犯罪分子主观上的原因导致的供述与事实不相符的情况，归责于犯罪分子而不认定自首不够公正，并且着眼于自首制度的基础与价值追求，以及对故意隐瞒型的供述认定为自首的情况，按照“举重以明轻”的原则，也应一并认定为自首为宜。从鼓励犯罪分子积极投案自首的角度看，将如实供述自己的罪行解释为如实交代自己的主要犯罪事实，对于司法实践中消除犯罪分子对自首认定上顾虑，鼓励其积极投案自首，也有积极意义。如果将自己的罪行的范围定为自己的全部罪行，在办理具体的案件过程中，司法机关工作人员在判断某犯罪嫌疑人或被告人是否自首情节时，有可能因受所谓“全部”的影响，对一些不影响定罪量刑的细枝末节，也要求犯罪嫌疑人或被告人供述清楚，否则，不认定为自

---

① 高仰止著：《刑法总则之理论与实用》，台湾五南图书出版公司 1986 年版，第 500 页。

② 陈兴良著：《当代中国刑法新境域》，中国政法大学出版社 2002 年版，第 566 页。

③ 马克昌主编：《刑罚通论》，武汉大学出版社 1999 年版，第 379 页。

④ 参见张明楷、黎宏、周光权著：《刑法新问题探究》，清华大学出版社 2003 年版，第 119 页；张明楷著：《刑法学》（第四版），法律出版社 2011 年版，第 519 页；何秉松主编：《刑法教科书（上卷）》，中国法制出版社 2000 年版，第 583 页。

首。这样就会使一部分犯罪嫌疑人或被告人对自首从宽失去信任，以至于使投案自首的人数减少，使自首制度的价值大打折扣。

对于第二个问题，何谓“主要犯罪事实”。笔者认为，综合考察，主要犯罪事实的“主要”首先是指一个罪名的犯罪而言，行为人触犯多个罪名的，只要供述其中一个犯罪的主要事实，即应就该罪名的犯罪成立自首，如行为人触犯杀人、强奸、盗窃犯罪，主动投案后仅供述盗窃犯罪，不能因为行为人仅供述轻罪不供述重罪，认为没有供述“主要”犯罪事实不认定为自首，而应该就盗窃犯罪认定自首，对杀人和强奸犯罪不认定自首。其次，主要犯罪事实的“主要”是指对犯罪嫌疑人行为的性质认定有决定意义的事实、情节（即定罪事实）以及对量刑有重大影响的事实、情节（即重大量刑事实）。而所谓对量刑有重大影响的事实、情节，是指决定着对犯罪嫌疑人应适用的法定刑档次是否升格的情节，以及在总体危害程度上比其他部分事实、情节影响更大的事实、情节。主要犯罪事实首先包括定罪事实，这是自首得以成立的基础。而对于量刑事实，则应区分已如实供述与未如实供述的部分的严重程度，决定是否认定为如实供述自己的主要犯罪事实。对于犯罪嫌疑人多次实施同种罪行的，根据最高人民法院2010年《意见》的规定，认定是否如实供述主要犯罪事实的基本标准，是已交代的犯罪事实与未交代的犯罪事实的危害程度，并规定了区分犯罪情节与犯罪数额两个具体标准，即如实交代的犯罪情节重于未交代的犯罪情节，或者如实交代的犯罪数额多于未交代的犯罪数额，一般应认定为如实供述自己的主要犯罪事实。在此，犯罪数额的多少一般都有比较明确的界限，而犯罪情节的轻重，则要根据情节的危害程度、对量刑的影响加以判断。例如，被告人绑架作案三起，其中第三起致人死亡，被告人投案后如实交代了前两起，因为绑架致人死亡的法定刑较高，所以隐瞒了第三起，由于致人死亡的一起犯罪对量刑有决定性的影响，如实交代的犯罪情节轻于未交代的犯罪情节，故不应认定为如实供述主要犯罪事实。

对于犯罪嫌疑人仅实施一次犯罪行为的情形，上述标准也可以参照适用。例如，犯罪嫌疑人入户抢劫，致死1人，劫得财物数千元，但其自动投案后仅如实交代参与抢劫的基本事实，隐瞒了直接致被害人死亡的关键事实。在此情形下，犯罪嫌疑人虽然如实供述了参与抢劫的事实，但未如实供述直接致人死亡这一更严重的犯罪情节，故不能认定为如实供述主要犯罪事实。

还需要注意的是，《意见》规定，“如实供述自己的罪行，除供述自己的主要犯罪事实外，还应包括姓名、年龄、职业、住址、前科等情况。犯罪嫌疑人供述的身份等情况与真实情况虽有差别，但不影响定罪量刑的，应认定为如实供述自己的罪行。犯罪嫌疑人自动投案后隐瞒自己的真实身份等情况，影响对其定罪量刑的，不能认定为如实供述自己的罪行”。由此可见对“如实供述主要犯罪事实”和“如实供述身份”的认定采用了不同的标准：只要如实供述的犯罪事实对量刑的影响大于所隐瞒的事实，就可以认定为“如实供述主要犯罪事实”，而只要隐瞒的身份情况对量刑有影响，就不能认定为“如实供述自己的罪行”。例如，犯罪嫌疑人实施强奸犯罪三起，犯罪情节大致相当，自动投案后如实交代了两起，可认定为自首；若其自动投案后如实交代了三起，但隐瞒了5年内受过刑事处罚的事实，则不能认定为自首。在这里，虽然前者隐瞒的事实对量刑的影响可能要大于后者，但根据《意见》，后一种情况不认定为自首。笔者认为，最高司法机关之所以作出这种选择，理由可能在于避免身份问题而造成对司法的影响。犯罪分子到案后不如实交代身份等基本情况的越来越多，有的是“面子”问题，但相当一部分是企图隐瞒漏罪或者前科、真实年龄等情况。前者说不上有主观恶意，后者则违背了自首的立法本意，但二者都会影响到准确、及时、有效地打击犯罪，也不利于监所机关的管理。在司法实践中，可能还会出现隐瞒身份的其他情形，如何认定就要以隐瞒的内容是否影响定罪量刑为标准进行分析判断。此外，“主要犯罪事实”之“主要”，如果用百分比表示，一般情况下“主要”应是超过50%，在无法区分已交代的与未交代的犯罪情节的严重程度，或者已交代的犯罪数额与未交代的犯罪数额相当的情形下，一般不认定为如实供述主要犯罪事实。

（二）如何理解“自己的”

在犯罪嫌疑人实施的单独犯罪中，“自己的”罪行指犯罪嫌疑人本人所实施的犯罪行为事实是毫无异议的。但是对于共同犯罪案件中的犯罪嫌疑人，若要成立自首，该如何界定其如实供述的“自己的”罪行呢？根据《解释》的规定，“共同犯罪案件中的犯罪嫌疑人，除如实供述自己的罪行，还应当供述所知的同案犯，主犯则应当供述所知其他同案犯的共同犯罪事实，才能认定为自首”。从上述规定可以看出，自首的共同犯罪嫌疑人供述“自己的”罪行不仅限于其本人的罪行，还须供述同案犯的共同犯罪事实。对共同犯罪案件中的犯罪嫌疑人来说，若要成立自首，则其在供述“自己的”罪行时，只有在其所直接参与实施的犯罪行为作如实供述的同时，还对其所知道的、与其有密切联系的其他共同犯罪嫌疑人的共同犯罪行为亦作如实供述，这样方可谓对自己的罪行作了如实供述，进而才能认定其成立自首。[①] 共同犯罪的性质决定了每一个共同犯罪人的行为是共同犯罪行为的一部分，对于从犯、帮助犯、教唆犯、胁从犯而言，如果仅供述自己实施的部分行为而不供述其所知的其他同案犯，不能成立自首。在共同犯罪中，各犯罪嫌疑人对与其有密切联系的其他同案犯的共同犯罪事实是有所认

① 周加海著：《自首制度研究》，中国人民公安大学出版社2004年版，第138页。

知的，事实上每个犯罪嫌疑人的犯罪行为都是共同犯罪中的一个组成部分。如果只要求犯罪嫌疑人如实供述“自己的”罪行，而对其供述其他同案犯的共同犯罪事实不作要求，不但无法评判每个人的行为性质和对其准确量刑，甚至影响整个案件的侦破和评判。因此，我们应当将共同犯罪案件中“自己的”罪行理解为犯罪嫌疑人直接参加与实施的共同犯罪事实和所知的联系密切的其他共同犯罪人的犯罪事实的总和。但是，考虑到共同犯罪的发展趋势，在一些组织严密、保密措施严格的犯罪组织内，非主犯所了解的情况范围有限，此时，只要行为人就其所可能知道的情况进行如实供述即可。由于共同犯罪情况的复杂性，这一问题将在后面章节中重点论述。

（三）如何理解“如实供述”

首先是如何认识“如实供述”的问题，就是判断在什么样的情况下，犯罪人的供述才是“如实供述”。对此，有学者认为，由于主客观方面的限制，投案人供述的犯罪事实一般不一定与客观存在的犯罪事实一模一样，因此，如实供述要求投案人对自己犯罪事实的供述要与客观存在的犯罪事实基本上一致，不需要与所有的犯罪细节完全吻合。① 有学者认为，“如实”的实质是既不缩小也不扩大。② 有学者认为，如实供述是指犯罪人对自己犯罪事实的表述与客观存在的犯罪事实相一致，但不是绝对的等同或者同一，只能是近似或者相似。③ 有的学者进一步提出，如实供述的“如实”，是指犯罪人对自己犯罪事实的表述和自己的记忆与客观存在的犯罪事实相一致。通说强调犯罪人的供述与客观事实相一致可能有失偏颇。在实践中，犯罪人出于真诚悔悟的动机，按照自己的记忆对案件的主要事实进行陈述，但与案件客观事实有重大出入的，也应当承认其供述的“如实”性。所以，如实供述首先是指供述符合犯罪人的记忆，其次才是符合案件的客观事实。④

笔者认为，这里区别在于供述的内容与什么相一致，才是“如实”。上述第一、二、三种观点并没有什么本质区别，都强调了“如实”是供述与客观事实的一致性，但由于主客观的限制，又不能追求完全一致，只能是基本一致、相似或近似。第四种观点重视了人主观的一面，指出如实供述首先是犯罪人对其记忆中的犯罪事实的如实交代，然后才考虑是否与客观事实的一致。在考虑与客观事实是否一致时，第四点观点也认为，不能强调绝对的等同。四种观点对供述要符

---

① 赵秉志主编：《刑罚总论问题探索》，法律出版社 2002 年版，第 420 页。

② 张明楷著：《刑法学》（第四版），法律出版社 2011 年版，第 519 页。

③ 陈兴良著：《本体刑法学》，商务印书馆 2001 年版，第 794 页。

④ 张明楷、黎宏、周光权著：《刑法新问题探究》，清华大学出版社 2003 年版，第 119 页。

合客观事实的要求是相同的，但正如第四种观点所举的例子那样，在实践中，存在犯罪人的供述与案件的客观事实有重大出入，其确实也是按照记忆中的事实如实交代，对于这样的情况，也应该认定犯罪嫌疑人或者被告人是如实供述，这显然与那种要求供述要符合客观事实的观点相冲突。对于第四种观点所提出的"如实供述首先是指供述符合犯罪人的记忆"，但人的记忆在现有科技水平下无法得到印证，对于那些故意隐瞒的犯罪嫌疑人或者被告人而言，会成为逃避打击的手段，因此这一主张没有坚实的科学基础，也会给司法实践中判断供述是否"如实"带来困难。可见，"如实"供述以客观事实为判断标准存在可议之处，以主观为判断标准也有致命的缺陷。其实，在司法活动中根本就不可能以客观事实为标准来判断犯罪嫌疑人或者被告人是否"如实"供述。司法机关的裁判活动以认定事实为基础，认定事实的过程是一个运用证据查明事实的诉讼过程，这样的过程是一种回溯性的诉讼证明过程。由于证明主体、证明客体和证明时空和资源的局限性，以及各种证明程序和规则的制约，决定了回溯性的诉讼证明在大多数情况下达不到证明结果与案件客观事实完全一致的程度。[①] 因此，在司法活动中，司法机关所认定的事实不可能与客观事实相一致，只能尽可能地接近。正如有的学者所说："人们在具体案件中对案件事实的认识，在能力上只能是不至上的和有限的，在目标上只能是追求'相对真理'，而不是'绝对真理'。"[②] 和犯罪嫌疑人或被告人不能如实供述客观事实一样，司法机关也不可能完全确定客观事实，因此，就不可能将客观事实作为判断犯罪嫌疑人或者被告人是否如实供述的标准。司法活动是一个运用证据证明事实的过程，被证明了的事实是通过程序法和实体法进行确认的事实，是一种法律事实。司法机关只能用这样的法律事实来比较判断犯罪嫌疑人或者被告人是否如实供述，司法实践中确实也是这样运作的。因此，犯罪嫌疑人或者被告人的供述只要与法律确认的事实基本一致，就可以认定为如实供述。

在认定犯罪嫌疑人或被告人是否如实供述自己的罪行时，还必须注意以下几个问题：

一是要注意区分如实供述与合理辩解。有人认为，如实供述是指将本人所犯罪行客观地予以陈述。自我辩解则是在客观陈述自己罪行的基础上，对本人承担刑事责任的轻重进行解释。合理辩解是犯罪人的诉讼权利，不能因为犯罪人进行了自我辩解而否定其供述的如实性。只要是如实供述，即使是为自己开脱罪责的辩解也不能否认其自首的成立。[③] 但如果自动投案后，又编造事实为自己开脱罪

---

① 卞建林著：《刑事诉讼的现代化》，中国法制出版社2003年版，第420～424页。

② 卞建林著：《刑事诉讼的现代化》，中国法制出版社2003年版，第365页。

③ 陈兴良著：《本体刑法学》，商务印书馆2001年版，第794页。

责，就不是如实供述。[1] 对此，笔者认为，关键是事实判断和价值判断两个不同方面的区分，如实供述只要求犯罪嫌疑人或者被告人基于事实判断的供述基本属实，对行为性质的价值判断没有要求，即只要犯罪嫌疑人或者被告人的供述与其关于犯罪行为的事实判断基本一致，就属于如实供述，而关于行为是否构成犯罪、罪轻与罪重、此罪与彼罪，则属于价值判断的内容。价值判断的内容不属于法律上关于如实供述的内容，犯罪嫌疑人或者被告人关于行为性质的价值判断不管怎样地与法律规定不相符合，甚至荒唐，都不影响如实供述的成立。

在司法实践中，如何区别翻供与正当辩解，是一个普遍存在的突出问题，需要详加研究。所谓翻供，是指犯罪人就犯罪构成的主要事实先前作了承认而后进行否认的行为，对不影响犯罪构成的次要事实先后作不同的供述不能认定为翻供。在司法实践中，应正确对待行为人的正当辩解权的行使。首先，如前所述，行为人对行为性质的辩解，不能认定为翻供。在现代诉讼注重程序公正的前提下，赋予和保护被告人的辩解权，既是各国的普遍做法，也是我国刑事司法工作的重要内容之一。且在现代诉讼文明中，如实供述与被告人行使辩解权并没有根本的冲突。最高人民法院《解释》第1条在解释何为“如实供述自己的罪行”时指出，“如实供述自己的罪行，是指犯罪嫌疑人自动投案后，如实交代自己的主要犯罪事实”。这里规定的是主要犯罪事实而非行为性质，其原因在于对行为性质乃至对法律的认识是因人而异的，不同的人有不同的理解。无论被告人将其犯罪行为辩解为无罪（认识上的无罪而非事实上的无罪）或将此罪辩为彼罪，还是将其行为辩解为正当防卫、紧急避险，等等，都属于对行为性质的不同认识和理解，不能因此而轻易地认定其翻供。实际上，是否属于正当防卫，最终是司法裁定的问题。人民法院合议庭讨论时，意见也未必统一，因此，要求被告人对自己的行为性质作出与判决结果一致的判断，确实是勉为其难。其次，被告人对司法机关作了前后不同的供述，也不能轻易地认定其翻供。这里涉及对客观事实的认识是否正确的问题。被告人对事实的认识，虽为自己所亲历，却未必完全客观正确。尽管可以根据相关证据确定被告人对一非主要事实的辩解系狡辩，但也不能彻底排除其在记忆上的误差，由于犯罪一般是在激烈环境下进行的，大多是在瞬间发生的事情，严重影响了行为人的认识能力，所以行为人的认识难免与实际情况存在误差。不能以被告人对法律、对事实的认识有差异，就认定其翻供。再次，一般来说，投案自首、如实供述犯罪事实确实体现了被告人的悔罪心理，但是，悔罪表现与被告人行使辩解权是一个问题的两个方面。具有悔罪表现，表明被告人的人身危险性有所减小。在权利社会的结构状态下，应当认为被告人表示悔罪，其实质也视为“请求从轻处罚权”的内容之一。而被告人行使辩解权，

---

① 陈兴良著：《刑法适用总论（下卷）》，法律出版社1999年版，第476~477页。

不仅仅是在行使刑事实体上的权利，更是在行使刑事诉讼上的权利。因此，被告人悔罪与行使辩解权同属行使刑事诉讼权利的范畴。两项权利之间并不互相排斥。如果以被告人行使了辩解权就认为其无悔罪表现，这无疑是对被告人诉讼权利的变相剥夺。

根据司法实践，下列行为一般情况下不属于如实供述：（1）推诿他人、保全自己，意图逃避惩罚，即为了使自己逃避惩罚，而把自己实施的犯罪行为嫁祸他人。（2）江湖义气，大包大揽，意图包庇同伙。这种情况一般发生在共同犯罪之中，往往是在实施了共同犯罪之后，其中有的犯罪嫌疑人出于“哥们儿义气”，受“为朋友两肋插刀”思想的驱使，或者是出于“丢卒保车”掩护同伙的动机，只身向司法机关投案，将几人共同实施的犯罪，全部说成是自己一人所为。（3）歪曲真相，谎报性质，妄图蒙混过关，即行为人故意颠倒黑白，作有利于自己的解释，把自己的犯罪行为说成是有利于社会的行为。（4）捏造犯罪，假戏真做。（5）遮遮掩掩，避重就轻，意图减轻罪责。①

二是如实供述的时间问题。基于自首制度设立的价值基础，还要考虑如实供述的时间问题。如果供述时间过晚，既影响司法效益又可能增加司法机关办案的难度，甚至造成冤及无辜，因而不应当对其从轻处理。根据前述最高人民法院《解释》的规定，犯罪嫌疑人自动投案并如实供述自己的罪行后又翻供的，不能认定为自首；但在一审判决前又能如实供述的，应当认定为自首。相应地，被告人在一审阶段翻供、二审阶段又如实供述的，不能认定为自首；一审认定为自首，被告人在二审阶段翻供的，不能改变自首的认定。首先从法律根据上看，《解释》明确规定了如实供述罪行的最后阶段是一审判决之前。其次从理论上分析，自首的两个要件是紧密相连、不可分割的，法律之所以允许其在一审判决前存在暂时的分离，是因为侦查、起诉和审判是三个相对独立的诉讼环节，但唯有人民法院的审判是刑事诉讼的最终目的，一切控辩主张及定案证据都要在法庭上提出和质证，法庭在此基础上对该案的性质及法律后果作出最后评价。另外，自首的本质要求是行为人主动将自己的犯罪行为交付司法机关追究刑事责任，因此投案后接受审判既是自动投案的必然内涵，也是认定自动投案必然表现。审判环节仍不如实供述犯罪，投案行为便丧失了法律要求的主动性。二审程序是对一审判决确认的事实及适用法律作全面审查，但对被告人是否如实供述了犯罪这种形式要件的审查，应当依据被告人在一审法庭上的表现来作出结论。如果依据被告人在二审期间的变化来否定一审的正确判决，则不仅不利于鼓励犯罪人及时如实供述，减少不必要的诉讼消耗，而且不利于裁判的统一性和严肃性。此外，从改判的角度讲，如果仅仅存在因为二审如实供述改变一审判决，则一审判决既不存

① 周振想著：《自首制度的理论与实践》，人民法院出版社 1989 年版，第 69 ~ 73 页。

在认定事实的错误，也不存在适用法律不当的问题，因而改判无据。

与上述问题相关的一个实践问题是，一审法院在判决中未认定为自首，二审法院对被告人自首能否给予重新认定。笔者认为，这要区分一审法院没有认定自首的原因：第一种情况是基于对自动投案问题的争议，由于这一问题与如实供述无关，与《解释》中的规定不相关，则二审法院经审理查明犯罪人自动投案成立的，仍然可以重新认定为自首。第二种情况是基于对如实供述的争议，这里仍要区分两种情况，一种是对供述与否的认定，如果被告人一审期间不如实供述，那么即使在二审期间如实供述自己的罪行，也不能认定为自首，理由如前所述。另一种是对供述是否属实的争议，即被告人的供述是稳定不变的，一审法院和二审法院对于这种供述的评价存在分歧，一审法院认为没有如实供述主要犯罪事实，二审法院认为如实供述了主要犯罪事实，那么二审法院仍然可以认定为成立自首，因此可以重新作出新的裁判。

三、几种特殊情况的认定

（一）“形迹可疑”的认定

最高人民法院《解释》中规定，“罪行尚未被司法机关发觉，仅因形迹可疑，被有关组织或司法机关盘问、教育后，主动交代自己的罪行的”，应当视为自动投案。我国学者将此种情况下的投案称为“盘问下的自动投案”。

从法理上讲，我国刑法规定的自首强调犯罪嫌疑人投案的主动性和直接性。而形迹可疑型自首中形迹可疑人在被盘问、教育后如实交代罪行，“视为自动投案”，却具有一定的被动性，《解释》将这种情形归到自首范围内，立法目的在于提高诉讼效率，减少证据收集的时间和精力，节约司法资源，更多地体现了诉讼意识，是追求正义、侦查成本与诉讼效率三者之间博弈的结果。① 因此，在实践中将一些被动性的“到案”也纳入了自首的行列中来。

在实践中，对形迹可疑争议颇多，笔者认为，应结合“尚未发觉”来理解形迹可疑，可借鉴我国台湾学者给“发觉”下的定义：“所谓发觉，必须对犯人之嫌疑有确切之根据，得为合理之可疑者，始足当之，若单纯主观上之怀疑，不得谓已发生嫌疑。”② 一旦发觉了，就不再是形迹可疑了。目前，关于“形迹可疑”的理解主要有以下几种：

第一种观点认为，仅因形迹可疑被盘问、教育，是指有关组织或司法机关仅凭工作经验或蛛丝马迹，在没有掌握任何犯罪事实和犯罪证据的情况下，怀疑某

① 黄京平、蒋熙辉：《自首中“形迹可疑”情形的认定》，载中国法院网2004年6月28日。

② 《刑事法律问题汇编》（续第四辑），台湾法务通讯杂志社1982年印行，第57页。

人可能犯有某种罪行，进而对其进行盘查、询问或教育。

第二种观点认为，有关组织单纯凭直觉或经验查询犯罪嫌疑人的情况是比较少见的。大量的情况是有关组织根据已经查获的犯罪线索，带有一定倾向性地盘查某人。这时，只要有关组织还没有掌握犯罪的基本事实，犯罪嫌疑人能如实交代自己的罪行的，也应视为自动投案。

第三种观点认为，仅因形迹可疑盘问、教育，是指公安机关、人民检察院、保安部门或其他有关组织在没有掌握犯罪的基本事实（即何人在何时何地实施了何种犯罪）或者足以断定某种犯罪的重要证据之时，仅凭工作经验或个别线索，对被怀疑对象的盘查或询问。[①]

第四种观点认为，“在司法实践中，被告人因‘形迹可疑’被盘问后，交代自己罪行的原因、背景多种多样，情况复杂，是否认定为自首，尚需根据刑法关于自首的规定和有关司法解释的基本精神，具体分析认定……如果司法机关没有掌握行为人实施犯罪的任何证据、线索，行为人身上所携带的物品也不能证明其有实施犯罪的嫌疑，仅因形迹可疑，被有关组织或者司法机关盘问，或者有关组织或者司法机关进行例行检查，行为人如实交代自己所犯罪行的，应当视为自首。如果司法机关掌握有一定的线索，已将行为人纳入排查范围；或者行为人因‘形迹可疑’被盘问时，其身上或者所携物品能证实其有实施犯罪嫌疑的，如枪支、毒品、赃物等，行为人‘主动’交代了自己罪行的，不能视为自动、主动交代了自己的犯罪行为，不能认定为自首”[②]。

第五种观点认为，“形迹可疑应当是指这样两种情况：一是司法机关或有关组织尚未掌握行为人犯有某宗罪行的任何线索、证据，而仅凭行为人的举动、神态不正常，认为行为人可疑。这种形迹可疑，是一种纯粹基于常理、常情或特定的工作经验所形成的主观判断。二是司法机关或有关组织已经掌握了据以推测行为人可能与某宗罪行有联系的一定的线索、证据，但据此线索、证据尚不足以合理地将行为人确定为某宗罪行的犯罪嫌疑犯。此种‘形迹可疑’虽不属纯粹的主观判断，但主要属于直觉性的推测范畴。”[③]

第一种观点强调有关组织不知任何犯罪事实或证据，那就势必将大多数犯罪案件中的犯罪嫌疑人均排除在“视为自动投案”的范围之外，要求过于严苛，与我国刑法中设立自首制度的初衷和精神相悖。

第二种观点弥补了第一种观点限定过严的缺陷，但它强调司法机关对基本事

① 转引自黄祥青：《自首与立功探微》，载《中国刑事法杂志》1999 年第 3 期。

② 参见《因“形迹可疑”被盘问后交代罪行的能否认定为自首》，载《刑事审判参考》2001 年第 6 集。

③ 周加海著：《自首制度研究》，中国人民公安大学出版社 2004 年版，第 51 页。

实的掌握，以致对自首的认定失之过宽，若已获取的线索或证据足以断定某人就是犯罪嫌疑人时，仍只考虑有关组织没有掌握犯罪的基本事实，将此种难以抵赖的主动交代行为也视为自动投案，难免会产生放纵罪犯的结果。

第三、四、五种观点注意到了对线索、证据因素的具体分析。但第三种观点在表述上尚不够确切，何为足以断定，何谓重要证据并未阐述，第五种观点在第二种情况表述中似有将线索、证据与某宗罪行联系起来的意思。笔者以为，在根据已掌握的线索、证据能合理怀疑行为人为犯罪人，具体所犯何罪可以盘问后得知的情况下，已知线索、证据虽不能将行为人与某宗罪行直接联系起来，但该行为人已不再属于“形迹可疑”之列。所以，线索、证据只要能形成有犯罪之合理怀疑即可将行为人排除于“形迹可疑”之列。

综上，笔者认为，“形迹可疑”，是指行为人的“形迹”使司法机关或有关组织认为其与违法犯罪行为有关。这里需要从以下几个方面加以理解：

第一，形迹，是指行为人的举动和神色，具体包括神态、表情、衣着、体形、语言、举止、动作、活动方式等。[①] 形迹更多的是以“人”为中心而展开的怀疑，更多的是反映了相对人的某种外观特征，而犯罪嫌疑则更多的是从线索、证据的角度去对特定的人产生怀疑。另外，对于形迹可疑不能理解为曾经有违法犯罪的前科。

第二，形迹可疑是司法机关或有关组织自行“认为”的结果，具有很强的主观性和猜测性。这种“认为”的原因更多的是出于职业习惯、多年的工作经验以及基于所盘问的对象不符合常理的举动和怪异神色，通过逻辑推断而得出的结论。有时甚至可以没有任何证据和线索，只是些只言片语，缺乏足够的客观事实达到证明行为人有犯罪嫌疑的程度。

第三，形迹可疑既可能与犯罪行为有关，也可能与违法行为有关，而且这种关系更多的是将行为人与概括的违法犯罪联系在一起，只是一般性的怀疑，如“这个人是否实施了犯罪”并没有很强的案件针对性，或者说没有与某个具体的案件联系在一起。没有像达到犯罪嫌疑的程度那样，将被侦查对象直接与某个或者多个具体特定的刑事案件对号入座。

第四，形迹可疑必须产生在犯罪事实被发现，特定的相对人被确定有犯罪嫌疑之前，在特定的人被具体确定为犯罪嫌疑人之后不存在“形迹可疑型自首”的问题。

在司法实践中，形迹可疑有两种情况：一种是司法机关或有关组织尚未掌握行为人犯罪的任何线索或证据，而是根据行为人当时不正常的衣着、举止、言

① 鲍雷、刘玉民主编：《用证据说话——刑事证据的收集、审查、认定》，人民法院出版社 2005 年版，第 148 页。

语、神态等情况判断行为人可能存在违法行为。这种情形的特点是，可疑是非具体的、泛化的、无客观依据的，无法将其与具体的犯罪案件联系起来，而只是有关人员根据经验和直觉来判断。在公路、铁路、水运、民航等部门的日常例行检查中，常能发现这种形迹可疑的人，不少案件也是通过这种检查、盘问而破获的。行为人若在接受这种检查时主动供述所犯罪行的，当然构成自首。二是某一犯罪案件发生后，司法机关或有关组织在调查过程中发现行为人的表现或者反映不正常，引人生疑，但尚不足以通过现有证据确定其为犯罪嫌疑人。这种情形的特点是，“可疑”具有一定的针对性，能够将行为人同具体案件联系起来，但这种联系仍不够明确，还没达到将行为人锁定为犯罪嫌疑人进而采取强制措施的程度。这时，行为人主动供述所犯罪行的，仍应认定为自首。但是，如果有关侦查人员从行为人身边或者住处找到客观性证据，如赃物、作案工具、带血迹的衣物等，或者目击证人直接指认行为人为作案人，从而在行为人与具体案件之间建立起直接、明确、紧密的联系时，加之当时已有一定的证据指向行为人，其具有较其他排查对象更高的作案嫌疑，那么行为人就“升级”为犯罪嫌疑人，而不再仅仅是形迹可疑了，因为对于侦查机关来讲，案件侦查到这个程度，就可以对其采取一定强制措施或者进行传讯了。

可见，判断行为人是否属于形迹可疑，关键就是看司法机关能否依凭现有证据，特别是客观性证据，在行为人与具体案件之间建立起直接、明确、紧密的联系，依据当时证据行为人作案的可能性已经大大提高，达到了被确定为“犯罪嫌疑人”的程度。[①] 能建立起这种联系的，行为人就属于犯罪嫌疑人；建立不起这种联系，而是主要凭经验、直觉认为行为人有作案可能的，行为人就属于形迹可疑。行为人在因形迹可疑受到盘问、教育时主动交代自己所犯罪行的，应当认定为自动投案，构成自首。需要说明的是，形迹可疑与犯罪嫌疑人之间常常没有明确的界限，判断某一具体案件的被告人是否构成形迹可疑情形下的自首，需要结合具体案情进行具体分析。对于有的案件中难以界分被告人是形迹可疑还是犯罪嫌疑人的，应当通过正确理解法律规范的意义和准确把握个案事实来判断，既要保障人权又要防止犯罪人逃避应有的处罚，而不能不分情形地简单适用对被告人有利的原则。判断行为人是否具有形迹可疑情形下的自首情节，最终要以投案的自动性为出发点和落脚点，只有具备投案的自动性才能认定为自首。

在司法工作中，对此比较容易困惑的是形迹可疑与犯罪嫌疑的区分问题。对此，有人认为二者在特征上有两点明显区别：第一，形迹可疑人的地位具有随机性，而犯罪嫌疑人与怀疑他的侦查人员的地位不具有随机性。有关组织或司法机

① 参见赵剑、余森：《刘兵故意杀人案——如何认定自动投案中的“形迹可疑”》，载《刑事审判参考》2007 年第 6 集。

关工作人员认为某人形迹可疑，是偶然接触对方，因其举止神态不正常而产生怀疑，因而不会也不可能将可疑人与特定的案件相联系。在一般情况下，对形迹可疑人产生怀疑的有关组织或者司法工作人员即使是公安人员，也不是特定案件的侦查人员。第二，对形迹可疑人或者犯罪嫌疑人的盘问、讯问的性质不同。对形迹可疑人的盘问，如果被盘问人应答没有破绽，盘问就无法持续下去，原来产生的疑问就会被冲淡或打消；对犯罪嫌疑人的讯问，讯问人要弄清事实真相，如果犯罪嫌疑人否认犯罪但又不能用事实说明、解脱其与特定犯罪的联系，讯问不会停止，侦查工作要继续深入。[①] 笔者认为这有一定道理，可以在司法工作中参照运用。例如，在“杨永保等走私毒品案”[②] 中，行为人在机场接受的是例行安全检查，其携带毒品的罪行尚未被公安机关发觉，仅因形迹可疑受到盘问，即如实交代了体内藏毒的罪行，审判机关认为这种情形符合司法解释的相关规定，因而应当视为自动投案。又因为行为人所交代的罪行属如实供述，因而构成自首。

由此，对于实践中公安机关根据通缉令上对犯罪嫌疑人的描述，将体貌特征一致的人带回讯问，并经教育才交代罪行的，能否认定为自动投案呢？这里需要明确的是，公安机关此时实际上是根据与犯罪嫌疑人的外貌特征相似而进行盘问的，至于是否掌握了确凿的证据尚很难说，有的案件有充分证据，有的案件证据还不充分，不宜套用上述规则直接认定为不成立自首。因为公安机关可能在盘问所谓的犯罪嫌疑人之前，已经对其认为的体貌特征相似的很多人进行了盘问，并且在盘问过程中结合案件相关情况进行排除，把不符合犯罪嫌疑人的条件的放走，把不能直接排除的人留下来继续盘问。因此，既不能说所有接受盘问的人都不能成立自首，也不宜说接受盘问的人都可以成立自首。例如，公安机关为侦破本地发生的特大抢劫银行案，根据监控录像上犯罪嫌疑人的描述，对体貌特征相似的人进行设卡盘问，其中一相貌特征相似的人因害怕而供述出曾经的抢劫行为（后经查实与正在查明的抢劫银行案没有关系），这里对自动供述的抢劫案就应当认定自首。但是如果经盘问后继续讯问，犯罪嫌疑人如实供述犯罪行为，且该犯罪行为正是正在侦办的犯罪，如何认定？这里也需要区别情况进行处理，如果司法机关根据体貌特征以及继续的盘问，发现了进一步的证据，如姓名、身体方面的特殊标记等身份、身体方面的证据，可以将该人列为犯罪嫌疑人，则即使其如实供述，也不能成立自首。如果仅仅因体貌特征与通缉的犯罪人相似，但在盘问后没能发现进一步的证据，不能将该人列为犯罪嫌疑人，或者司法机关经盘问

---

① 参见任卫华：《庄保金抢劫案——犯罪嫌疑人一经传唤即如实供认犯罪事实的可否认定为自首》，载《刑事审判参考》2000 年第 3 集。

② 程永生：《杨永保等走私毒品案——仅因形迹可疑被公安机关盘问后即如实交代罪行的应认定为自首》，载《刑事审判参考》2001 年第 1 集。

后准备将其放走，则此时其如实供述，就可以成立自首。例如，在“梁小红故意杀人案”中，审判机关认为，公安机关根据证人关于被告人的体貌特征与犯罪嫌疑人的体貌特征一致的证言，特别是在找到被告人，发现其右边颊部有一条与证人陈述的犯罪嫌疑人相符的疤痕时，即确认被告人是重要犯罪嫌疑人，并将其带回公安派出所，经过教育后，被告人才开始交代犯罪事实。因此，被告人是在公安机关将其作为犯罪嫌疑人进行讯问后才交代罪行，并非在公安机关不掌握其犯罪线索的情况下，主动交代罪行。其行为不符合《解释》的规定，不能作为自首对待。① 这里就是根据盘问时发现的犯罪人的身体标记方面的事实，将被盘问人由一般嫌疑上升问犯罪嫌疑人时，才主动交代。因此按照《解释》精神，不能认定为自首。如果犯罪嫌疑人没有身体方面的特殊标记，公安机关盘问后没能发现进一步的证据，犯罪人主动供述的，就可以成立自首。

（二）“经查实确已准备去投案”的认定

根据《解释》的规定，“经查实确已准备去投案，或者正在投案途中，被公安机关捕获的，应当视为自动投案”。对此，有学者从自首的阶段人手，将自首分为自首的准备、自首的未竟、自首的中断。上述准备去投案属于自首的准备，正在途中被公安机关捕获的属于自首的未竟，认为两种情况无论在法理上还是在具体实践中，都应该作为自首来认定和处理。同时对《解释》将自首的未竟直接认定为自首的完成形态，没能够区别对待，提出了异议。②

笔者认为，从自首制度的设立初衷和精神来看，自首强调的是行为人犯罪后向司法机关投案的主动性，即接受司法机关追究其犯罪刑事责任的主观态度。上述两种情况虽然还未完全完成自动投案的全部行为，但由于已经开始实施了一定的客观行为，能够让司法机关认识到其主观上自动投案接受处罚的主观态度，与自首制度的价值追求相比，再过于强调客观上必须到司法机关投案，已经显得多余。因此，《解释》认为“应当视为自动投案”是正确的，并且从有利于敦促犯罪人犯罪后及时归案，减少司法机关查办案件诉讼投入的角度看，作如此规定也是可取的。

在实践中，认定“经查实确已准备去投案”必须具备以下条件：第一，从主观上讲，犯罪嫌疑人要有真实的投案意愿，即不论处于何种动机，犯罪嫌疑人本人必须具备自动投案的意志。第二，从客观上讲，犯罪嫌疑人要有准备投案的客观表现，这是认定准备投案的关键，如在投案自首之前准备钱物，妥善安排后事，在紧急情况下保护现场、抢救被害人，等待警方到场等，当确有证据充分证

① 王桂霄：《梁小红故意杀人案——对故意杀人后为掩盖罪行而写信勒索钱财并恐吓他人的行为应如何定性》，载《刑事审判参考》2001 年第 5 集。

② 参见赵秉志主编：《刑罚总论问题探索》，法律出版社 2003 年版，第 429 ~ 431 页。

明其为投案而做准备的表现，才可以认定为准备投案。第三，犯罪嫌疑人没有实施自动投案行为是因为被公安等司法机关及时抓获。这也就是说，如果没有公安等司法机关的及时介入，犯罪嫌疑人将会实施向有关机关主动投案的行为。第四，主客观相一致，且必须有证据证实，这是《解释》规定“经查实确已准备投案”的必然要求。尤其是对于尚未来得及向有关单位或有关负责人员表明投案意愿即被抓获的情况，对此，一般应从抓获时犯罪分子是否进行反抗、是否有准备外逃的迹象，其他证人关于犯罪嫌疑人被抓获前言行的证言、犯罪嫌疑人是否有准备投案的客观表现等方面进行综合判断。总体上讲，“准备投案”不能仅是犯罪嫌疑人的一种纯心理活动，必须有一定的言语或行为表现来进行佐证。至于是否必须要有行为表示，则要看当时的具体情况，如果仅有愿意投案的言语表示，而时间和条件又允许，却在没有正当理由的情况下，一直无任何去投案的行为迹象，就难以认定为属于“准备投案”。①

关于上述“准备投案”的情形，有学者从理论上将其概括为“为自首创造条件”和“安置后事”两大类情形，并认为，为“自首创造条件”包括犯罪人因犯罪而受伤或者本身原来即有重病不能亲自去有关机关自首，而寻找代为自首之人的情形；想书面自首而去寻找纸笔或正在书写供词的情形；未成年人犯罪之后，请求父母陪同投案的情形；为去自首而准备生活用具，如衣物、洗漱用具的情形，等等。“安置后事”包括自首之前和家人、朋友告别，向家人交代偿还有关债务及赡养老人、抚养子女事宜等。② 这一论述较为全面地概括了司法实践中“准备投案”的种种具体表现形式，可以为司法实践具体认定时参考。

（三）“犯罪后滞留现场等待警方处理或在抢救伤者、财产的当场被抓获”的定性

一般而言，自动投案是犯罪人犯罪后自行前往司法机关投案，但在实践中，有一些案件发生后，犯罪人通过电话向司法机关报案或知道别人报案后，没有自行前往司法机关投案，而是在犯罪现场等待司法人员到达处理，这种情况如何认定，是司法实践中的困惑。例如，在“陈国策故意伤害案”中，审判机关认为，“在案发过程中，无论行为人本人报警或由他人报警，也不论报警内容是否涉及行为人的犯罪行为，只要有证据证实行为人案发后滞留现场是出于等候警方处理之目的，即可认定行为人到案具有自动性，视为自动投案，即便在见到警察后没有及时供述自己的犯罪事实，而是警方通过一定调查后，对其审问时才承认自己

① 参见王锋永：《赵春昌故意杀人案——如何认定“经查实确已准备去投案”的自首》，载《刑事审判参考》2008 年第 1 集。

② 参见周振想著：《自首制度的理论与实践》，人民法院出版社 1989 年版，第 135 ~ 136 页。

的犯罪事实，即只要在警方询问（或者讯问）过程中，如实供述了本人的主要犯罪事实的，应当认定为‘如实供述自己的罪行’”①。笔者认为，这是正确把握了犯罪人投案的自动性特征，笔者赞同并支持这一意见，认为这种情况应认定为自动投案，理由在于：一是犯罪人具有自动投案的意思表示。判断是否成立自动投案，关键看投案行为是否出于犯罪分子本人的意志，最低要求也必须是不违背本人的意志。二是犯罪人具有自动投案的实际行动。对自动投案而言，投案是核心行为。因此，认定自动投案，除了要出于本人的意志外，还必须有投案的行为。而判断是否成立自动投案，不能机械地看其是否径直到司法机关投案，还要结合具体情况，对不能或没有直接到司法机关投案的情况进行综合认定。犯罪人犯罪后明知他人报警或者自己报警，司法机关必然会马上赶到，其没有逃跑而在原地等候，甚至在犯罪现场抢救被害人，尽力减小犯罪危害。这就充分反映了其主动将自己交付司法机关处理的主观意愿。因此，犯罪后明知他人报警或自己报警后，在犯罪现场等待抓捕的行为，虽然不是典型的将自己交付司法机关处理的行为，但综合评价，这与典型的自动投案行为本质上并无区别，也应当认定为自动投案行为。这里需要说明的是，根据上述分析，对于犯罪后明知他人报警或自己报警后，由于抢救被害人或消除犯罪危害的原因而离开犯罪现场，如将被告人送到医院抢救，在司法机关找到后如实供述犯罪事实的，也应进行综合评价，只要犯罪人主观上没有逃避刑事责任追究的意愿，就可以认定为自动投案。

实践中与此相类似的情况是，行为人犯罪以后，在抢救伤者或财产的当场即被抓获的行为人能否以自首论。对此有一种意见认为，对上述情形应当一概以自首论。其理由是，如此处理有利于鼓励犯罪人在犯罪后积极抢救伤者或财产。否则，如果不认定此种情形成立自首，相反，倒对那些在犯罪后本有条件抢救伤者或财产，却为争取“自首从宽”而放弃抢救前往投案的行为人以自首论，则显然有失公平。笔者认为，在上述情形下，能否将行为人认定为自首，应当根据《刑法》及《解释》的有关规定具体分析，不能一概而论。只有在以下两种情况下，方可认定行为人成立自首：其一，行为人在犯罪后及时自行通过电话等向有关机关报案，或者已委托他人报案，有关单位是在接到报案后，方赶往其抢救伤者或财产的现场将其抓获的。因为，此时行为人的行为完全符合《解释》关于“犯罪嫌疑人……为了减轻犯罪后果，委托他人先代为投案，或者先以信电投案的……应当视为自动投案”的规定。其二，行为人在抢救伤者或财产时，已明确对他人包括围观群众言明，其准备在将伤者送往医院救治后或将财产抢救完毕后向有关单位或个人投案的。因为此时行为人的行为完全符合《解释》关于

① 陈捷、沈亮：《陈国策故意伤害案——实施犯罪行为后滞留犯罪现场等候警方处理的行为能否认定自动投案》，载《刑事审判参考》2006 年第 3 集。

“经查实确已准备去投案……应当视为自动投案”的规定。反之，如行为人虽有抢救伤者或财产的表现，但其本人并未采取适当措施及时报案，也未委托他人代为报案，且也无证据证明其确实准备在抢救伤者或财产后投案的，那么，就仍然不能认定其有自动投案的表现，不能认定其成立自首。例如，在“李满英过失致人死亡案”中，行为人是在医院被公安人员抓获的，显然不属于自动投案。但行为人辩称其本有准备投案的意愿，只不过因忙于抢救被害人而没来得及投案就被公安人员在医院抓获。审判机关认为，认定准备投案，应当具有可供查实的投案的准备行为，或者具有准备投案的意思表示。行为人在送被害人到医院抢救后，应该说是有时间和条件先行电话投案或委托他人投案的，但其没有实施任何投案的准备行为，也没有向任何人表示过准备投案。因此，仅凭其辩称有准备投案的内心意愿，尚不足以认定其准备投案，不能认定其有自首情节。但由于行为人具有为减轻犯罪后果，积极抢救受害人以及到案后如实供述的行为，故在量刑时应当酌情予以考虑。①

（四）“犯罪后向被害人投案”的定性

在刑法理论上，关于向被害人投案是否成立自首，存在两种观点：② 第一种观点认为，自首在原则上，须有向侦查犯罪权之公务员为之，唯对于没有此权之公务员自首，而经其转移于有权之公务员，又或向犯罪之被害人或有告诉权人自首，经其告诉或自诉，而受裁判，亦非无此作用，故仍不失为刑法上之自首，即理论上的准自首。第二种观点认为，自首以对于未发觉之罪投案而受裁判为要件，至其方式虽不限于自行投案，即托人代理自首或向非侦查机关请其转送，亦无不可，但须有向该司法机关自承犯罪而受裁判之事实，始生效力。若于犯罪后反向被害人或非有侦查犯罪职务之公务员陈述自己犯罪的事实，而无投案受裁判之表示，即与自首之条件不符。因此，向被害人自首不同于向有侦查犯罪权限之公务员自首，前者为准自首，它不具有一般自首的法律意义。一般自首不含准自首。

在我国刑法史上曾有关于首露、首服问题的立法，如唐朝时期的“首露”制度。唐律规定：“诸盗、诈取人财物而于财主首露者，与经官司自首同。”③ 至明律、清律均有“犯罪自首”的规定，内容与唐律基本相同，只不过稍稍增删，就亲告罪自首制度而言，名称已改称“首服”。“若强窃盗、诈欺取人财物，而

① 《李满英过失致人死亡案——驾驶交通工具在非公共交通范围内撞人死亡的应如何定罪》，载《刑事审判参考》2003年第3集。

② 参见马克昌主编：《刑罚通论》，武汉大学出版社1999年版，第376页。

③ 钱大群、夏锦文著：《唐律与中国现行刑法比较论》，江苏人民出版社1991年版，第255页。

于事主处首服，及受人枉法、不枉法赃，悔过回付还主者，与经官司自首同，皆得免罪。若知人欲告，而于财主处首还者，亦得减罪二等。”视为自首对待，并且在案件范围上有所扩大。1910年12月颁行的《大清新刑律》第51条规定：“犯罪未发觉自首于官受审判者，得减本刑一等。犯亲告罪而向有告诉权之人首服，受官之审判者，亦同。”北洋政府统治期间，1912年8月《暂行新刑律》的自首制度与《大清新刑律》没有什么变化，国民党政府1928年3月公布的《中华民国刑法》的自首制度规定：“对于未发觉之罪，自首于该管公务员受裁判者，得减所首罪之刑三分之一。”“向被害人、告诉人或者有请求权之人自首而受该管公务员裁判者，亦同。”

外国有些刑事立法亦有相关规定，如《韩国刑法典》第52条规定，告诉才处理的犯罪，向被害人自白者，可以减轻或者免除处罚。《日本刑法典》第42条规定，犯罪未被官方发觉前自首的，可以减轻处罚。告诉才处理的犯罪，犯人向有告诉权的人认罪的，亦同。有的国家虽然没有明文规定亲告罪的自首制度，但从有关条文的规定上看，已经体现了犯罪人向告诉权人自首的法律后果的精神。例如，《德国刑法典》第46条a规定，行为人努力与被害人达成和解，其行为全部或者大部分得到补偿，或努力致力于对其行为进行补偿的，或被害人的补偿要求全部或者大部分得到实现的，法院可以减轻处罚或者免除处罚。再如，根据《意大利刑法典》第626条的规定，如果犯罪人实施行为“只是为了暂时使用被窃物，并且在暂时使用后立即予以归还”的，则该盗窃行为属于告诉才处理的盗窃，可以视为向被害人自首而宽的立法例。根据《意大利刑法典》第62条第6项的规定，在审判前，通过赔偿损失或者在可能情况下通过返还，完全弥补了损害的；或者，在审判前并且在第56条最后1款规定的情况之外，采取措施自动地和有效地消除或者减轻犯罪的损害或危险后果的，作为普通减轻情节之一。这个情节里包含了犯罪结果可进行补偿和不可进行补偿两种情况。就前一种情况而言，犯罪行为的实施者“完全弥补了损害”是适用本条情节的条件（意大利的司法实践认为，由保险公司进行的补偿不应属于考虑之列，但这种做法尚未得到理论上的认可）。而对后一种情况适用本情节，则要求行为人必须采取主动（即不是由于他人的强迫或外界的压力）而有效（即实际产生了积极的结果）的行为。例如，诽谤者（诽谤罪为亲告罪）在捏造的事实尚未被揭穿以前，主动赔礼道歉。前款条文中的“审判前”包括《意大利刑事诉讼法典》第444条等规定的“根据当事人请求适用刑罚被同意之前”。[①]

这一问题尽管目前还没有在我国刑事立法上有明确规定，但是由于我国刑法

① 参见［意］杜里奥·帕多瓦尼著，陈忠林译评：《意大利刑法学原理》（注评版），中国人民大学出版社2004年版，第257～258页。

规定了告诉才处理的犯罪，刑事诉讼法上也有自诉程序的专门规定，而该类犯罪也存在着自首的认定问题，因此在司法实践中难以回避，理论上必须进行深入研究。

对于上述争议，我国刑法理论界早有关注，只是在认识上尚存在分歧。[①] 有的人认为，我国刑法所规定的告诉才处理的犯罪都不能用秘密方式进行，对被害人或有告诉权的人来说，不会发生犯罪事实或犯罪人未被发觉的情况，这种制度对这种犯罪来说意义不大，因而这种情况，不能按照自首对待。有的人则认为，向被害人或有权告诉的人陈述自己未被发觉的罪行，与向有关机关交代自己的罪行，具有相同的意义，应当视为自首。况且有的告诉才处理的犯罪，如侮辱罪、诽谤罪，也并非不能用秘密方式进行，以不会发生犯罪事实或犯罪人未被发现的情况为由，否认首服的存在，理由欠充分。因而主张在犯告诉才处理的犯罪时，确实向被害人或有权告诉的人陈述自己未被发觉的罪行，并接受国家审判的，应按照自首对待。[②]

对此，有学者主张，“我国刑法实质上是承认首服制度的，自首制度的总则性规定就内含着作为自首的一种特殊形式的首服”[③]。笔者认为，这一制度从表现形式上看有别于通常所说的自首，但实质上也是犯罪人犯罪后认罪、悔罪的一种表现，并且这一制度所指的投案对象是被害人或有告诉权的人，在一定程度上这些人就具有决定启动或推进诉讼进程的权利，通过向他们投案，也能达到向司法机关投案的实际效果，承认这种制度，有利于及时发现犯罪、节省司法成本。但是，由于这一制度在犯罪类型和投案的具体认定上要设置若干限制因素，在认定上具有一定的特殊性，有必要在立法上作出明确的规定。

从自首制度的立法精神和一般自首的要件出发，笔者认为，在认定向被害人投案形式的自首时应注意以下几个方面：

第一，犯罪人所实施的犯罪仅限于可以自诉的犯罪。有人认为，首服的犯罪类型应局限在亲告罪中，即我国现行刑法中的侮辱罪、诽谤罪、暴力干涉婚姻自由罪、虐待罪、侵占罪。[④] 对此，笔者持不同意见。其实这一问题早在民国时期已经发生变化，民国初期施行的《暂行新刑律》中规定中的向被害人自首范围仅以亲告罪为限，在1928年《中华民国刑法》中已经扩大为“被害人、告诉权人、有请求权之人”。“使自首于被害人或有请求权之人，亦有自首之效力，是

---

① 马克昌著：《刑法理论探索》，法律出版社1995年版，第186页。

② 参见高铭暄主编：《新中国刑法学研究综述（一九四九——一九八五）》，河南人民出版社1986年版，第463～464页。

③ 赵秉志主编：《刑罚总论问题探索》，法律出版社2003年版，第414页。

④ 参见赵秉志主编：《刑罚总论问题探索》，法律出版社2003年版，第415页。

不可谓非立法上之进步也。”[1] 由此笔者认为，在司法实践中，凡是被害人能够自主决定诉与不诉的犯罪类型，即被害人可以提起自诉的犯罪类型，都应该允许犯罪嫌疑人向被害人自陈犯罪事实，表示愿意接受惩罚，因而成立自首。自诉犯罪案件是刑事诉讼法上的概念，包括告诉才处理的犯罪案件、轻微刑事犯罪案件等。根据法律规定，这些可以提起自诉的犯罪案件，当事人都可以通过和解撤诉而结案，即被害人有决定诉讼程序是否提起和继续推进的权利，既然法律赋予被害人这一权利，那么犯罪嫌疑人向被害人主动陈述犯罪事实，并明确表示愿意接受审查和国家裁判的，就应该成立自首。自诉案件中自首制度的适用，有利于缓解社会矛盾，节约司法成本。所以，犯罪人向被害人或有权告诉的人陈述自己未被发觉的罪行与向有关机关交代自己的罪行具有相同的意义。[2] 并且与告诉才处理的犯罪案件相比，没有需要通过不承认自首而特别强调的必要，不承认自首，不符合情理。

第二，告知的对象是有自诉权的人，包括告诉才处理犯罪案件的被害人以及轻微刑事犯罪案件中的被害人。对于《刑法》第 98 条中规定的“如果被害人因受强制、威吓无法告诉的，人民检察院和被害人的近亲属也可以告诉”，由于该内容中的强制、威吓与自首理念、内涵相冲突，在实践中不可能同时并存，如果犯罪嫌疑人或其他人强制、威吓被害人，就表示犯罪嫌疑人不具有接受审查和裁判的主动性，因而不可能成立自首。因此，这里不存在向特定条件下的人民检察院和被害人的近亲属自首的情况。如果告诉权人为两人以上（如侵占罪的财产共有人），如何处理？有人认为根据最高人民法院《关于执行〈中华人民共和国刑事诉讼法〉若干问题的解释》第 202 条第 2 款的规定，“自诉人是二人以上，其中部分人撤诉的，不影响案件的继续审理”，基于告诉的同一性原理，行为人只有向所有告诉权人自首，才能认定是自首。[3] 笔者对此持不同意见，笔者认为，自诉权人为两人以上的，行为人向其中之一人投案，只要行为人没有明确反对向其他有权自诉的人传达信息的，并且一般情况下能够到达其他自诉权人的，从立法目的的角度观察，承认自首能够达到自首的效果，承认其行为为自首，于国、于民、于被害人都无不妥。如果要求必须向所有权利人告知，一则社会上许多权利法律上的真正主体并不为外人所知，要求犯罪人知晓每一权利主体，似有强求之意；二则有时犯罪人告知所有权利人可能存在客观上的困难（如部分权利人在国外，或难以联络，或暂时失去知觉），等同于给犯罪人正确自首增加了困难，不仅与立法和司法解释的精神相悖（司法解释中很多“准自动投案”行

---

① 王觐著：《中华刑法论》，中国方正出版社 2005 年版，第 441 页。

② 参见马克昌著：《刑法理论探索》，法律出版社 1995 年版，第 186 页。

③ 李立景：《亲告罪自首论》，载《辽宁公安司法管理干部学院学报》2003 年第 3 期。

为都是本着尽可能方便犯罪人自首的精神），而且此时犯罪人仅向其中一人或几人投案的行为，在法律上如何定性处于待定状态，也不利于实现自首制度的价值与目的。对于这一问题，在民国时期刑法理论上已有研究：告诉权“同时有数人时，对于其中之一人，告知自己所为之犯罪行为，斯有自首之效力”[①]。笔者对此表示认可，认为自诉权人同时为数人的，犯罪人向其中一人投案的，只要没有明显反对告知其他权利人的情况，就可以认定为自动投案。此外，还需要注意的是，这一类型的投案对象不限于被害人，还包括被害人的法定代理人、监护人，甚至包括被害人的配偶、亲属等，只要行为人没有明确反对交由司法机关处理的意思表示，在一般情况下能够到达提起自诉的人，从而实现国家刑罚权的正当运行即可。

第三，行为人必须同意由自诉权人将自己的罪行告诉司法机关，愿意接受国家的审查或裁判。虽然行为人将自己的罪行告知了被害人，但却不同意甚至阻拦被害人告诉司法机关并由司法机关来处理，而只是欲征得被害人的谅解，则不能认定为自首。在大多犯罪后意图“私了”的案件中，犯罪人虽告知自己是犯罪人，愿意给予被害人一定的赔偿，但明确表示不愿意被害人将其罪行告知司法机关，不愿意接受司法机关审查和裁判的，也不能认定为自首。根据《刑事诉讼法》第206条的规定，人民法院对自诉案件可以进行调解；自诉人在宣告判决前，可以同被告人自行和解或者撤回自诉。行为人只要愿意接受国家的审理或者裁判都可成立自动投案。

第四，有自诉权的人提起了自诉，即犯罪嫌疑人已经向告诉权人主动交代了，而仍然无法等到原告的原谅，双方无法调解或和解，而告诉权人又坚持要求法院依法审判，被告人又如实交代自己罪行的情况。告诉才处理的犯罪与非告诉才处理的犯罪的重要区别在于，国家把一部分侵害被害人个人法益的轻微的犯罪的刑罚请求权让渡给个人，它体现了刑法的自由和谦抑精神，在犯罪嫌疑人主动向告诉权人承认和交代自己罪行，并获得告诉权人宽宥的情况，当事人之间或不起诉或撤诉和解，它有刑事诉讼法上的依据，研究其自首意义确实不大。我国刑事立法上告诉才处理的犯罪与非告诉才处理的犯罪的划分，使得求刑权主体的二元化，尽管公诉主体以职权为本位，告诉权则以私权为特征，但是两者作为求刑权主体与审判主体之间的关系却是一致的。自首在立法上是作为裁判、量刑上的一种从宽事由而存在的，一般来说不是影响刑罚请求权的法定事由。从最高人民法院的有关司法解释来看，自首的对象主体是比较广泛的，它包括公安机关、检察院这样的求刑权机关，还包括犯罪嫌疑人所在单位、城乡基层组织或者其他负责人员，承认告诉才处理的犯罪的自首对象主体是被害人或其他告诉权人等求刑

① 参见王觐著：《中华刑法论》，中国方正出版社2005年版，第441页。

权主体，不仅有古今中外的立法例可作参照，而且在法理和逻辑上也是顺理成章的。并且，承认把告诉才处理的犯罪的告诉权人（一般是被害人）作为投案对象，它将对被害人和对犯罪人的利益有所平衡，防止犯罪人在事先主动向被害人如实交代，并在受审判的情况下，因为无法满足被害人要求而被坚持追诉，不按自首处理，而显失公平。

对于公诉案件中，犯罪人主动向被害人承认作案的情况，如何处理？由于公诉案件的追诉权在国家，被害人的相关行为只是对启动追诉程序产生条件作用。在公诉案件中，犯罪人向被害人承认作案的有三种情况：第一种是行为人承认犯罪行为并表示愿意接受法律制裁，由被害人向司法机关提起控告后，司法机关在抓捕其归案时无反抗行为并主动如实交代犯罪事实；第二种是行为人承认其作案，但表示不希望被司法机关追究，但如果被害人报案，行为人仍能够接受，在被害人报案后配合司法机关归案并如实供述犯罪行为；第三种是行为人虽承认其犯罪，但目的只是希望“私了”，使被害人不报案。对于前两种情况，行为人对于经由被害人移送司法机关接受审查和裁判并不抵触或拒绝，与其直接到司法机关投案无异，虽然《刑法》和司法解释没有明确规定向被害人投案可以构成自首，但结合此情况的实质，符合自首条件的精神实质，可以视为自首。对于第三种情况，由于行为人明确反对接受司法机关的审查和裁判，虽向被害人承认犯罪，但主观上不具有投案的主动性和自觉性，因而不能认为是自首。例如，在“周建龙盗窃案”中，裁判机关认为，在把握犯罪人向被害人承认作案的情况时，虽然现行刑法没有把接受国家的审查和裁判作为自首的条件，但是自愿接受国家的审查和裁判仍是构成自首的本质要求。因此，不能仅以向被害人承认作案为判断条件，还必须判断其主观上是否愿意接受国家的审查和裁判。[①] 对此，笔者认可并予以支持。

（五）“自首后被合法释放又被抓捕”的定性

自首后因证据问题被司法机关经合法程序释放，待证据充实后又被司法机关抓捕归案，此种情况如何认定？例如，甲将乙打伤，甲主动报警，并在案发现场等待警察抓捕。警察将甲与乙带到派出所后，甲主动向警察交代了全部事情的经过。警察经过初步调查了解，并查看了乙的伤情，认为乙只是皮外伤，伤情并不严重，于是将本案认定为普通的治安案件，将甲释放。半个月后，乙突然胸部感觉不适，到医院查验，才发现是由于甲的伤害所致。经过伤情鉴定，乙已经构成轻伤。公安机关遂迅速将甲抓捕归案。本案中，甲的行为是否认定为自首？笔者

① 参见张亚静：《周建龙盗窃案——向被害人投案的行为是否认定为自首》，载《刑事审判参考》2007 年第 2 集。

认为，甲是可以认定为自首的。其理由在于：

首先，甲在犯罪之后当时的行为是完全符合自首的成立要件的。甲主动报警，并在现场等待警察来处理，符合主动投案的特征。在到达司法机关之后，也能对行为如实供述，并表示愿意承担责任，符合如实供述自己的罪行的特征，由此具备自首的全部要件，即成立自首。如果当时司法机关对乙的伤情作出准确判断，那么甲的行为当然应当认定为自首。其次，甲客观上被动归案的原因并非出于甲的主观因素，更加谈不上是逃避侦查或审判。对于甲而言，虽然对乙实施了不法行为，但是已经通过合法的程序处理，其未能继续在案的原因在于司法机关的判断，是法律上正当处理结果。最后，不将甲认定为自首不符合刑法基本的公平与正义。甲在行为后的及时主动投案、如实供述行为如果不能对其之后罪行成立自首，就意味着甲虽然主动报案，没有逃避法律责任的意思，但却没有成立自首的可能。

这里需要说明的是，自首制度的本质并非单纯的功利，虽然在这个案件中，司法机关为抓捕犯罪嫌疑人也耗费了一定力量，但换个角度看，如果上述情况中司法机关在抓捕前，通知该犯罪嫌疑人到案接受讯问，犯罪嫌疑人接到通知后主动到案的，则根据前述论证，当然可以认定为自首。如果犯罪嫌疑人接到司法机关通知后，没有主动到案，甚至逃避司法机关追究，则其行为应当属于自首后又逃匿的，也当然可以不认定为自首。这里司法机关在没通知犯罪人的情况下将犯罪嫌疑人抓捕归案，如果不对其先前的主动投案如实供述行为进行评价，就等于剥夺了犯罪人自首的机会和权利。这与自首制度的立法精神也是相悖的。

（六）“被取保候审、监视居住后畏罪潜逃，后又主动归案”的定性

对于这种情况，有些学者认为，对上述情形不能认定为自动投案，理由是：犯罪嫌疑人、被告人既然被取保候审，在指定期间其就负有未经批准不得擅自离开指定场所、保证随传随到义务。其在取保候审期间逃跑后，仍负有及时到案的义务。因此，其在逃跑后主动投案，只是“报到归案”，而不能视为投案。[①] 笔者认为，对上述情形应当认定为自动投案。其主要理由是：首先，在上述情形中，犯罪人归案完全是在其本人意志的决定下自动为之，因此其行为符合“自动投案”之本质属性。其次，在上述情形下，犯罪人归案实际兼具履行取保期间之报到归案义务和自动投案的双重属性。否认上述情形中犯罪人归案行为的自动投案性质，是有失客观的、片面的。再次，对于《解释》关于投案时间的规定要有正确的理解。《解释》规定，“自动投案，是指犯罪事实或者犯罪嫌疑人

① 刘凌梅、司明灯：《我国刑法中自首制度司法适用若干问题研究》，载《刑事司法指南》2002 年第 1 辑。

未被司法机关发觉，或者虽被发觉，但犯罪嫌疑人尚未受到讯问、未被采取强制措施时，主动、直接向公安机关、人民检察院或者人民法院投案”。要求犯罪人必须是在“尚未受到讯问、未被采取强制措施时”投案，主要是为了区分自首与被动归案后的如实供述罪行的坦白，而并不是说只要是受过讯问或者曾被采取过强制措施，就永远丧失了自动投案的机会。最后，根据《解释》的规定，“犯罪后逃跑，在通缉、追捕过程中，主动投案的”，也应认定为自首。犯罪嫌疑人被取保候审、监视居住后脱逃的，依照《刑事诉讼法》的有关规定，一般情况下应当变更为逮捕的强制措施，如果司法机关已经变更，则行为人主动投案的行为显然符合“犯罪后逃跑，在通缉、追捕过程中，主动投案的”规定，依照《解释》的规定认定为自首没有异议。而司法机关综合考虑，如果认为犯罪情节较轻没有变更为逮捕强制措施的，不认定为自首，则相当于情节重的犯罪中可以存在自首，情节轻的犯罪不能存在自首，这不仅与直觉的公正感相反，而且与自首制度的精神也相悖。并且在我国刑法中，自首只是一种可以型从宽处罚情节，是否认定为自首是一个问题，认定自首后是否从宽处罚以及如何从宽处罚则是另外一个问题。认定这种行为为自动投案并不会带来所谓的处罚不公、鼓励犯罪人逃跑等不良影响。对于取保候审、监视居住期间逃跑后又自首的，笔者在认定自首并对其从轻处罚时，比照的是同等情况下没有逃跑的犯罪嫌疑人，因此不会产生什么“鼓励犯罪分子利用类似手段逃避应有法律制裁、钻法律空子”的负面效应；相反，如果不以自动投案论，则会人为造成断绝这类犯罪人认罪悔过的自新之路，迫使其对抗到底的有害影响，这显然与自首制度的设立意旨相悖。

（七）自首与坦白的界限

坦白有广义与狭义之分。广义的坦白泛指一种认罪态度，包括自首与坦白，自首是坦白的最高形式。一般在表述刑事政策时使用，诸如“坦白从宽，抗拒从严”。狭义上的坦白，指刑法理论和司法实践中的坦白，并不包括自首，其含义与自首有严格的区分。由于我国 1997 年《刑法》及相关的司法解释并未将坦白予以立法化，所以对于坦白并没有法定概念。《刑法修正案（八）》对《刑法》第 67 条作了重大修改，增加了第 3 款，即“犯罪嫌疑人虽不具有前两款规定的自首情节，但是如实供述自己罪行的，可以从轻处罚；因其如实供述自己罪行，避免特别严重后果发生的，可以减轻处罚”。从而正式将“坦白从宽”纳入《刑法》的自首条文。

关于坦白的概念，理论上有以下几种意见：

第一，“犯罪被发觉后的主动交代称为坦白”，称为“发觉说”。

第二，“坦白，是指犯罪分子作案后，被司法机关拘捕归案，尚未向其出示证据而交代了罪行，并愿意接受法律制裁的行为”，称为“拘捕说”。

第三，“所谓坦白，通常是指犯罪分子作案后，其犯罪行为已被政法机关或单位组织上怀疑、发觉，在公检法机关对其传讯后，拘留或单位组织找其谈话后，自感难以继续隐瞒而如实交代自己的罪行”，称为“怀疑说”。[①]

第四，“所谓坦白，是指犯罪嫌疑人和被告人在其犯罪行为被司法机关或有关组织发觉后，在被传唤、讯问时，或在被采取强制措施后，或在法庭审理中，如实交代其所犯罪行的行为”[②]。

第五，“所谓坦白，一般是指犯罪分子被动归案以后，自己如实交代被指控的犯罪事实的行为”[③]。

第六，“所谓坦白，是指犯罪分子被动归案以后，如实供述自己被指控的犯罪事实，并接受国家审查、裁判的行为”[④]。

笔者认为，对坦白概念的界定涉及的是与自首、被迫供述的区别问题。概念界定是否科学，一个重要、基本的衡量标志应当是看能否据之明确、合理地划定坦白与自首、被迫供认这两个类似范畴的界限。如果能，则说明这种概念是科学的、合理的；如果不能，则就说明该种概念的界定是不可取的。

根据这一原则，上述“发觉说”认为，只要在犯罪被发觉后，犯罪人的交代只能是坦白，显然不适当地扩大了坦白成立的范围，缩小了自首成立的空间，因此不足取。因为，我国刑法中自首的规定不以犯罪未发觉为先决条件，因此犯罪被发觉后，只要犯罪人投案后又如实供述自己的罪行的，就应当认定为自首而不是坦白。因此，将犯罪被发觉后的供述一律认定为坦白是不适当的。“拘捕说”认为，只有犯罪人被拘捕归案时，才成立坦白，则不适当地缩小了坦白成立的范围。因为犯罪人被动归案的表现形式是比较复杂的，犯罪人在被采取拘捕之外的其他强制措施或于群众扭送下等方式归案后，承认自己所犯罪行的，也应该认定坦白。“怀疑说”意在兼顾前两说的长处，把犯罪人犯罪后被怀疑，但尚无确凿证据，有关机关找其谈话，或对其传讯、拘留后交代犯罪事实的行为视为坦白。但是，怀疑在司法实践中不是一个规范的用语，缺少可操作性，如果仅仅“形迹可疑”，则仍然可能构成自首而非坦白。因此“怀疑说”也不尽科学。第四种意见值得商榷之处有三：其一，即使司法机关以外的其他“有关组织”已发觉了犯罪分子的罪行，依法也是不能对犯罪分子进行传唤、讯问或采取强制措施的；其二，犯罪分子在被传唤、讯问时，或在被采取强制措施后，或在法庭审

① 转引自周振想著：《自首制度的理论与实践》，人民法院出版社 1989 年版，第 126～127 页。

② 马克昌主编：《刑罚通论》，武汉大学出版社 1999 年版，第 385 页。

③ 高铭暄、马克昌主编：《刑法学》，北京大学出版社、高等教育出版社 2000 年版，第 287 页。

④ 高铭暄主编：《新编中国刑法学（上册）》，中国人民大学出版社 1998 年版，第 392 页。

理中主动如实交代本人尚未为司法机关发觉的其他罪行，应当成立准自首，而不是坦白；其三，在法庭审理过程中，在控方提出大量证据指控犯罪人犯有罪行的情况下，犯罪人承认自己犯有被指控罪行的，应属被迫供认而不是坦白。

第五、六种意见基本相似，但第五种意见在逻辑上与现行刑法对于自首的定义保持了较好的一致性。但考虑到与被迫供认的区别，第五种意见应加上“主动”一词限定“如实交代”更为合理。供认，是指犯罪人被动归案后，于司法机关出示大量的证据后，在事实面前，无法狡辩、抵赖的情况下，不得不承认自己被指控的罪行的行为。“主动如实交代”，在坦白中是指在被动归案后，在司法机关未出示证据之时，主动向司法机关交代已由司法机关掌握的被指控的犯罪事实的行为。

《刑法》第67条第3款对坦白的规定是：“犯罪嫌疑人虽不具有前两款规定的自首情节，但是如实供述自己罪行的，可以从轻处罚；因其如实供述自己罪行，避免特别严重后果发生的，可以减轻处罚。”所谓前两款情节，即一般自首与准自首，坦白的规定内容与其相比较，只有两种情节不同：一是没有主动投案，二是不存在因犯罪被羁押或被执行刑罚中交代司法机关不掌握的其他罪行。相同的是如实供述自己的罪行。由此可见，区别坦白与自首在于是否能够认定“如实供述自己的罪行”这一情节，只要不能被认定为自首，就能被认定为坦白。换句话说，犯罪后如实供述自己的罪行，但没能构成自首的都是坦白。这里不再区分司法机关是否掌握一定的证据，如实供述的时间等问题。考虑到司法实践中的实际情况，结合坦白制度对犯罪嫌疑人从宽处理的精神，笔者认为在认定坦白时，还要同时考虑以下几个因素：一是坦白的主动性，即犯罪人坦白的主观意志，是积极主动交代，还是百般抵赖，在大量证据面前不得不承认。对于积极主动交代的，当然认为是坦白，对于百般抵赖，在大量证据面前不得不承认的，就不能认定为自首。二是坦白的稳定性，即犯罪人供述的前后一致性，这也反映了犯罪人的主观恶性程度，对于如实供述稳定的，当然可以认定为坦白，对于开始不承认，经批评教育后供述且能够稳定的，也应认定为坦白。三是坦白的时间。对于犯罪人归案后开始供述，后来翻供的，如果能够在一审判决前如实供述的，也可以认定为坦白，但如果在一审判决前没有如实供述，二审期间即使如实供述的，也不应再认定为坦白。因为如果对此认定为坦白就会鼓励那些为逃避刑罚拒不供认，能拖就拖、能赖就赖，万不得已再供认，争取从宽处理的犯罪分子。如此的坦白制度就成了鼓励犯罪分子逃避处罚的制度了。四是供述的内容。成立坦白，一般需要犯罪分子如实供述的是犯罪的主要事实，如果仅仅供述细枝末节，对与定罪量刑有关的情节不如实供述，则不能成立坦白。如果能够对主要犯罪事实如实供述，虽细枝末节供述的与客观事实不尽一致，则不影响坦白的成立。考虑到坦白制度主要是作为自首制度的补充制度而设立的，在实践认定中可以范围更大一些，对于犯罪人仅供述犯罪的事实情节，对犯罪人的身份情节没能如实供述的，一般也应认定为坦白。

根据以上论证，笔者认为，所谓坦白，是指如实交代自己的犯罪事实，但又不属于自首的行为。如果犯罪人在被动归案后，不是主动如实交代自己的罪行，而是检举揭发他人罪行的，则属于立功，而不是坦白；如果犯罪人在被动归案后，既能主动如实交代其被指控的罪行，又能主动如实供述其所犯有的、司法机关尚未掌握的其他罪行的，则应当认定其同时成立坦白和准自首。

自首与坦白的相同之处在于：（1）自首和坦白均以行为人实施了犯罪为前提，都是犯罪人犯罪后对自己所犯罪行的主观心理态度的外在表现形式。（2）自首和坦白的犯罪人在归案后都能主动如实交代自己的罪行，并且协助司法机关查证。（3）自首和坦白都是刑罚适用中的法定从宽处罚情节，二者的犯罪人都可以得到适当从宽处罚。

但二者也有明显的区别：（1）认定的条件不同。自首是犯罪人自动投案之后，主动如实供述自己犯罪事实的行为；坦白则是犯罪人被动归案后，交代自己被指控的犯罪事实的行为。自首的犯罪人归案后所交代的罪行既可以是已被发觉、正在被指控的罪行，也可以是尚未被发觉、尚未被指控的罪行；坦白的犯罪人归案后所交代的罪行只限于其本人被指控的罪行。（2）自首与坦白所反映的犯罪人的人身危险性程度不同。自首的犯罪人认罪时间相对较早，悔罪程度相对较高，因而人身危险性相对较轻；坦白的犯罪人认罪时间相对较晚，悔罪程度相对较低，因而人身危险性相对较重。（3）二者从宽处罚的幅度不同。自首一般是从轻、减轻处罚，犯罪情节较轻的，可以免除处罚；而坦白则是可以从轻处罚，因其如实供述自己罪行，避免特别严重后果发生的，可以减轻处罚。由此可见，自首比坦白的从宽处罚幅度要大一些。

第三章 准自首

准自首，又称特殊自首，亦可称余罪自首，是相对于一般自首（典型自首）而言的。准自首的观念古来有之，早在唐律中就有“诸犯罪未发而自首者，原其罪……即因问所劾之事，而别言余罪者，亦如之”的记载。在1979年《刑法》中，未对余罪自首作出专门规定，因而对于交代余罪是否成立自首，在刑法理论上与司法实践中都存在着较大的分歧。修订后的《刑法》明确规定了余罪自首“以自首论”，这有利于对犯罪分子贯彻宽严相济的刑事政策。根据《刑法》第67条第2款的规定，准自首，是指被采取强制措施的犯罪嫌疑人、被告人和正在服刑的罪犯，如实供述司法机关还未掌握的本人其他罪行的行为。为了使刑法较为原则、笼统的规定得以明确化、具体化，便于司法实践操作，最高人民法院于1998年4月6日通过了《解释》。《解释》第2条规定，“被采取强制措施的犯罪嫌疑人、被告人和已宣判的罪犯，如实供述司法机关尚未掌握的罪行，与司法机关已掌握的或者判决确定的罪行属不同种罪行的，以自首论”。第4条规定：“被采取强制措施的犯罪嫌疑人、被告人和已宣判的罪犯，如实供述司法机关尚未掌握的罪行，与司法机关已掌握的或者判决确定的罪行属同种罪行的，可以酌情从轻处罚；如实供述的同种罪行较重的，一般应当从轻处罚。”《解释》在一定程度上弥补了《刑法》关于“以自首论”规定的不足，统一了司法适用的尺度。

根据上述规定可以看出，成立准自首，须具备三个条件：第一，准自首仅适用于被采取强制措施的犯罪嫌疑人、被告人和正在服刑的罪犯，这是对准自首适用对象的要求；第二，上述人员必须如实供述司法机关还未掌握的本人其他罪行；第三，所供述的其他罪行与司法机关已经掌握的罪行属于不同种罪行。后两者是对准自首适用条件的要求。这三项条件相互依存、缺一不可，在司法实践中要予以正确理解和把握。

一、适用对象

适用对象的不同，是准自首与一般自首的首要区别。根据《刑法》第67条第2款的规定，准自首的适用对象仅为以下三种人：一是被采取强制措施的犯罪嫌疑人；二是被采取强制措施的被告人；三是正在服刑的罪犯。

（一）被采取强制措施的犯罪嫌疑人、被告人

根据《刑事诉讼法》的规定，犯罪嫌疑人，是指在公诉案件中因涉嫌犯罪而正在被公安机关立案侦查和检察机关审查起诉的当事人。被告人，是指因涉嫌犯罪已被检察机关提起公诉或者被刑事自诉人提起刑事自诉并由人民法院对其进行审判的案件当事人。犯罪嫌疑人和被告人的区别在于他们所处的刑事诉讼阶段不同。在侦查、审查起诉期间称为犯罪嫌疑人；在审理期间称为被告人。正在服刑的罪犯，则是指已经人民法院判决确定为有罪，且判决已生效，正在执行刑罚的犯罪人。

强制措施，是指在刑事诉讼过程中，司法机关为了有效地打击犯罪，保障侦查、起诉和审判工作的顺利进行，依法对犯罪嫌疑人、被告人的人身自由加以限制或剥夺的强制性方法。根据我国《刑事诉讼法》的规定，强制措施可分为以下五种：拘传、取保候审、监视居住、拘留和逮捕。关于准自首中的强制措施意指为何？理论和实践中都不无争议。它是专指刑事强制措施，还是包括行政拘留、劳动教养、司法拘留等非刑事强制措施？被采取非刑事强制措施的犯罪嫌疑人如实供述司法机关尚未掌握的、与限制人身自由的违法行为不同的犯罪行为，能否“以自首论”？对此，主要有以下三种观点：

第一种观点是广义说。该说认为，无论是被采取刑事强制措施的犯罪嫌疑人、被告人，还是被采取非刑事强制措施的人，都可以成为“以自首论”的主体。[①]

第二种观点是狭义说。该说认为，被采取强制措施的犯罪嫌疑人、被告人应当包括被采取取保候审、监视居住的犯罪嫌疑人、被告人，强调应从客观上理解“强制措施”，不应当将“被采取强制措施”混同于“处于在押状态”。[②] 也有的学者认为，只有被采取刑事强制措施（指逮捕、刑事拘留、监视居住、取保候审和拘传）和在侦查中受到依法传唤的犯罪嫌疑人、被告人，才属于“以自首论”的主体范围。[③]

第三种观点是最狭义说。该说认为，“特殊自首与一般自首的根本区别在于，在特殊自首的情况下，由于犯罪分子的人身自由被剥夺，无法实施自动投案的行为，因而法律规定以自首论”[④]。《刑事诉讼法》规定的五种强制措施中有剥

① 陈锦新：《对“以自首论”的理解和适用》，载《中国律师》2003年第5期。

② 单长宗等主编：《新刑法研究与适用》，人民法院出版社2000年版，第266页。

③ 黄京平、杜强：《余罪自首成立要件解析》，载《政法论坛》2003年第5期。

④ 参见陈兴良著：《刑法适用总论（下卷）》，法律出版社1999年版，第481页。

夺人身自由权利的强制措施（即拘传、拘留和逮捕），以及限制人身自由权利的强制措施（即取保候审和监视居住），准自首只适用于被剥夺人身自由权利的犯罪嫌疑人或被告人，对人身自由权利受到限制的犯罪嫌疑人或被告人，由于其还存在自动投案的客观可能性，其“自动投案”后如实供述司法机关还未掌握的本人其他罪行的，应视为一般自首。[①] 刑事强制措施中“被采取监视居住的犯罪分子，在监视居住期间，向司法机关自动投案，如实供述司法机关还未掌握的本人其他罪行的，视为一般自首较适宜”[②]。

以上三种观点都有一定道理，存在的争议主要涉及强制措施概念的外延及内涵边界：一是将强制措施概念外延扩张，包括刑事强制措施和非刑事强制措施；二是将强制措施概念尽量维持在刑事强制措施的范围内，考虑到实际情况，进行最小限度扩张；三是将强制措施概念缩小至仅限于剥夺人身自由的强制措施。广义说采取的是扩张了的强制措施概念，将刑事强制措施和非刑事强制措施都包括进来，认为其都可以成立准自首；狭义说采取的典型刑事强制措施概念，有的学者认为考虑到实质的自首，将传唤这一调查措施也包括进来，可以说是有所扩张的刑事强制措施概念；最狭义说采取的是缩小的刑事强制措施概念，意图将刑事强制措施缩小为仅限于被剥夺人身自由的强制措施。

笔者认为，广义说把被采取非刑事强制措施的人纳入准自首的主体范围是错误的。在刑事立法中，立法者采取的语言表达方式必须要充分兼顾法律体系的内部协调性和一致性，一个法律术语在不同法律中要尽可能具有相同的含义，尤其是在刑事立法中，刑事实体法使用的语言涉及《刑事诉讼法》的，其内涵外延要尽量一致，如此才能减少法律适用中的混乱，防止法律实施背离立法者的目的。由此，在理解和适用法律时，将《刑法》第 67 条第 2 款中表述的强制措施与《刑事诉讼法》中的强制措施相统一，才是最符合立法者意图的方式。脱离立法语言的边界，将自己的理解强加于法律之上的解释，既是对立法者智力劳动及其成果的不尊重，也是背离法律精神的。由此，这里的强制措施，仅指《刑事诉讼法》规定的拘传、取保候审、监视居住、拘留、逮捕五种强制措施，与是否剥夺人身自由无关。至于，一些学者认为，“被采取行政拘留、劳动教养、司法拘留等非刑事强制措施的人，其人身自由所受到的限制程度并不比监视居住、取保候审等刑事强制措施小，他们处于关押状态，人身自由完全受到控制，不具备自动投案的条件，因而不可能成为一般自首的主体。但是，他们主动如实供述了司法机关还未掌握的本人的罪行，如果又被排除在‘以自首论’的主体

---

① 赵秉志、周加海：《论准自首的认定》，载《刑事法学》2004 年第 1 期；陈兴良著：《当代中国刑法新境域》，中国政法大学出版社 2002 年版，第 569 ~ 570 页。

② 参见陈兴良著：《刑法适用总论（下卷）》，法律出版社 1999 年版，第 481 页。

之外，对于他们是不公平的，也不利于鼓励其积极改造，难以实现设立自首制度的目的”[①]。其实，这种顾虑是多余的。在司法实践中，人民法院在处理类似问题时，已经采取了更为妥帖的做法，既兼顾了法律体系的完整性、协调性，又解决了对被告人公平适用法律的问题。在《刑事审判参考》2003 年第 4 集中，审判机关针对胡甲抢劫案，认为对于在行政拘留期间如实供述司法机关尚未掌握的抢劫犯罪事实的行为，应当适用《刑法》第 67 条第 1 款，依法认定为自首。其理由是：（1）由于《刑法》第 67 条第 2 款规定的“强制措施”，是指《刑事诉讼法》总则第六章规定的拘传、取保候审、监视居住、拘留、逮捕，适用对象仅限于犯罪嫌疑人、被告人和正在服刑的罪犯。而行政拘留或劳动教养并不是刑事诉讼法意义上的强制措施，被行政拘留或劳动教养的人员是因为其实施了扰乱社会治安的一般违法行为，也不是犯罪嫌疑人、被告人或者正在服刑的罪犯。因此，被行政拘留或劳动教养人员在行政拘留或劳动教养期间，如实供述自己的罪行的，不能适用《刑法》第 67 条第 2 款。（2）《刑法》第 67 条第 2 款规定，对于被采取强制措施的犯罪嫌疑人、被告人和正在服刑的罪犯，只要如实供述司法机关尚未掌握的本人其他罪行的，以自首论处。根据“举重以明轻”的原则，对于因实施一般违法行为而被行政拘留或劳动教养的人，主动如实供述司法机关尚未掌握的犯罪事实，也应当以自首论。如果因其未被采取强制措施而无法适用《刑法》第 67 条第 2 款的规定，不以自首论，显然有失公平，且与自首制度设立的初衷不符。（3）被行政拘留或劳动教养的人在行政拘留、劳动教养期间，向公安机关如实供述司法机关尚未掌握的犯罪事实的，实际上属于“罪行尚未被司法机关发觉，仅因形迹可疑被有关组织或者司法机关盘问、教育后，主动交代自己罪行”的情形，应当视为自动投案，并因其如实供述自己的罪行，因而成立自首。[②] 笔者认为，自动投案形式上一般有一个空间转换的过程，即从 A 地（非司法机关）到 B 地（司法机关），但在实质意义上，自动投案是从“不在案”到“在案”的过程，并不一定必须有物理上的运动，而是一种法律上的意义。刑事诉讼要启动并正常进行，必须满足三个条件：其一查明犯罪事实；其二查明犯罪嫌疑人；其三犯罪嫌疑人归案。自首必须为上述三个条件之一发挥实质性作用，余罪自首在查明犯罪事实和查明犯罪嫌疑人两个条件上发挥了主要作用，相应在犯罪嫌疑人归案上，也发挥了实质性的作用。因为如果没有余罪自首，则司法机关要么不知犯罪事实，要么不能确定犯罪嫌疑人，为了查明和缉拿

---

① 参见利子平、杨美蓉：《“以自首论”司法解释的瑕疵及改进》，载《南昌大学学报（人文社会科学版）》2006 年第 1 期。

② 《行政拘留期间交代公安机关尚未掌握的犯罪事实的行为能否认定为自首》，载《刑事审判参考》2003 年第 4 集。

犯罪嫌疑人仍要完成很多工作，投入相当多的司法资源。正因为如此，交代余罪存在实质意义的自动投案，刑法将其规定为准自首符合法理。值得注意的是，这一问题在2010年最高人民法院《意见》中已经得到妥善解决。《意见》明确规定，“犯罪嫌疑人具有以下情形之一的，也应当视为自动投案……因特定违法行为被采取劳动教养、行政拘留、司法拘留、强制隔离戒毒等行政、司法强制措施期间，主动向执行机关交代尚未被掌握的犯罪行为的”，实践中应该严格依照这一规定执行。

最狭义说中将取保候审、监视居住两种限制人身自由的强制措施排除在准自首之外也是没有道理的。论者实际上主张这种情况应该以自首论处，即是应当适用《刑法》第67条第1款。由此而言，那么，在一个法律体系内维护法律用语的一致性，对于司法实践可能更为重要，因此笔者认为此种情况适用《刑法》第67条第2款更为妥当，况且无论适用哪一个条款对犯罪嫌疑人、被告人而言都并无不妥，甚至更为有利，因为《刑法》第67条第2款不再对主动投案作具体要求，只要主动如实供述司法机关尚未掌握的罪行就够了。并且，以在这两种强制措施下，被告人仍有主动投案的可能性为依据，提出该类型的人主动供述司法机关尚未掌握的其他罪行按照一般自首论处，在内在逻辑上也是难以成立的。其理由在于，不管是被剥夺人身自由权利还是被限制人身自由权利的犯罪嫌疑人或被告人，均没有再自动投案的可能性。无论司法机关对犯罪嫌疑人或被告人采取了哪一种强制措施，都说明犯罪嫌疑人或被告人在司法机关的控制之下，属于在案人员。“作为犯罪嫌疑人、被告人，虽然在实体方面的地位有待确定，但在程序方面处于被追诉的地位是毋庸置疑的。”① 并且法律还要求被取保候审、监视居住的犯罪嫌疑人、被告人遵守一系列的特别规定，不能违反。既然犯罪嫌疑人或被告人已经“在案”，当然就无所谓的“自动投案”。但是，根据最狭义说的观点，被采取强制措施的犯罪嫌疑人可以自动投案。而根据《解释》规定，自动投案，是指犯罪事实或者犯罪嫌疑人未被司法机关发觉，或者虽被发觉，但犯罪嫌疑人尚未受到讯问、未被采取强制措施时，主动、直接向公安机关、人民检察院或者人民法院投案。这表明，被采取了强制措施的人就不能投案自首。这样，就出现被采取强制措施的犯罪嫌疑人能自首又不能自首的矛盾。因此，上述观点是错误的。

此外，实践中也有人提出另外一个与上述问题相关的问题，即这里的被告人是否要求是已“被采取强制措施”的被告人呢？换言之，《刑法》第67条第2款规定的“被采取强制措施”，只是对犯罪嫌疑人的界定呢？还是也是对被告人

① 陈光中、徐静村主编：《刑事诉讼法学》（修订版），中国政法大学出版社2000年版，第223页。

的界定?[①] 论者主张从立法精神来理解，这里的被告人是指已被采取强制措施的被告人，而不包括未被采取强制措施的被告人。如果被告人未被采取强制措施到司法机关自动投案，并如实供述了司法机关还未掌握的本人其他罪行，应当视为一般自首而非准自首。对此，笔者予以赞同。

与上述强制措施的争论相关，需要认真探讨的问题还有职务犯罪分子的准自首问题。最高人民法院、最高人民检察院2009年联合发布了《关于办理职务犯罪案件认定自首、立功等量刑情节若干问题的意见》，其中对职务犯罪分子自首问题分别规定了自首和准自首。其中，在一般自首中规定，犯罪事实或者犯罪分子未被办案机关掌握，或者虽被掌握，但犯罪分子尚未受到调查谈话、讯问，或者未被宣布采取调查措施或强制措施时，向办案机关投案的，是自动投案。在此期间如实交代自己的主要犯罪事实的，应当认定为自首。犯罪分子向所在单位等办案机关以外的单位、组织或者有关负责人员投案的，应当视为自动投案。没有自动投案，在办案机关调查谈话、讯问、采取调查措施或者强制措施期间，犯罪分子如实交代办案机关掌握的线索所针对的事实的，不能认定为自首。在准自首中规定，没有自动投案，但具有以下情形之一的，以自首论：（1）犯罪分子如实交代办案机关尚未掌握的罪行，与办案机关已掌握的罪行属不同种罪行的；（2）办案机关所掌握线索针对的犯罪事实不成立，在此范围外犯罪分子交代同种罪行的。根据该意见，对于职务犯罪分子，司法机关采取了更为严格的自首认定规则。在一般自首中，即将自动投案时间缩短至纪检监察机关开始实施调查谈话、讯问、采取调查措施时，在准自首中，将司法机关未掌握，扩张到司法机关和纪检监察等办案机关未掌握；将被采取《刑事诉讼法》规定的强制措施，扩张到被纪检监察等办案机关采取谈话讯问、采取调查措施。由此而言，刑法中的正在被采取强制措施的犯罪嫌疑人、被告人，在职务犯罪查办领域就自然扩张为正在被谈话、讯问、采取调查措施或强制措施的犯罪分子。

综上，笔者认为，准自首中的强制措施包括并且仅指《刑事诉讼法》中的拘传、取保候审、监视居住、拘留、逮捕五种强制措施。但对于职务犯罪分子而言，还包括纪检监察机关实施的谈话、讯问和采取的调查措施。

（二）正在服刑的罪犯

这里的正在服刑的罪犯，是指已经过人民法院判决，正在执行刑罚的罪犯。这里的服刑，有广义与狭义两种理解。广义的服刑，是指在被判处拘役、管制、有期徒刑、无期徒刑和死刑缓期二年执行，而正在执行上述刑罚。[②] 狭义上的服

① 陈兴良著：《刑法适用总论（下卷）》，法律出版社1999年版，第481～482页。

② 参见黄京平、杜强：《余罪自首成立要件》，载《政法论坛》2003年第5期。

刑，是指在执行拘役、有期徒刑、无期徒刑和死刑缓期二年执行期间，这些刑罚是剥夺自由的刑罚，由专门的刑罚执行机构——监狱或者看守所执行。[①] 比较而言，争议在于管制刑，管制是一种限制自由的刑罚，放在社会上执行。那么，正在服刑的罪犯是否包括限制人身自由的管制犯呢？有的人认为不包括。其理由是，虽然从广义上说，管制犯也是正在服刑的罪犯，但由于其未被剥夺人身自由，尚有自动投案的余地，因而其如实供述司法机关还未掌握的本人其他罪行的应以一般自首论处。基于同样的逻辑，上述论者也认为缓刑和假释考验期间内如实供述司法机关还未掌握的本人其他罪行的，也应视为一般自首而非准自首。[②]

笔者认为，这种见解值得商榷，理由是：

第一，关于管制刑问题。管制是《刑法》规定的基本刑罚种类之一，《刑法》规定的正在服刑，理所当然应当包括正在服管制刑。解释的空间存在于法律规定的模糊地带，而在这一问题上，刑法规定得已经非常明确。在法律用语明确规定之处，根据自己的理解揣测法律的含义并进行解释，使法律意思与普通人理解的含义不一致，既不是法律解释的正当方式，也不能正确解读法律的含义。因此，笔者认为，服管制刑应当也属于准自首中的“正在服刑的罪犯”。进而言之，正在执行附加刑的罪犯，也理所应当属于准自首中的“正在服刑的罪犯”，他们主动供述司法机关尚未掌握的本人其他罪行的，也应当按照准自首处理。在不影响犯罪人权利的情况下，尽可能维护法律条文用语含义的一致性及自身协调性，是法律解释的必然要求。

第二，关于缓刑和假释问题。根据《刑法》第72、76条的规定，“对于被判处拘役，三年以下有期徒刑的犯罪分子，同时符合下列条件的，可以宣告缓刑，对其中不满十八周岁的人、怀孕的妇女和已满七十五周岁的人，应当宣告缓刑：（一）犯罪情节较轻；（二）有悔罪表现；（三）没有再犯罪的危险；（四）宣告缓刑对所居住社区没有重大不良影响”，“对宣告缓刑的犯罪分子，在缓刑考验期内，依法实行社区矫正，如果没有本法第七十七条规定的情形，缓刑考验期满，原判的刑罚就不再执行，并公开予以宣告”。除了一般缓刑之外，《刑法》中还规定有特殊缓刑——战时缓刑制度，它是指在战时，对于被判处3年以下有期徒刑没有现实危险的宣告缓刑的犯罪军人，允许其戴罪立功；确有立功表现时，可以撤销原判刑罚，不以犯罪论处。一般缓刑属于刑罚执行犹豫制度，缓刑考验期满不具有法律规定的撤销缓刑条件的，原判刑罚就不再执行，但其犯罪仍然存在；战时缓刑则属于犯罪宣告犹豫制度，缓刑考验期满具备法律规定条件

---

① 参见周加海著：《自首制度研究》，中国人民公安大学出版社2003年版，第111页。

② 参见陈兴良著：《刑法适用总论（下卷）》，法律出版社1999年版，第482页。

的，不仅原判刑罚不再执行，而且不以犯罪论处。[①] 总的来看，缓刑的实质不是在执行刑罚，尤其是战时缓刑，具备法定条件的，还要撤销原判，连判决都不存在的，哪里还有什么服刑？因此犯罪分子在缓刑期内考察，只能算作刑罚是否需要实际执行前的考验，是要决定刑罚是否需要执行，并不是在服刑，因而也不是“正在服刑的罪犯”。根据《刑法》第 81 条、第 85 条的规定，“被判处有期徒刑的犯罪分子，执行原判刑期二分之一以上，被判处无期徒刑的犯罪分子，实际执行十三年以上，如果认真遵守监规，接受教育改造，确有悔改表现，没有再犯罪的危险的，可以假释”，“对假释的犯罪分子，在假释考验期限内，依法实行社区矫正，如果没有本法第八十六条规定的情形，假释考验期满，就认为原判刑罚已经执行完毕，并公开予以宣告”。由此看来，假释的实质是不以关押的方式执行刑罚，是自由刑行刑方式的变更。因而假释期间，仍然在执行刑罚，只不过执行的方式发生了变化。因此，被假释的犯罪分子仍然是“正在服刑的罪犯”。由上述论证来看，笔者认为，在缓刑考验期内，罪犯如实供述司法机关尚未掌握的本人其他罪行的，由于罪犯没被采取强制措施，也不是在服刑，因此应该属于一般自首；而假释的罪犯在假释期内，主动向司法机关供述司法机关尚未掌握的本人其他罪行的，则由于其是正在服刑的罪犯，因而应当属于准自首。

与此相关的问题还有，被暂予监外执行是否属于正在服刑？根据《刑事诉讼法》第 254 条、第 257 条的规定，“对被判处有期徒刑或者拘役的罪犯，有下列情形之一的，可以暂予监外执行：（一）有严重疾病需要保外就医的；（二）怀孕或者正在哺乳自己婴儿的妇女；（三）生活不能自理，适用暂予监外执行不致危害社会的。对被判处无期徒刑的罪犯，有前款第二项规定情形的，可以暂予监外执行”，“对暂予监外执行的罪犯，有下列情形之一的，应当及时收监：（一）发现不符合暂予监外执行条件的；（二）严重违反有关暂予监外执行监督管理规定的；（三）暂予监外执行的情形消失后，罪犯刑期未满的”。对此问题，笔者认为，与上面的论述同理，暂予监外执行只是执行刑罚的方式发生了变化，并没有改变“正在服刑”这一状态，因此仍然属于正在服刑的罪犯，其主动供述司法机关尚未掌握的本人其他罪行的，也应当构成准自首，而不是一般自首。

需要注意的是，最高人民法院在《解释》中将正在服刑的罪犯解释为“已宣判”，由于“已宣判”的范围大于“正在服刑”，这样就将缓刑考验期和假释期间的罪犯都予以包括。如此，于法理上有不妥当之处：其一，“已宣判但判决尚未生效或尚未开始刑罚执行”的，不属于“正在服刑”；其二，“缓刑”不是刑罚执行，在缓刑考验期考察的也不是“正在服刑”；其三，如果判决免于刑事处分或无罪，因为判决上诉期的原因，宣判与实际执行（释放）尚有一定期间，

---

① 参见陈兴良著：《刑法适用总论（下卷）》，法律出版社 1999 年版，第 571 页。

当事人在此期间也不是“正在服刑”（应当是被采取强制措施）。但考虑到实际工作中对当事人的权利影响不大，以及最高司法机关将复杂问题简单化和统一法律实施的良苦用心，笔者认为，司法实践工作中也应照此办理。

二、适用条件

在准自首中，适用对象的特殊性也决定了适用条件的特殊性。根据1997年《刑法》第67条第2款的规定，准自首的适用条件是“如实供述司法机关还未掌握的本人其他罪行”。关于如何理解“如实供述司法机关还未掌握的本人其他罪行”，有的学者作了如下阐释：（1）行为人供述的必须是本人所实施的罪行，而不是其所实施的一般违法、违纪、不道德行为等尚未构成犯罪的行为，或者是他人所实施的罪行。（2）行为人供述的必须是司法机关还未掌握的本人其他罪行，而不是已被司法机关掌握、正被追诉或者已经判决确认的罪行。（3）对该司法机关还未掌握的本人其他罪行，行为人必须如实供述。[①]在司法理论与实践中，如何理解准自首适用条件中的各个要素，对准自首的认定起着十分重要的作用。

（一）“司法机关”的认定

关于对准自首中的“司法机关”如何理解，归纳起来主要存在以下观点：

第一种观点认为，司法机关泛指全国所有的司法机关。[②]

第二种观点认为，司法机关特指直接办案的司法机关。[③]

第三种观点认为，这里的司法机关仅是指直接办案机关，但同时又指出，对直接办案机关“不能限定得太具体，一般应以某一地、市的公安局为基本单位，或以提起刑事诉讼的主体机关为单位……如果发生在同一城市内，如在两个公安分局或两个派出所之间，就不宜按自首论”[④]。

第四种观点认为，这里的司法机关原则上既可以是直接办案机关，也可以是其他司法机关，但对其他司法机关有一些限制性的条件。例如，2001年1月26日上海市高级人民法院《关于执行刑法、刑诉法若干问题的意见（试行）——2000年上海法院第一次刑庭庭长会议纪要》在解释准自首中“司法机关尚未掌握之罪的认定问题”时指出，所谓司法机关尚未掌握的罪行，是指侦查、起诉或审判犯罪嫌疑人或被告人的司法机关（即直接办案机关）和其他司法机关均

---

① 周加海著：《自首制度研究》，中国人民公安大学出版社2004年版，第115页。

② 刘凌梅、司明灯：《我国刑法中自首制度司法适用若干问题研究》，载《刑事司法指南》2002年第1辑。

③ 黄曙：《“以自首论”的司法认定》，载《中国刑事法杂志》2000年第2期。

④ 傅强、王忠毅：《非典型自首研究》，载《人民司法》1999年第3期。

未掌握的非同种犯罪事实。如果先行发生的犯罪事实已被犯罪地的司法机关掌握，但因地处偏僻、路途遥远（如境外）或通信不便等原因，客观上使羁押地的司法机关在侦查、起诉或审判过程中通常难于发现该先行的犯罪事实的，可以视为"司法机关尚未掌握"。如果犯罪嫌疑人或被告人主动交代的是被其他或异地公安机关通缉的犯罪事实的，因该种犯罪事实在侦查、起诉或审判阶段一般能得到查实，故不属于主动"交代司法机关尚未掌握"的罪行，不能以自首论。

第五种观点认为，这里的司法机关的外延应当根据具体案情具体分析，不能简单化作一致界定。具体而言，应注意区分以下三种情况：其一，如果犯罪嫌疑人所犯余罪尚未被查明、通缉，或者虽已被通缉，但通缉资料不全面、内容不明确，现行犯罪的侦查、起诉和审判的司法机关并未掌握或者很难、几乎不可能通过比对查证等方式在当时掌握该犯罪嫌疑人的所犯余罪的，则此时的司法机关仅指抓获、讯问犯罪嫌疑人的直接办案机关。其二，如果犯罪嫌疑人所犯余罪已被通缉（包括网上通缉），对现行犯罪的侦查、起诉和审判的司法机关可以通过通缉资料掌握该犯罪嫌疑人所犯前罪的情况下，此时的司法机关应当包括通缉令覆盖范围内的所有司法机关。其三，如果犯罪嫌疑人或被告人现行实施的犯罪行为虽已被其他司法机关掌握，但因地处偏僻、路途遥远或通信不便等原因，客观上使现行羁押犯罪嫌疑人、被告人的司法机关在对现行犯罪的侦查、起诉和审判过程中，难以了解到或发现该先行发生的犯罪事实的，可以将该先行实施的犯罪视为司法机关尚未掌握的罪行，这时的司法机关其实是指直接办案的司法机关。[①]这种观点代表了最高人民法院有关业务庭的指导性意见。

上述几种观点中，笔者认为，第一种观点将司法机关扩展为全国的司法机关，过于宽泛。该观点显然没有考虑到我国查办和打击犯罪的现实情况，对犯罪嫌疑人、被告人而言也不尽合理。我国幅员辽阔，查办犯罪工作的信息化程度低，一个地方的司法机关掌握的犯罪信息，如果没有全国通缉，对远在千里之外的另一个司法机关而言，根本无从掌握。那么犯罪嫌疑人、被告人在千里之外因犯罪被司法机关抓获时，如果按照这一观点，即使如实供述前罪事实，也得不到自首的从宽处理，则等于鼓励其尽可能隐瞒前罪信息，对国家社会而言，没有任何益处；对于如实供述自己其他罪行的犯罪嫌疑人、被告人而言，由于对查办其所犯罪行确实起到了积极作用，没有认定为自首而从宽处理，也是不公正的。第二种观点将司法机关限定为直接办案的司法机关也不尽合理。因为随着全国公安机关网上通缉系统的进一步推行，系统中的犯罪案件信息量越来越大，那么此时，犯罪嫌疑人、被告人在异地司法机关供述已被通缉系统纳入的犯罪事实的，

① 参见《余罪自首中"如实供述司法机关尚未掌握的本人其他罪行"应如何理解》，载《刑事审判参考》2002 年第 1 集。

就不宜认定为自首。因为虽然该直接办案的司法机关暂时未掌握，但随着案件查办进程的推进，通过网上通缉系统很容易将犯罪嫌疑人、被告人所犯的前罪事实予以查清。如果将此种情况认定为自首的话，就会助长那些负案在逃的犯罪分子在异地因他罪被抓获时，故意隐瞒真实身份，在讯问时再交代真实身份，从而获取“自首”从宽处罚，规避法律的行为。第三、四种观点试图调和过于宽泛和过于限缩的矛盾，但在具体表述时比较模糊、不够规范，不利于实践中具体操作。比较而言，笔者倾向于赞同第五种观点。理由在于：一方面，司法机关的范围如何界定，关键要从实质上进行把握，即根据犯罪分子如实供述本人的其他罪行的行为，对该余罪查办的诉讼进程推进是否发挥了实质性的作用，进行认真审查和判断。能够发挥实质性作用的，就应成立余罪自首；没有发挥实质性作用的，就不应成立余罪自首。另一方面，如果没有犯罪分子的主动供述，根据办案的正常流程，该余罪也能被及时查实的，该供述对刑事诉讼进程就没有价值，因此不成立自首；如果没有犯罪分子的主动供述，在正常的办案流程中，司法机关很难或者需要异常因素介入才能查实该余罪的，则应当成立自首，对犯罪分子予以从轻处理。因此，第五种观点应该是最为全面、可行的。

（二）“还未掌握”的认定

与一般自首相比，准自首要求犯罪嫌疑人、被告人或正在服刑的罪犯供述的本人其他罪行，必须是司法机关还未掌握的。这既是准自首成立的必要条件，也是立法者对准自首的把握严格于一般自首的精神的体现。

从司法实践来看，司法机关“还未掌握”通常有以下几种情况：（1）司法机关尚不知道犯罪发生；（2）司法机关虽然知道犯罪发生，但不知道犯罪人是谁；（3）司法机关已知道犯罪发生，并已有个别线索或者证据使司法机关对该人产生怀疑，但还不足以据此将其确定为该罪行的犯罪嫌疑人。[①] 如何判断“还未掌握”，究竟哪些情形属于“还未掌握”，对“还未掌握”的认定标准是单一的还是综合性的，《刑法》和前述最高人民法院的《解释》对此均未明确。

有学者认为，准自首制度的设立是为了给犯罪分子留一条退路，使其获得改过自新的机会，所以只要司法机关对于犯罪的主要事实尚未掌握，就属于“还未掌握”。即使司法机关已经掌握与新的案件有关的线索、证据或者部分次要的事实，但是只要未掌握犯罪的主要事实的，也属于“还未掌握”。[②] 有学者提出，所谓还未掌握，应指司法机关还未掌握足以合理地、有客观根据地怀疑被采取强制措施的犯罪嫌疑人、被告人和正在服刑的罪犯还实施有其他罪行的线索、证

① 黄京平、杜强：《余罪自首成立要件解析》，载《政法论坛》2003 年第 5 期。

② 张明楷、黎宏、周光权著：《刑法新问题探究》，清华大学出版社 2003 年版，第 127～128页。

据，或者从反面说，凭借司法机关已经掌握的线索、证据，还不足以合理地、有客观根据地将被采取强制措施的犯罪嫌疑人、被告人和正在服刑的罪犯认定为其他罪行的犯罪嫌疑人。[①] 有学者强调，所谓掌握，不能狭义地理解为掌握了犯罪分子全部的证据和犯罪事实，凡属线索已被掌握，并有一定证据证明该在案人可能犯有某罪时，即为罪行已被掌握。从诉讼法的角度考虑，凡侦查机关依据现有的线索和证据足以确定该人就是某案的犯罪嫌疑人时，即为罪行已被掌握。[②] 还有学者认为，理解“还未掌握”，应从掌握的标准和程度两个方面考察。掌握的标准即司法机关有材料表明某项犯罪行为系该犯罪分子所为，掌握的程度即司法机关对其他罪行掌握到何种程度才能视为已经掌握。如果司法机关现有的材料能反映或得出犯罪分子有其他罪行的，不能以自首论；如果掌握的材料只是线索或只能证明犯罪分子有其他尚未构成犯罪的行为，以自首论。[③] 也有学者认为，“尚未掌握”的关键在于两方面内容，即犯罪事实和犯罪嫌疑人是否都已经被司法机关掌握，司法机关只掌握一方面，就认定为“尚未掌握”。[④] 还有学者提出，凡线索已被掌握，但不知具体犯罪事实，针对这一线索讯问嫌疑人时，对其交代出罪行的不应以自首论。掌握应当包括掌握了犯罪线索。[⑤]

有论者提出应该明确以什么标准来认定“还未掌握”，认为认定的标准有客观标准、主观标准和主客观相结合的标准。其中，客观标准认为，“还未掌握”要以客观上司法机关是否掌握其他罪行为标准，不管行为人主观上是否认识到，如果司法机关已经掌握，如实供述只属于坦白；如果司法机关还未掌握，如实供述以自首论。主观标准认为，“还未掌握”要以行为人主观上是否认为司法机关已经掌握为判断标准，只要行为人认为还未掌握的，其如实供述就是准自首，否则就不是准自首。该论者认为客观标准和主观标准都有弊病。客观标准使得主观上真诚悔罪的人得不到法定的从宽处罚，使没有悔罪的人基于错误判断供述了罪行却获得了法律上的从宽处理，不利于实现自首制度创立的目的，不利于鼓励行为人真诚悔罪。若按主观标准，又难以认定和操作。由此该论者提出了主客观相结合的标准，认为要区分不同情况，采用多标准来认定，即有的情况用主观标准来认定，有的情况用客观标准进行判断。当司法机关已经掌握犯罪分子的罪行，犯罪分子以为司法机关还未掌握而主动如实供述的，应以自首论；犯罪分子知道司法机关已经掌握自己的罪行而如实供述的，则应以坦白论；司法机关实际尚未

① 赵秉志、周加海：《论准自首的认定》，载《刑事法学》2004 年第 1 期。
② 黄京平、杜强：《余罪自首成立要件解析》，载《政法论坛》2003 年第 5 期。
③ 李俊、赵亚杰：《自首及其价值》，载《当代法学》2001 年第 12 期。
④ 傅兵：《试析余罪自首在司法实践中的认定》，载《公安教育》2001 年第 7 期。
⑤ 傅强、王忠毅：《非典型自首研究》，载《人民司法》1999 年第 3 期。

掌握犯罪分子的罪行，只要犯罪分子如实供述自己的罪行，都应按自首处理。[①]

关于“还未掌握”的内容如何把握，笔者认为，可参照“形迹可疑”的认定方法，即仅仅“形迹可疑”不能认定为“已经掌握”，如果司法机关已经掌握足以合理地、有客观根据地怀疑被采取强制措施的犯罪嫌疑人、被告人和正在服刑的罪犯还实施有其他罪行的线索、证据，可以合理地、有客观根据地将被采取强制措施的犯罪嫌疑人、被告人和正在服刑的罪犯认定为其他罪行的犯罪嫌疑人，则属于已经掌握。在司法实践中，“还未掌握”可以从三个方面把握：一是司法机关不知道犯罪已经发生；二是司法机关虽然知道犯罪发生，但不知道犯罪人是谁；三是司法机关虽然知道犯罪发生并知道犯罪人是谁，但不知道犯罪人就是被采取强制措施的犯罪嫌疑人、被告人或正在服刑的罪犯。[②]

关于“还未掌握”的标准如何确定，笔者认为，《刑法》第 67 条第 2 款对“司法机关还未掌握”的规定，是针对客观状态而言的，不可能有任何关于行为人主观因素的内容。如果以行为人的主观认识为标准进行判断，《刑法》第 67 条第 2 款的立法就毫无意义。上述论者提出的关于采用客观标准“使得主观上真诚悔罪的人得不到法定的从宽处罚，使没有悔罪的人基于错误判断供述了罪行却获得了法律上的从宽处理，不利于实现自首制度创立的目的，不利于鼓励真诚悔罪”的意见，笔者认为有一定道理，但却混淆了成立自首和是否从宽处罚的关系。因为悔罪并不是自首的成立条件和必备要素，真诚悔罪并不等于自首，没有悔罪也不等于就不能成立自首。成立自首与否，要充分考虑自首制度设立的基本价值定位，既要对犯罪人的悔罪行为引起的人身危险性的降低予以体现，又要充分考量对由于自首而节省的司法资源予以奖励。由此而言，对于上述犯罪人主观上认为司法机关不掌握而主动交代犯罪事实的行为，可以在量刑时酌情考虑，不在自首与否中体现。这样就既维持了自首认定的客观标准，防止司法行为受人主观不稳定性的影响失去严肃性，又充分考量了犯罪人悔罪引起的人身危险性的减弱，维持了罪责刑相适应原则，体现了刑事司法的公正性。所以笔者认为，在认定“还未掌握”时，按照主客观相结合的标准是适当的。

对此，最高人民法院在 2010 年《意见》中进一步规定，犯罪嫌疑人、被告人在被采取强制措施期间，向司法机关主动如实供述本人的其他罪行，该罪行能否认定为司法机关已掌握，应根据不同情形区别对待。如果该罪行已被通缉，一般应以该司法机关是否在通缉令发布范围内作出判断，不在通缉令发布范围内的，应认定为还未掌握，在通缉令发布范围内的，应视为已掌握；如果该罪行已

① 参见杨文杰：《论准自首》，载《宁夏社会科学》2000 年第 5 期。

② 周道鸾、单长宗、张泗汉主编：《刑法的修改与适用》，人民法院出版社 1997 年版，第 182 页。

录入全国公安信息网络在逃人员信息数据库，应视为已掌握。如果该罪行未被通缉、也未录入全国公安信息网络在逃人员信息数据库，应以该司法机关是否已实际掌握该罪行为标准。这一规定主要考虑到近年来随着电脑网络技术的不断推广普及，全国公安机关的网上追逃系统已得到广泛运用，公安力量在相当程度上被有效整合为一体。公安机关抓获犯罪嫌疑人后有上网比对的职责和工作程序，只要余罪被通缉且该公安机关又在通缉令发布范围之内，或者余罪被网上追逃的，一般都能够通过信息网络查实。因此，《意见》明确规定，如果余罪已被通缉，而采取强制措施的司法机关又在通缉令发布范围之内，或者余罪已录入全国公安信息网络在逃人员信息数据库的，应视为司法机关已掌握，否则应以该司法机关是否实际掌握该罪行为标准。

（三）“其他罪行”的认定

所谓其他罪行，字面含义是指与司法机关已掌握的罪行不相同的罪行。最高人民法院在《解释》中明确为“与司法机关已掌握的或者判决确定的罪行属不同种罪行的，以自首论”，“被采取强制措施的犯罪嫌疑人、被告人和已宣判的罪犯，如实供述司法机关尚未掌握的罪行，与司法机关已掌握的或者判决确定的罪行属同种罪行的，可以酌情从轻处罚；如实供述的同种罪行较重的，一般应当从轻处罚”。这就进一步确定了“余罪自首”中的“余罪”只能是与已掌握的罪行不同的异种罪行。此外，最高人民法院在2010年《意见》中又进一步规定：“犯罪嫌疑人、被告人在被采取强制措施期间如实供述本人其他罪行，该罪行与司法机关已掌握的罪行属同种罪行还是不同种罪行，一般应以罪名区分。虽然如实供述的其他罪行的罪名与司法机关已掌握犯罪的罪名不同，但如实供述的其他犯罪与司法机关已掌握的犯罪属选择性罪名或者在法律、事实上密切关联，如因受贿被采取强制措施后，又交代因受贿为他人谋取利益行为，构成滥用职权罪的，应认定为同种罪行。”

在此需要认真研究的是，对于供述的同种罪名的其他罪行，为什么不能认定为自首？关于如何理解“其他罪行”，主要有以下几种观点：

第一种观点坚持现行司法解释的立场，认为“其他罪行”是指非同种罪行。这是理论和实践中的多数观点。[①]

第二种观点认为，“其他罪行”又称余罪，是相对于犯罪人被查获的罪行而言的，指的是犯罪人被指控、查获的罪行以外的罪行，包括与被指控的罪行性质

① 参见祝铭山主编：《中国刑法教程》，中国政法大学出版社1998年版，第198页；徐霞等主编：《中华人民共和国刑法学习纲要》，人民法院出版社1997年版，第49页。

不同的异种罪行，也包括与被指控的罪行性质相同的同种罪行。①

第三种观点认为，“其他罪行”从立法本意上讲，原则上应当指非同种罪行，如果如实供述的是重大罪行或者主要罪行，尽管与司法机关已经掌握的罪行属于同种罪行，也可以对全案“以自首论”。②

第四种观点认为，应区分两种情况：其一，犯罪分子被拘捕以后，交代未被发觉的非同种罪行以自首论，交代同种罪行以坦白论。其二，犯罪分子被起诉后或被判刑后以及服刑期间，交代同种或非同种罪行，都以自首论处。③ 实际上是认为其他罪行根据所处的诉讼阶段不同，在含义上也有区别。

第五种观点认为，“其他罪行”从字面上理解，是指司法机关已经掌握的犯罪嫌疑人、被告人和正在服刑的罪犯的罪行以外的罪行，包括性质相同的罪行和性质不同的罪行。以立法意图和审判实践的具体操作来考察，被司法机关依法采取强制措施的犯罪嫌疑人、被告人，如实供述司法机关还未掌握的本人的“其他罪行”，是指司法机关已经掌握的罪行以外的其他性质的犯罪，即非同种罪行。如果供述的是与司法机关已经掌握的罪行性质相同的其他罪行，则不属于“其他罪行”，而属于补充交代。对于这种情况，自首的效力只及于如实供述的未被司法机关掌握的其他非同种罪行；已被司法机关掌握的罪行，或者虽未被司法机关掌握，但其性质与司法机关掌握的罪行性质相同，不能以自首论，可酌情予以从轻处罚。正在服刑的罪犯或者判决宣告以后尚未服刑的罪犯，如实供述判决宣告前发生的，判决确定的罪行以外的同种罪行或者非同种罪行的，以自首论。④ 也有人提出与这一观点基本相近的意见，认为把握“其他罪行”时要区分不同情况，对已被采取强制措施的犯罪嫌疑人、被告人，要求如实供述的是司法机关还未掌握的其他不同种的犯罪，而不能是同种犯罪，才能认定为自首。如果是同种犯罪，在适用法律上会发生困难：对正在服刑的罪犯，如实供述的司法机关已经掌握的罪行以外的其他相同犯罪的，因为根据刑法的规定，这种情况的同种罪行，要实行数罪并罚，如实供述的同种罪行视为一个独立的犯罪处理，所以也可以认定为准自首。⑤

第六种观点提出了更加具体的区分标准：其一，正在服刑的罪犯，如实供述

① 周振想著：《自首制度的理论与实践》，人民法院出版社 1989 年版，第 95 页；彭敖瑞：《如何理解“未掌握的其他罪行”》，载《人民检察》1998 年第 3 期。

② 周道鸾、单长宗、张泗汉主编：《刑法的修改与适用》，人民法院出版社 1997 年版，第 182 页。

③ 高铭暄主编：《新中国刑法学研究综述（一九四九——一九八五）》，河南人民出版社 1986 年版，第 477 ~478 页。

④ 参见何秉松主编：《刑法教科书》，中国法制出版社 1997 年版，第 512 页。

⑤ 陈兴良著：《当代中国刑法新境域》，中国政法大学出版社 2002 年版，第 571 页。

司法机关还未掌握的同种罪行或非同种罪行的，以自首论。其二，被采取强制措施的犯罪嫌疑人、被告人，如实供述司法机关还未掌握的非同种罪行的，对该非同种罪行以自首论。其三，被采取强制措施的犯罪嫌疑人、被告人，如实供述司法机关还未掌握的同种罪行中的主要罪行的，应对全案以自首论。其四，被采取强制措施的犯罪嫌疑人、被告人，如实供述司法机关还未掌握的同种罪行，而所供述的同种罪行需要并罚的，则就所交代的罪行应认定为自首，自首的法律效果仅及于所交代的罪行。[①] 这里也是将其他罪行的含义解读为与犯罪人所处的诉讼阶段以及与已发现罪行是否同种、是否需要数罪并罚而进行的区别对待。

上述争议主要在于，如果犯罪嫌疑人、被告人和正在服刑的罪犯供述的与司法机关已经掌握的罪行属于同种罪行，该如何处理。最高人民法院在《解释》中明确规定为不同种罪行，虽然在司法实践中统一了做法，但并未在理论上给予合理解释，由此遭到诸多批判。有学者认为，如果认定主动交代异种余罪的行为成立自首，则基于同一法理，就完全也应当认定主动交代同种余罪的行为也成立自首，因为此两种行为在本质特征上毫无二致，《解释》的规定在法理上自相矛盾。[②] 有学者进一步提出，虽然《解释》和立法者的意图均将余罪视为与前罪不同性质的犯罪，且已在司法实践中得到了贯彻执行，但是从贯彻宽严相济刑事政策的角度讲，这是弊大于利，且有失公允。因此认为，被采取强制措施的犯罪嫌疑人、被告人如实供述的余罪与前罪性质相同的，应视为自首。[③] 有学者提出，《解释》将“其他罪行”限定为不同种罪行，存在以下缺陷：（1）违背了自首的本质。自首的本质特征就是犯罪分子在犯罪以后自动投案，如实供述自己的罪行。供述不同种罪行和供述同种罪行一样，都符合自首的本质特征。（2）将司法机关还未掌握的“其他罪行”解释为“不同种罪行”，是一种限制解释，超越了司法解释的权限，是对法条的曲解，违背了立法原意，有悖于罪刑法定原则。（3）《解释》将如实供述司法机关尚未掌握的罪行与司法机关已掌握的或者判决确定的罪行是否属于同种罪行，作为区分自首与坦白的界限，未能体现其维护正义的目的。并且，《解释》第4条却规定“如实供述的同种罪行较重的，一般应当从轻处罚”，将“坦白”规定为“一般应当从轻处罚”的近似绝对从宽情节，还违反了自首与坦白的量刑规则。（4）“其他罪行”包括同种罪行，在《刑法》中也能找到根据，如《刑法》第70条规定：“判决宣告以后，刑罚执行完毕以前，发现被判刑的犯罪分子在判决宣告以前还有其他罪没有判决的，应当对新发

① 张明楷著：《刑法学》（第四版），法律出版社2011年版，第519页。

② 赵秉志、周加海：《论准自首的认定》，载《刑事法学》2004年第1期。

③ 参见高爽：《论自首认定中的若干问题》，载《吉林公安高等专科学校学报》2006年第3期。

现的罪作出判决，把前后两个判决所判处的刑罚，依照本法第六十九条的规定，决定执行的刑罚。已经执行的刑期，应当计算在新判决决定的刑期以内。”第71条规定：“判决宣告以后，刑罚执行完毕以前，被判刑的犯罪分子又犯罪的，应当对新犯的罪作出判决，把前罪没有执行的刑罚和后罪所判处的刑罚，依照本法第六十九条的规定，决定执行的刑罚。”在这里，无论是“先并后减”还是“先减后并”，都规定将新发现的漏罪或者新犯的罪与原判决确定的罪行，依照《刑法》第69条数罪并罚的原则实行并罚，对于漏罪或者新罪来说，《刑法》并未将其限定为不同种罪。①

笔者认为，《解释》将“其他罪行”解释为“与已掌握罪行不同种的罪行”，主要是出于审判工作便利的考虑。毕竟，承认“同种罪行”可以构成准自首中的“其他罪行”，在实际操作时会有一定难度，因为按照我国刑法数罪并罚的规则，同种数罪一般不并罚。如果“其他罪行”包括“同种罪行”，数个行为不能按一罪处理时，自首效力是及于全部还是部分就很难界定。如果及于全部，一定程度上会使一般自首中的自动投案形同虚设，因为准自首不要求自动投案，如实供述自己的罪行即可。而一般自首则既要求如实供述自己的罪行，还要求自动投案，但二者的法律效果一样，对准自首更严格的立法精神就难以得到体现。如果及于供述的部分，则在司法操作以及具体量刑时非常困难，不同的审判人员往往得出不同的结果，反而会更不公正。因此，对于供述非同种罪行的，予以认可自首的成立；对于供述同种罪行的，虽不承认自首，但在量刑时酌情予以从轻处罚，在法理上体现了对犯罪人的公正处理，在简便司法操作的同时，兼顾了罪责刑相适应的原则，也是比较妥善的处理方法。关于《解释》中“如实供述的同种罪行较重的，一般应当从轻处罚”，学者提出的“一般应当从轻”违反了量刑规则，即自首的是“可以”从轻或减轻，没有自首的则是“一般应当”从轻。笔者认为，这实际上是对法律用语的误解。刑法中的“可以”，如果没有特殊情况，其意思也是“一般应当”的意思。将《解释》中的“一般应当”修改为“可以”是同样的意思，如此表述在司法实践中也不会带来任何负面问题。并且，在《刑法修正案（八）》中，针对坦白专门设立了条款：“犯罪嫌疑人虽不具有前两款规定的自首情节，但是如实供述自己罪行的，可以从轻处罚；因其如实供述自己罪行，避免特别严重后果发生的，则可以减轻处罚。”如此看来，自首的，可以从轻或减轻处罚；坦白的，可以从轻处罚，因为坦白避免特别严重后果发生的，则可以减轻处罚。比较而言，还是自首的从宽幅度大于坦白。

需要注意的是，根据2010年最高人民法院《意见》的规定，在司法实践

① 参见利子平、杨美蓉：《“以自首论”司法解释的瑕疵及改进》，载《南昌大学学报（人文社会科学版）》2006年第1期。

中，对不同种罪行的认定，首先要以罪名区分，罪名不同的，还要考虑余罪与已掌握的犯罪是否属于选择性罪名或者在法律、事实上是否密切关联，罪名不同且不属选择性罪名，在法律、事实上也没有密切关联的，才能认定为不同种罪行。例如，司法机关已掌握了犯罪嫌疑人的一起抢劫犯罪行为，其又如实供述了司法机关尚未掌握的另一起抢劫并杀人灭口的犯罪行为，此时司法机关尚未掌握的故意杀人罪与已经掌握的抢劫罪在法律、事实上都没有关联性，故应当认定为不同种罪行。认定为同种罪行的具体标准是：（1）如实供述的其他犯罪与司法机关已掌握的犯罪为选择性罪名，如已掌握的是走私毒品罪行，又供述了制造毒品罪行，仍属同种罪行。（2）如实供述的其他犯罪与司法机关已掌握的犯罪在法律、事实上密切关联，如因受贿被采取强制措施后，又交代因受贿为他人谋取利益的行为，构成滥用职权罪的，应认定为同种罪行。在司法实践中，法律、事实关联的情形在抢劫、强奸等犯罪中较为多见。例如，司法机关已掌握了犯罪嫌疑人的一起抢劫犯罪行为，其又如实供述了司法机关尚未掌握的该起抢劫后杀人灭口的犯罪行为，因抢劫罪与故意杀人罪系同一次犯罪的连续行为，故应当认定为同种罪行。

第四章 特别自首

一、特别自首的概念与基本内容

相对于在《刑法》总则规定的适用于所有犯罪的一般自首而言，《刑法》分则规定的适用于个别犯罪的自首，刑法理论上称之为特别自首。我国现行《刑法》在分则中共有三处分别规定了特别自首的内容，其中第 164 条第 4 款规定，行贿人在被追诉前主动交代行贿行为的，可以减轻处罚或者免除处罚；第 390 条第 2 款规定，行贿人在被追诉前主动交代行贿行为的，可以减轻处罚或者免除处罚；第 392 条第 2 款规定，介绍贿赂人在被追诉前主动交代介绍贿赂行为的，可以减轻处罚或者免除处罚。从法条规定的内容看，特别自首仅适用于犯有对非国家工作人员行贿罪、行贿罪或者介绍贿赂罪的犯罪人，其成立必须以上述三类犯罪人在被追诉前主动、如实地交代其所犯的犯罪事实为条件。在处罚原则上，特别自首的从宽幅度大于一般自首和准自首，一般自首和准自首的人，可以从轻或者减轻处罚，其中犯罪较轻的，可以免除处罚；而成立特别自首的犯罪人，不管罪行轻重，均可以减轻或者免除处罚。

刑法理论界对于上述三款规定是否属于自首制度也有不同的认识。有的学者认为，上述三款规定的是坦白制度。[①] 个别学者认为，上述三款规定属立功制度，指出"由于贿赂犯罪隐蔽性强，取证难度较大，行贿人主动交代行贿行为，实际上是对受贿人的揭发检举，属于立功表现"[②]。多数学者认为，上述三款是自首的特别规定，是对我国自首制度的补充，构成特别自首制度。[③]

笔者认为，将上述三款从理论上概括为自首、坦白或立功中哪一个制度更恰当，关键是看其内涵与三个制度有没有明显冲突的地方，如果与制度的基本精神

① 孙春伟:《评新刑法关于自首的规定》，载《学术交流》1997 年第 5 期。

② 参见胡康生、李福成主编:《中华人民共和国刑法释义》，法律出版社 1997 年版，第 556 页。

③ 参见陈兴良著:《刑法适用总论（下卷)》，法律出版社 1999 年版，第 498 ~ 500 页；肖扬主编:《贿赂犯罪研究》，法律出版社 1994 年版，第 275 页。

和内涵相冲突，就无法将之归属于一个制度，否则就会导致已有的制度内部不协调，不便于理解和掌握，与理论概括的功能相悖，失去理论概括的必要性和意义。从刑法典规定的具体内容看，笔者认为上述三款规定应当属于自首制度，理由在于：

第一，与立功制度的内涵及精神相冲突。由于上述三款所规定的都是犯罪后及时交代自己的罪行以及如何从宽处理的问题，并且供述的是自己的犯罪事实，因此，与立功所要求的检举揭发他人犯罪的内涵不相容。当然，行贿人的自首，必然涉及对受贿人的揭发。有的学者提出这种情况“实际上是自首与立功的竞合”①，认为刑法之所以对这三种犯罪的自首规定了更为宽大的处理，实际上已经把立功的因素考虑进去了。

第二，与坦白制度的内涵及精神相冲突。由于不强调犯罪人供述时是否在案，即在案可以，不在案也可以，与坦白的要求相冲突，因此也不是坦白。具体而言，自首和坦白的根本区别在于，自首是犯罪人犯罪后自动归案，自己把自己交付给国家追诉的行为，而坦白则是犯罪人犯罪后被动归案，由国家司法机关或者人民群众将其交付给国家追诉的行为。② 从刑事责任的轻重比较，根据法律规定以及刑法理论通说，通常情况下，坦白与自首相比较而言，犯罪人在悔罪改过方面明显不如自首主动积极，人身危险性方面相对于自首的犯罪人要大，因此，在从宽处罚程度上坦白要明显低于自首。对于情节较重的犯罪，成立自首的一般是从轻或减轻处罚。而按照上述三款的规定，对情节严重的行贿罪行为人自动投案如实供述自己罪行的，因为属于在被追诉前主动交代行贿行为的，可以减轻处罚或者免除处罚，从宽处罚的幅度、程度显然比按一般自首处理更大。如果将上述三款规定在理论上归属于坦白制度，就会出现对坦白行为的从宽处罚程度高于自首行为的结论，这不仅与通行的刑法理论相矛盾，而且与我国一贯奉行的基本刑事政策和立法精神相冲突。

第三，与自首制度的内涵及精神相一致。相比较而言，自首制度中一般自首要求不在案供述其他罪行，准自首要求在案供述其他罪行，而上述三款规定要求在查处前交代，在内容上也能为自首制度所包容。从本质上看，自首制度的特征在于犯罪人犯罪后自己把自己交付给国家追诉，上述三款规定的精神也在于强调犯罪人对国家追诉自己犯罪行为的主动性，因此，将之归属于自首制度更加合理，即最后一种观点是可行的。从各国立法通例看，除了在刑法总则中规定自首之外，在分则个罪中设置特别自首条款，在外国刑法中也不乏其例。例如，1974

① 陈兴良著：《刑法适用总论（下卷）》，法律出版社 1999 年版，第 499 页。

② 高铭暄主编：《刑法学原理（第 3 卷）》，中国人民大学出版社 1994 年版，第 318 ~ 319 页。

年《日本修正刑法草案》在其总则中对一般自首的规定是："（1）犯罪后侦查机关发觉前自首的人，可以减轻刑罚，在侦查机关发觉后自首的人，也同样可以减轻处罚。（2）告诉、告发或者请求乃论的罪，如果罪犯向有告诉权、告发权或请求权的人自首的，也同样适用前项规定。"除此之外，在分则中另有近10个条文对某些具体罪的自首作了规定，如第121条规定："犯前二条罪的人，在实行暴动前自首的，免除其刑。"这里所说的二罪，是第119条规定的预备与阴谋内乱罪，以及第120条规定的资助内乱、内乱未遂和预备与阴谋内乱罪。另外，第127条规定的预备劫持飞机、船舶，把持航运罪等，也有类似的规定。

综上，笔者认为，我国现行《刑法》164条第4款、第390条第2款和第392条第2款，是我国特别自首制度的重要组成部分。针对这些特别自首制度，在刑法理论界存在着保留说与废除说两种观点。①

保留说主张扩大特别自首制度的适用范围，不仅扩大在贿赂犯罪中的适用，还应扩展到隐蔽性强、社会危害性严重的其他犯罪中，理由如下：

其一，单位行贿罪与行贿罪在法理上基本一致，应将特别自首制度扩大至在这两种贿赂犯罪中予以适用，将这两种犯罪单独排斥在特别自首的范围之外是有悖刑法公平原则的。而且，不仅会使促进受贿犯罪查处这一特别自首制度的重要立法宗旨无法充分实现，还会造成关联法律条款的规定在法理基础上有失协调。

其二，特别自首的认定在时间上比一般自首要严苛，在处罚原则上比一般自首要宽缓，其原因就在于特别自首的成立有助于司法机关能够更具效率的查处隐蔽性强、取证困难的贿赂犯罪。贿赂犯罪是典型的对向犯，在很多情况下涉及"一对一"的证据，需要口供的相互印证性，受贿人通常对自己罪行的交代是避重就轻，能搪塞就尽量搪塞过去，这时司法机关就需要在行贿人这方面进行突破，如果行贿人在被司法机关追诉前主动交代，其交代的内容对于司法机关及时侦破案件提供了实质性的帮助，司法机关针对行贿人的特别自首给予司法回报，会鼓励更多的行贿人主动揭发犯罪，最大力度地打击贿赂犯罪，对其他潜在的受贿人产生威慑作用，使社会上其他非国家工作人员和国家工作人员在面对贿赂交易的时候三思而后行，不敢再轻易进行钱权交易。

废除说主张取消关于贿赂犯罪的特别自首制度，理由如下：

其一，根据《联合国反腐败公约》的相关条款，各类贿赂行为的行贿方和受贿方的行为均应构成犯罪，并没有厚此薄彼的考量。这是值得称道的，因为在刑法理论上，行贿罪和受贿罪是对向犯，在通常情况下，行贿方和受贿方均应成立犯罪。同时，在实践中受贿犯罪是行贿人为请求公务员酌情处理，以获取暴利而启用人际关系、赠送财物的行为，毫无疑问，在某种意义上讲，公务员也是被

① 参见黎娜娜：《论特别自首制度》，西南大学2010年硕士论文。

害人。因此，应对被收买方和收买方，同等地或对后者处以比前者更严厉的刑罚。在我国现行刑法中，行贿罪与受贿罪的法定刑配置基本相同，但在司法实践中，为了突出对国家工作人员的严厉打击，使行贿人能够配合司法机关追查受贿人，对于行贿人的行贿罪往往不予处理，行贿人往往也就得不到应有的惩处。这种做法值得检讨。这既与罪刑均衡的刑法基本原则相悖，也不利于刑罚一般预防功能的发挥。从贯彻《联合国反腐败公约》的角度看，行贿人的刑事责任在我国刑法中应当得到强化。①

其二，设立特别自首制度是画蛇添足。《刑法》总则关于自首与立功的明确规定，完全能够适用于行贿行为中自首与立功相交织的情形。刑事司法根据博弈论中的行贿人的囚徒困境状况，应当放弃一味依赖行贿人的立功的做法，对于自首或立功的行贿人不能动辄就免除处罚，除非行贿人犯罪情节轻微或有重大立功表现。同时，司法机关应当寻找新的途径，选择以下方式侦破贿赂案件：一是应当充分借助刑法中的另外两个反腐败罪名——巨额财产来源不明罪和隐瞒境外存款罪，这同样可以达到惩治贿赂犯罪的效果，且不需要依赖行贿人的指证；二是在刑事诉讼中吸收采纳《美国联邦刑事诉讼规则和证据规则》第 11 条中规定的"辩诉交易"的一些思路，规范行贿人的自首和立功问题。②

笔者支持保留说，理由在于：

其一，特别自首制度与《联合国反腐败公约》不冲突。《联合国反腐败公约》第 37 条明确规定：（1）各缔约国均应当采取适当措施，鼓励参与或者曾经参与实施根据本公约确立的犯罪的人提供有助于主管机关侦查和取证的信息，并为主管机关提供可能有助于剥夺罪犯的犯罪所得并追回这种所得的实际具体帮助。（2）对于在根据本公约确立的任何犯罪的侦查或者起诉中提供实质性配合的被告人，各缔约国均应当考虑就适当情况下减轻处罚的可能性作出规定。（3）对于在根据本公约确立的犯罪的侦查或者起诉中提供实质性配合的人，各缔约国均应当考虑根据本国法律的基本原则就允许不予起诉的可能性作出规定。由于特别自首中的行贿行为人在追诉前主动供述时，为司法机关提供了实质性的配合，并为司法机关提供了可能有助于剥夺罪犯的犯罪所得并追回这种所得的实际具体帮助，为司法机关节约了司法成本，使贿赂犯罪这种极具隐蔽性且反侦查能力强的罪行能被及时的查处，因此，行贿行为人应该得到其应有的"回报"，这样方能使其他潜在的特别自首人得到最大的激励，进而采取行动进行特别自首。

---

① 范红旗、邵沙平：《联合国反腐败公约的实施与我国反贿赂犯罪法的完善》，载《法学杂志》2004 第 5 期。

② 袁继红、卢建平：《试析行贿犯罪的自首与立功》，载《刑事法问题研究》，法律出版社 2005 年版，第 356 页。

其二，特别自首制度与普通自首制度具有不同的功能。如前所述，特别自首是比一般自首、准自首更为宽大的量刑制度。犯罪人无论主动还是被动归案，无论司法机关是否已经掌握其犯罪事实，无论其罪行轻重，只要在被追诉前主动交代，就可以得到减轻或免除处罚的从宽效果。一般自首和准自首具有特定的成立条件，在从宽效果上与特别自首不可同日而语。并且，针对贿赂犯罪这种发现难、查处难、证实难、处理难的犯罪类型，鼓励一部分犯罪人及时主动供述，对于严厉惩治贿赂犯罪，具有非常重要的积极意义。从一些地方的探索看，辩诉交易在我国目前的诉讼环境中，还不能完全的适用，由于水土不服，给司法实践带来诸多问题，因此，暂时不宜直接引入。

其三，是适应当前惩治职务犯罪形势的需要。当前，职务犯罪现象滋生蔓延，且有愈演愈烈之势，已成为当前社会生活、经济生活、政治生活中的毒瘤，损害了党和政府的形象，毒化了社会风气，破坏了党群关系，损害了群众对党和政府的信任。为了严厉打击职务犯罪，立法和司法机关采取了积极行动，在《中华人民共和国刑法修正案（七）》中，巨额财产来源不明罪的法定刑提高到了10年，显示出立法者对职务犯罪重拳出击的决心。提高法定刑在短期之内对打击犯罪有重大意义，然而却是治标不治本。从预防犯罪的效果看，刑罚的严重性的作用远小于刑罚的及时性。如果大部分犯罪都能够得到查处，即使刑罚再轻缓一些，对于职务犯罪分子而言，也会大大增加违法乱纪的成本，减少其侥幸心理。特别自首制度，有利于及时发现和惩处职务犯罪，因此，对于特别自首对查办贿赂犯罪的价值需要充分肯定。

二、特别自首的认定

（一）主体条件

刑法总则所设立的一般自首和准自首，是针对所有犯罪和适用于所有犯罪嫌疑人的；而刑法分则所规定的特别自首制度，则是根据各国的现实国情、罪情而针对特定犯罪和特定犯罪嫌疑人的。从各国立法实践来看，设立特别自首制度的目的，主要是针对特殊类型的犯罪，而且大多是隐蔽性、危害性大的犯罪，以及发案率高、查处难度大、难以证实、司法运作成本高的犯罪，这些犯罪查处的难度大，证据收集困难，诉讼中难以证实，鼓励一部分犯罪人如实供述，既可尽早发现严重犯罪，降低犯罪危害，又能节省对其本人犯罪的查处成本，还可在惩处与该犯罪相关联的犯罪中作为证据，为打击其他更为严重的犯罪提供有力支持。我国在1997年《刑法》修订以前即有特别自首的规定，如1988年全国人大常委会《关于惩治贪污罪贿赂罪的补充规定》中对于贪污罪、行贿罪的自首规定以及1993年《中华人民共和国国家安全法》对间谍罪规定了特别自首。1997年《刑法》修订时对上述有关规定未予吸纳，故已不再适用。1997年《刑法》分则主要在行贿和介绍贿赂类型的犯罪条文中设立了特别自首制度，主要是因为随着我国社会经济的不断发展，经济交往中违法犯罪的现象也越来越严重，其中尤以贿赂犯罪的危害最大。并且，由于贿赂犯罪一般是秘密进行的，隐蔽性强，实际诉讼中往往缺少相关物证，依据口供定案的较多，而口供的不稳定性或易变性给司法实践工作带来很大困难，导致查处的司法成本较高，妨碍了反腐败工作的推进。基于严惩贿赂犯罪的刑事政策考虑，以及对贿赂犯罪自身特点规律的把握，全国人大在修订《刑法》时专门针对贿赂犯罪的行贿人制定了特别自首制度。这一制度的设立，一方面分化瓦解了犯罪人，另一方面也为国家节约了司法资源，降低了司法成本。

根据《刑法》的规定，特别自首仅适用于对非国家工作人员行贿罪，对外国公职人员、国际公共组织官员行贿罪，行贿罪以及介绍贿赂罪这四种犯罪的犯罪嫌疑人，且不论犯罪情节、数额，均可适用，除此之外则不能适用。

（二）时间条件

特别自首成立的时间条件是行为人必须在被追诉前交代其相关的犯罪事实。这里重点是如何理解“被追诉前”。一般认为，“被追诉前”，是指被有关司法机关立案侦查前，或者更具体为检察机关立案之前。[①] 2009 年最高人民法院、最高人民检察院《关于办理职务犯罪案件认定自首、立功等量刑情节若干问题的意见》对职务犯罪自首的认定提出了更为严格的标准，即在纪检监察机关针对犯罪分子进行调查谈话、讯问、采取调查措施或者强制措施期间，如实交代办案机关已掌握的犯罪罪行的，不能认定自首。需要研究的是，这里的自首是否包括特别自首？具体而言，行贿人在纪检监察等办案机关进行调查谈话时主动交代的，是否受该意见的影响，能否认定为特别自首？对此，笔者认为，从最高人民法院、最高人民检察院出台这一司法解释的出发点和针对的问题而言，重点是针对职务犯罪中涉及的《刑法》总则中一般自首和准自首如何认定。由于特别自首只是学理上对《刑法》第 164 条第 4 款、第 390 条第 2 款和第 392 条第 2 款规定的概括，没有特别的说明，因此，该意见不涉及特别自首。并且，《刑法》关于特殊自首的规定中，没有使用“自首”的词语，只规定被追诉前主动交代犯罪事实的，可以从轻或减轻处罚，因此，对于特别自首而言，不存在是否认定自首的问题，只要能够认定特定的犯罪人在查处前主动供述了犯罪事实，即可按照法律条文规定的法律效果认定和处理。这也就是说，与普通自首（一般自首、准自首）相比，特别自首在司法活动中的认定和处理过程是不同的：对于普通自

① 赵秉志主编：《中国刑法实用》，河南人民出版社 2001 年版，第 528 页；马克昌主编：《刑罚通论》，武汉大学出版社 1999 年版，第 392 页。

首，需要先根据法律描述的行为状况对自首与否进行认定，进而再根据是否成立自首决定是否产生法律效果，其逻辑过程是：特定行为——自首——从宽处理的法律效果。而特别自首则根据法定行为的认定，直接决定是否产生法定从宽效果，其逻辑过程是：特定行为——从宽处理的法律效果。因此，对于特别自首而言，其认定不需要适用该意见。

对于特别自首的“被追诉前”，仍应理解为“司法机关立案前”，纪检监察机关查办职务犯罪过程中主动交代的，当然可以认定为特别自首；纪检监察机关查办职务犯罪过程中没有主动交代，但在司法机关立案查办前主动交代的，仍可以适用特别自首的规定，予以从轻或减轻处罚。详而言之，“被追诉前”可分为三种情况：第一种是行为人在犯罪后自动投案，如实向司法机关供述自己特定的贿赂犯罪事实的。第二种是犯罪后被动归案，但在司法机关开始讯问或采取强制措施前即主动交代特定行贿、介绍贿赂犯罪事实的。第三种是行为人因犯有其他罪行被司法机关采取强制措施，或者正在服刑的情况下，主动如实供述司法机关还未掌握的本人所犯的特定的贿赂犯罪事实的。需要特别说明的是，这里的“被追诉前”，应当解释为犯罪嫌疑人所犯的对非国家工作人员行贿罪，对外国公职人员、国际公共组织官员行贿罪，行贿罪或者介绍贿赂罪（特别自首之罪）尚未被司法机关追诉前，而不是指犯罪嫌疑人所犯的任何罪行均尚未被司法机关追诉前。因为，即使犯罪嫌疑人已因某种罪行被司法机关追诉，甚至在他已因犯对非国家工作人员行贿罪，对外国公职人员、国际公共组织官员行贿罪，行贿罪或者介绍贿赂罪之一种或者几种罪行而被司法机关追诉的情况下，只要犯罪嫌疑人能主动如实供述其尚未被司法机关发觉进而追诉的其他对非国家工作人员行贿罪，对外国公职人员、国际公共组织官员行贿罪，行贿罪或者介绍贿赂罪，则对于有关受贿案件的查处，仍有极大的裨益。本着特别自首设立之有益于受贿案件查处的立法宗旨，对该犯罪嫌疑人也应当以特别自首论，并依法给予其更为宽缓的处罚。

在上述三种情况下，行为人所犯的特定的贿赂犯罪在其主动交代前均处于尚未受到司法机关追诉的状态，根据《刑法》分则有关特别自首的规定，均可成立特别自首。

需要注意的是，从语义上拆解，犯罪人在被追诉前主动交代其犯罪行为，似乎还包括第四种情况，即由于群众举报，司法机关采取强制措施后，犯罪人供述自己被控罪行的情况。笔者认为，在这种情况下，犯罪人被动归案，如实供述所控罪行，是坦白行为而非自首行为，不能适用“可以减轻处罚或者免除处罚”的规定。因此，这种纯粹语义学意义的拆解，不能认为真实表达了立法原义，是一种断章取义的做法。为了免生歧义，立法者在《刑法》分则三个条文中的措词是有所讲究的，即犯罪人系在被追诉前“主动”交代其犯罪行为的。从“主动”这二字的修饰词里，也能透析出立法者的本义所在。《刑法》第67条第1款规定，“犯罪以后自动投案，如实供述自己的罪行的，是自首”。在该条款中，立法者在“如实供述自己的罪行”前并未附加“主动”二字予以修饰，因为前句话中的“自动投案”已对“如实供述自己的罪行”起到了明确的限定作用。然而在《刑法》分则的上述三个条款中，由于“在追诉前”语义尚欠明确限定的作用，故在“交代其犯罪行为”之前，均使用了“主动”二字的修饰词。可以认为，“主动”二字是立法者刻意选用的。因此，在司法机关采取强制措施后，犯罪嫌疑人交代犯罪事实的，已经缺失了主动性，不再属于主动交代犯罪事实。并且，从采取强制措施时，说明司法机关的追诉已经开始，也就不再具备“在追诉前”这一前提条件。因此，对于上述情况，不再是特别自首，也就不再产生“可以减轻处罚或者免除处罚”的法律效果了。

实践中还有一种情况，在实施上述三种特别犯罪之后，犯罪人主动投案并且如实供述自己的罪行，或者由于其他犯罪行为被采取强制措施或已被定罪量刑，主动供述司法机关还未掌握的“余罪”，即上述三种特别犯罪，而后逃跑，但是之后再主动投案的，或者上述特定类型的犯罪人由于在追诉前主动交代犯罪事实，被司法机关采取取保候审的强制措施，犯罪人为逃避制裁逃跑，之后再向司法机关投案自首的。此种情形之下，犯罪人先前的“追诉前主动交代犯罪事实的行为”能否被继续认定？对此，有学者认为，此种情形应成立一般自首。因为，犯罪人先前的“主动交代行为”，虽然是发生于“被追诉前”，可能成立特别自首，但是其逃跑之后的“主动投案行为”却是发生于犯罪已被司法机关所知晓察觉和被追诉后，已经不再符合特别自首的成立要件，因而只能成立一般自首。[①] 还有的学者认为，此种情形下，犯罪人的行为仍符合特别自首的成立条件，应认定为特别自首。[②] 笔者认为，在这种情况下，行为人仍然符合特别自首中的“被追诉前主动交代犯罪事实”这一要件，从立法精神和这一制度设置的刑事政策考虑，其在被追诉前主动交代犯罪事实这一行为的证据价值仍然存在，对查处受贿犯罪的积极意义不因其逃跑而灭失，因此，仍应对其特别自首予以认定。但是，如果逃跑后被司法机关抓捕的，可以视为自首的中断，即主观上不愿意自首，客观上实施了中断自首的行为，不再成立特别自首，对其先前在“被追诉前主动交代犯罪事实”的法律效果予以消除。

（三）行为条件

根据《解释》的规定，特别自首的交代方式必须是行为人主动如实交代其

---

① 于志刚著：《自首制度适用中的疑难问题》，吉林人民出版社2011年版，第254页。
② 周加海著：《自首制度研究》，中国人民公安大学出版社2004年版，第134页。

对非国家工作人员或外国公职人员、国际公共组织官员的行贿行为，以及对国家工作人员的行贿行为或者介绍贿赂行为。

“主动”，是指犯罪人所犯有关罪行在被司法机关追诉前，犯罪人主观上不是基于现实的强制而自觉交代。如果犯罪人所犯罪行已被司法机关追诉或已被采取强制措施，则显然已无主动性可言，也谈不上成立特别自首。

“如实”，这是一切自首的基本特征。“如实”的判断，与前述判断普通自首时的“如实”一致，在理解和把握时可以参考相关内容，这里不再赘述。犯罪人只有如实交代，方能成立特别自首。如果犯罪人不能如实交代，甚至虚构事实、隐瞒真相，或者推脱责任、嫁祸于人，说明其显然并无悔过之心，且对司法机关侦破案件毫无助益，则不能成立特别自首。此外，根据我国 1997 年《刑法》的规定，可以成立特别自首的只有对非国家工作人员、外国公职人员、国际公共组织官员的行贿行为、对国家工作人员的行贿行为或者介绍贿赂行为。如果犯罪人自动投案后主动交代的是上述行为之外的犯罪事实，则应成立一般自首或准自首，而不能成立特别自首。

关于“交代”，有人认为，特别自首中的主动交代比普通自首中的如实供述的要求更高，① 除了要求如实供述犯罪事实外，还要求悔罪。由于悔罪是犯罪人主观上的内容，在实践中很难用证据证实，将“交代”的内涵扩充到悔罪意义不大。但是，考虑到对行贿犯罪从轻处理的幅度，在司法实践中，对于供述后又翻供的，甚至时供时翻、屡次翻供的，可以认定为没有主动交代，即使在一审判决前如实供述的，也不再认定为特别自首。当然，如果符合一般自首或准自首的，可以认定为一般自首或准自首。

① 参见马克昌主编：《刑罚通论》，武汉大学出版社 1999 年版，第 391 页。

第五章 几种特殊情况的自首认定

一、共同犯罪自首问题

（一）观点概览

共同犯罪与单独犯罪相比，并无质的区别（都是犯罪的一种），只有量的差异（二人以上共同故意实施的犯罪，社会危害性比后者要严重），这就决定了共同犯罪人自首的认定，不可能创造出一个与单独犯罪自首的认定根本不同的特殊原则。[①] 但由于共同犯罪的复杂性，在如何认定如实供述自己的罪行这个问题上具有一定的特点。[②]

对共同犯罪中如实供述“自己的罪行”的理解，主要不同观点如下：

第一种观点认为，只要共同犯罪人如实供述其直接参与实施的共同犯罪行为，即为其已对“自己的罪行”作了如实供述，若在此之外，还揭发其他同案犯的共同犯罪事实或共同犯罪以外的其他犯罪事实，则认定其同时有立功表现。[③]

第二种观点认为，共同犯罪人自首时，除了必须如实供述自己所直接参与实施的共同犯罪行为外，还必须如实供述共同犯罪人所实施的全部罪行，只有如此，方能认为其对“自己的罪行”作了如实供述。[④]

第三种观点认为，对共同犯罪案件中的犯罪人来说，若要成立自首，则在其供述“自己的罪行”时，只有在对其直接参与实施的犯罪行为作如实供述的同时，还对其所知道的、与其有密切联系的其他共同犯罪人的犯罪行为亦作如实供述的，方可谓对自己的罪行作了如实供述。[⑤]

---

① 周振想著：《自首制度的理论与实践》，人民法院出版社 1989 年版，第 107 页。

② 陈兴良著：《刑法适用总论（下卷）》，法律出版社 1999 年版，第 489 页。

③ 陈广君主编：《中华人民共和国刑法释义》，人民出版社 1997 年版，第 80 页。

④ 参见高铭暄主编：《新中国刑法学研究综述（一九四九——一九八五）》，河南人民出版社 1986 年版，第 470 页。

⑤ 周加海著：《自首制度研究》，中国人民公安大学出版社 2004 年版，第 138 页。

有的学者结合刑法关于共同犯罪人的分类，分别对不同犯罪人的自首问题进行了分析，共同犯罪案件中的犯罪嫌疑人，除如实供述自己的罪行，还应当供述所知的同案犯，主犯则应当供述所知的其他同案犯的共同犯罪事实；从犯中的实行犯自首时，既要供述自己的犯罪事实，还要供述和自己一同直接实施犯罪的主犯以及胁从犯的罪行；从犯中的帮助犯自首时，既要供述自己的帮助行为，还要供述自己所知道的所帮助的实行犯的行为；从犯中的胁从犯自首时，既要供述自己在被胁迫、被诱骗情况下实施的犯罪，还要供述所知道的胁迫和诱骗自己犯罪的胁迫人、诱骗人所实行的相应罪行。共同犯罪中的教唆犯自首时，除如数供述自己的教唆行为外，还必须供述被教唆的具体对象，以及所了解的被教唆人产生犯罪意图后实施犯罪的情况。[①]

（二）观点评析

笔者认为，由于共同犯罪的性质，决定了每个共同犯罪人的犯罪行为是共同犯罪行为整体的一部分，因而犯罪后仅交代自己实施的部分行为，不交代其他同案犯，也就难以讲清自己的罪行。[②] 因此，共同犯罪人在自首时，只有在如实供述其直接参与实施的共同犯罪行为的同时，一并对其所知道的、与其有密切联系的其他共同犯罪人的犯罪事实作了如实供述，才能将其犯罪行为客观清楚地摆在司法机关面前，从而才能为国家追诉其罪责创造现实可行的条件，进而才能认为其行为符合自首的本质特征，并以自首论。另外，对共同犯罪人来说，对其所知道的、与其有密切联系的其他共同犯罪人的共同犯罪事实的如实供述，是认定其成立自首的当然要求，不能据以认为其在成立自首的同时还有立功表现，否则会导致一行为同时得到两次刑法评价的不当后果，从而在根本上违反禁止重复评价之刑罚裁量原则。

由此可见，上述第一种对“自己的罪行”的理解，未结合共同犯罪的特点，内涵过于狭窄，对交代所知的有密切联系的同案犯的犯罪行为未提出要求。上述第二种认为共同犯罪人必须如实供述共同犯罪人所实施的全部罪行的观点是不可行、不合理的。在以犯罪集团形式出现的共同犯罪中，犯罪集团中的成员有可能互不了解、互不联络或互不相识，因而不可能掌握、知晓整个犯罪集团的全部罪行。以此观点认定自首，就会剥夺参加犯罪集团的有些成员自首的机会，不利于从犯罪集团内部对其进行分化、瓦解。

最高人民法院《解释》规定，“共同犯罪案件中的犯罪嫌疑人，除如实供述自己的罪行，还应当供述所知的同案犯，主犯则应当供述所知其他同案犯的共同

① 马克昌主编：《刑罚通论》，武汉大学出版社 1999 年版，第 380 页。

② 马克昌主编：《刑罚通论》，武汉大学出版社 1999 年版，第 380 页。

犯罪事实，才能认定为自首”。这也就是说，在共同犯罪案件中，行为人在共同犯罪中所处的地位、所起的作用和参与犯罪的程度不同，成立自首所要求的“自己的罪行”的范围也是不同的。

综合上述各种意见，结合我国刑法关于共同犯罪和自首的规定及精神，笔者认为，在把握共同犯罪案件中犯罪人自首时“如实供述自己的罪行”问题上，要遵守以下两个原则：其一，根据刑法规定犯罪人需要承担刑事责任的事实，属于“自己的罪行”，如《刑法》规定，对组织、领导犯罪集团的首要分子，按照集团所犯的全部罪行处罚。对于其他主犯，应当按照其所参与的或者组织、指挥的全部犯罪处罚。那么，犯罪集团的首要分子，在自首时就必须将犯罪集团的全部犯罪事实如实供述，其他主犯则应如实供述其所参与的或者组织、指挥的全部犯罪事实。当然，这里的“如实”，需要结合前述关于一般犯罪自首中的有关论述掌握，同时根据具体犯罪情况进行把握，如有的犯罪集团首要分子，只负责向处于第二位的犯罪分子交代任务，或者有的根据分工，只了解其他犯罪分子负责的分工事项，不了解具体犯罪情况，这时只要如实交代了向第二位犯罪分子交代的犯罪事实，或者将其他犯罪分子的分工交代清楚，就认为是如实供述了全部犯罪事实。因为司法机关根据该首要分子的交代，依据同样的原则把握，按照侦查工作的正常情况，可以查清该犯罪集团的全部犯罪事实。其二，与该犯罪需要承担刑事责任的事实有直接关联的事实，也属于犯罪分子如实供述“自己的罪行”的重要内容。所谓直接关联，即不交代就不能清楚说明自己犯罪事实的那部分内容，如从犯中的实行犯，交代自己犯罪事实时，如果不交代组织犯、教唆犯的行为，或者与自己一同实施犯罪的实行犯的行为，或者帮助自己实行犯罪的帮助犯的行为，对自己实行犯罪的行为就无法交代清楚。此时犯罪分子不如实交代上述组织犯、教唆犯、实行犯、帮助犯，就不能说是如实供述了“自己的罪行”。

（三）认定规则

结合上述两个原则，在具体司法实践中，可以按以下规则进行认定：

第一，主犯自首的认定。一般主犯，是指在共同犯罪中起主要作用的犯罪分子。特殊主犯，是指通常所说的组织犯，即组织、领导犯罪集团进行犯罪活动，或者说在犯罪集团中起组织、策划、指挥作用的犯罪分子。可见，一般主犯和特殊主犯尽管同属主犯的范畴，但是二者在共同犯罪中的作用和分工是不同的，这种不同也就决定了彼此犯罪事实的不同。

一般主犯作为实行犯的一部分，其犯罪事实包括两种：一种是单独实施的共同犯罪行为，即受集团首领指派而单独实施的犯罪和在教唆犯教唆下实施的犯罪。在这种情况下，虽然行为人是单独行动的，但仍和指派其犯罪的犯罪集团首领或教唆犯构成共同犯罪，如甲教唆乙实施抢劫犯罪。另一种是和他人一起共同实施的犯罪行为，如甲和乙、丙，在丁的帮助下共同实施盗窃犯罪。在第一种情况中，犯罪人自首时不仅要交代自己独立实施的犯罪行为，而且还要交代自己的犯罪是由谁指派实施或教唆实施的，这是必然的合乎逻辑的结论。因为指派人或教唆人的犯罪行为，虽然并不属于实行犯所犯罪行的范畴，但是指派人或教唆人的行为又确实是使实行犯产生犯意，并进而实施犯罪的直接原因，二者之间有着内在的因果联系。实行犯不交代指派人或教唆人及其行为，就不可能真正交代清楚自己的犯罪事实。在第二种情况中，犯罪人不仅要交代自己直接实施的那部分罪行，而且还要交代与自己一起实施犯罪的其他人实施的犯罪行为。上述案例中，甲、乙、丙、丁四人的行为有机地组成了盗窃行为的整体，对于甲、乙、丙、丁来说，每个人的犯罪事实，实质上即是其参与实施的盗窃罪的整个事实。因此，其中的甲作为本案的主犯之一，自首时当然也就必须交代整个盗窃罪的事实。

特殊主犯，即集团犯罪中的首要分子，一般并不直接参加犯罪的实施，而是通常表现为建立、领导犯罪集团，策划发展犯罪成员，主持制定并组织实施犯罪计划，现场或者遥控指挥其他成员实施犯罪等。特殊主犯不管是否到现场指挥犯罪，是否直接参加具体犯罪活动，只要其成员的犯罪活动包括在他组织、领导制定的犯罪活动计划之内，就都属于他“自己的罪行”，他都负刑事责任。因此，特殊主犯自首时，所要交代的必须包括上述所有犯罪事实。但是这里的所有并不是每一起犯罪事实都必须交代清楚，而是要结合其在犯罪集团中的具体地位所可能了解到的犯罪事实，如犯罪集团中首要分子只知道组织、领导行为，不知道具体实施行为，此时只要如实供述自己的组织、领导行为即可。对于其他犯罪人，只要按此原则和正常的司法程序，就可以了解全部犯罪事实。刑法不强人所难，首要分子所以要对全部犯罪行为承担刑事责任，是因为全部犯罪行为都是在其组织和指挥下实施的，其是犯罪行为的原因力或原动力，而并非因为其详细了解全部犯罪事实。因此，对于犯罪集团的首要分子，只要供述其组织、领导的行为以及与其直接联系的下一层级的犯罪人，即可认定为如实供述了自己的罪行。

第二，从犯自首的认定。共同犯罪中的从犯，是指在共同犯罪中起次要作用或者辅助作用的犯罪分子。根据犯罪时分工的不同，从犯可以分为起次要作用的实行犯和起辅助作用的帮助犯。从犯中的实行犯，在参与犯罪的方式即其犯罪行为的表现形式上，与一般主犯颇为相似。不同之处在于：其一，在共同犯罪中所起的作用不同。其二，一般主犯可以在他人的指派或教唆下单独实施犯罪，而从犯中的实行犯则不能，只能同主犯一起直接实施共同犯罪。从犯的存在总是以主犯的存在为前提的，有时尚有胁从犯参加。这也就决定了从犯中的实行犯自首时所要交代的“自己的罪行”，不仅是根据分工自己所实施的犯罪，而且还要包括和自己一同直接实施犯罪的主犯以及胁从犯的犯罪行为。从犯中的帮助犯，并不直接实行完成犯罪的行为，而只是为共同犯罪中的实行犯提供犯罪工具、指示犯罪地点和犯罪对象、消除犯罪障碍等。在共同犯罪中，帮助犯的行为依赖实行犯的行为才构成犯罪，独立出来一般并不构成犯罪。这也就决定了从犯中的帮助犯自首时，不仅要交代自己的帮助行为，而且还要交代自己所帮助的实行犯的行为。

第三，胁从犯自首的认定。共同犯罪中的胁从犯，是指在被胁迫的情况下参加共同犯罪活动的犯罪分子。“他人的胁迫”是行为人犯罪的原因。因此，胁从犯自首时，不仅要交代自己在被胁迫情况下实施的犯罪，而且还要交代胁迫自己犯罪的胁迫人所实施的犯罪行为，否则就无法说清自己的犯罪事实。例如，李某以揭发隐私相威胁，要求王某实施破坏财产的犯罪行为。王某在自首时就不能只交代自己破坏财产的行为，而且还要交代胁迫自己犯罪的李某。只有这样，王某才能清楚地交代出自己的犯罪事实。如果王某担心隐私泄露，只交代自己的犯罪行为，由于与客观事实不相符合，没有“如实”交代犯罪事实，就不能认定为自首。

第四，教唆犯自首的认定。共同犯罪中的教唆犯，是指故意地引起他人实行犯罪意图的人。被教唆人犯罪意图的产生，乃至去实施犯罪，都是教唆犯的教唆行为引起的，二者有着因果关系。共同犯罪中的教唆犯自首时，除交代自己的教唆行为外，还要交代被教唆人是谁，以及所了解的被教唆人产生犯罪意图之后实施犯罪的情况。因为，正是由于被教唆人产生了犯罪意图并且实施了犯罪，才使得教唆犯成为了共同犯罪人。

（四）共犯自首与立功的界定

除了上述一般情况下的共犯自首问题，这里还有两个问题需要详细说明：一是如何区分共犯自首中“供述所知的同案犯”与立功中“检举、揭发他人犯罪行为”；二是如何区分共犯自首中的“供述所知的同案犯”与立功中的“协助司法机关抓捕同案犯”。

对于第一个问题，一般认为，我国刑法上的立功有广义和狭义之分。狭义“立功”是指《刑法》第68条规定的立功，是与自首、累犯等相并列的刑罚裁量情节。广义的立功除包括狭义的立功之外，还包括作为刑罚执行制度的立功，如《刑法》第50条规定的死缓犯的立功、第449条规定的犯罪军人戴罪立功。这里探讨的是共犯自首与狭义的立功的关系。所谓立功，是指犯罪分子揭发他人犯罪行为，查证属实，或者提供重要线索，从而得以侦破其他案件等具有协助司法机关工作的属性，或者其他对国家和社会有利的行为。根据《刑法》第68条的规定，犯罪分子有立功表现的，可以从轻或者减轻处罚；有重大立功表现的，可以减轻或者免除处罚。

根据《刑法》第68条和《解释》的相关规定，共犯自首与立功一般不难区分，难以分清的往往是共犯自首中的“供述所知的同案犯”与“检举、揭发他人犯罪行为”如何区别，或者说，揭发同案犯，仅是共犯自首的条件，还是在成立自首的同时还构成立功的问题。对此，我国刑法学界有不同认识。第一种观点认为，不论是否同案共犯，重点应视其揭发的犯罪是否属实，如果揭发属实，即使是同案犯，也可以认为是立功表现。[①] 第二种观点认为，对于共同犯罪案件，不要求犯罪人必须交代出其他共同犯罪人单独实施的罪行，但是对于自己参与实施的犯罪涉及其他共同犯罪人的事实的，则必须如实交代，方可按自首论处。如果犯罪分子不仅如实交代自己的罪行，而且还主动揭发、检举出其他犯罪分子（包括共犯）单独实施的罪行并经查证属实的，则可按立功对待。[②] 第三种观点认为，共同犯罪案件的情况是复杂的，共同犯罪人在共同犯罪中的地位和作用是不同的，其所承担的刑事责任是有区别的。根据刑法的规定，犯罪集团的首要分子如实供述犯罪集团其他成员的犯罪行为，犯罪集团首要分子以外的主犯如实供述参与犯罪的其他人的犯罪行为或者受其组织、指挥的他人的犯罪行为的，不应认定为立功。因为这些“他人的”犯罪行为是主犯的犯罪行为的组成部分，主犯如实供述这些“他人的”犯罪行为，实质上是如实供述自己的犯罪行为。由于从犯在共同犯罪中所起的是次要或辅助作用，胁从犯是被胁迫参加犯罪，他们只对自己实施的犯罪行为承担相应的刑事责任，他们揭发同案中的其他人的犯罪行为，查证属实的，应认为是立功表现。因此，对于揭发同案犯的犯罪行为，要具体分析，不宜一概认为是立功。[③]

笔者认为，上述第一种观点将共同犯罪人揭发同案犯的犯罪行为一概理解为立功表现，是不妥的。因为同案犯的犯罪行为是共同犯罪的一部分，应当属于自首中如实供述“自己的罪行”的范围。第三种观点虽然认为主犯揭发同案犯的犯罪行为是自首行为，但却认为从犯、胁从犯揭发同案犯的犯罪行为是立功表现，这也是难以成立的。因为如果胁从犯和从犯不将与其犯罪行为直接关联的同案犯的犯罪行为如实供述，也难以如实供述自己的犯罪行为。例如，杀人犯的帮助犯如果只供述自己的帮助行为——购买菜刀的行为，不供述所帮助的实行犯的杀人行为，单纯购买菜刀的行为很难认定为犯罪行为。因此，笔者基本同意第二种观点，只有揭发同案犯除共同实施的犯罪以外由其单独实施的犯罪行为，才应该以立功论处。《解释》第 1 条规定：“……共同犯罪案件中的犯罪嫌疑人，除如实供述自己的罪行，还应当供述所知的同案犯，主犯则应当供述所知其他同案犯的共同犯罪事实，才能认定为自首……”第 5 条规定：“……犯罪分子到案后

---

① 参见陈广君主编：《中华人民共和国刑法释义》，人民出版社 1997 年版，第 80 页。

② 参见周道鸾、单长宗、张泗汉主编：《刑法的修改与适用》，人民法院出版社 1997 年版，第 180 页。

③ 参见何秉松主编：《刑法教科书》，中国法制出版社 1997 年版，第 515 页。

有检举、揭发他人犯罪行为，包括共同犯罪案件中的犯罪分子揭发同案犯共同犯罪以外的其他犯罪，经查证属实……应当认定为有立功表现。”第 6 条规定：“共同犯罪案件的犯罪分子到案后，揭发同案犯共同犯罪事实的，可以酌情予以从轻处罚。”据此，只有揭发同案犯除共同犯罪以外由其单独或与其他犯罪人共同实施的其他犯罪行为，才能以立功论处。如果揭发的不是共同犯罪以外的其他罪行，不是立功，而是如实供述自己的罪行，应属于构成自首的必要条件。

首先，需要注意这里的“同案犯共同犯罪以外的其他犯罪”，既包括同案犯另外单独或与其他犯罪人共同实施的其他犯罪，也包括同案犯在与自首人进行共同犯罪的过程中，超出共同故意所另外实施的其他性质不同的犯罪，如共同实施盗窃犯罪时，其中一人产生强奸故意因而实施强奸行为的，因为共同犯罪人的过限行为只能由实行过限行为人承担责任，没有实施过限行为的人就该过限行为不构成共同犯罪，因而上述盗窃犯交代其他强奸犯的，应属于超出了“如实供述自己的罪行”之外的立功。但是如果该实行过限行为与本人共同犯罪行为只是量的程度不同，则属于“如实供述自己的罪行”中的内容。例如，二人共同犯盗窃罪，一人抗拒抓捕而转化为抢劫罪的，其中的盗窃犯供述共同盗窃行为时，交代出实行过限的转化抢劫犯的，也属于“如实供述自己的罪行”，而不是立功。其次，需要注意《解释》第 6 条的规定，即共同犯罪人坦白的情况。根据《刑法》第 67 条第 3 款的规定，共同犯罪人到案后揭发同案犯共同犯罪事实的，属于对自己罪行的坦白，在量刑上应予以从轻处理；因其如实供述自己的罪行，避免特别严重后果发生的，可以减轻处罚。此外，《意见》第 3 条规定，“犯罪嫌疑人、被告人在被采取强制措施期间如实供述本人其他罪行，该罪行与司法机关已掌握的罪行属同种罪行还是不同种罪行，一般应以罪名区分。虽然如实供述的其他罪行的罪名与司法机关已掌握犯罪的罪名不同，但如实供述的其他犯罪与司法机关已掌握的犯罪属选择性罪名或者在法律、事实上密切关联，如因受贿被采取强制措施后，又交代因受贿为他人谋取利益行为，构成滥用职权罪的，应认定为同种罪行”。这里虽然是就准自首中同种罪名和异种罪名的区分作出的规定，但是对于共同犯罪人如实交代同案犯罪行时，能否作为界定同案犯共同犯罪与其他犯罪的区别界限呢？笔者认为要区别情况处理：对于选择性罪名的，由于是不同的犯罪事实，共同犯罪人交代自己的罪行中，不应包括其他同案犯单独或与其他犯罪人共同实施的选择性罪名中的其他犯罪事实，但如果是牵连犯或吸收犯的情况，则由于是一个犯罪事实，则应属于共同犯罪人如实交代自己的罪行中的内容。前者如共同运输毒品的犯罪人，交代同案犯制造毒品犯罪事实的，应当属于立功；后者如非国家工作人员与国家工作人员共同实行受贿犯罪行为，交代国家工作人员受贿后实施滥用职权行为的，因为该滥用职权行为与受贿行为是一个犯罪，因而为“自己的罪行”所包容，属于自首。

对于第二个问题，即如何区分共犯自首中的“供述所知的同案犯”与立功中的“协助司法机关抓捕同案犯”，最高人民法院在《全国部分法院审理毒品犯罪案件工作座谈会纪要》中指出，“被告人在公安机关抓获同案犯过程中确实起到协助作用的，例如，经被告人现场指认、辨认抓获了同案犯；被告人带领公安人员抓获了同案犯；被告人提供了不为有关机关掌握或者有关机关按照正常工作程序无法掌握的同案犯藏匿的线索，有关机关据此抓获了同案犯……属于协助司法机关抓获同案犯，应认定为立功”。这一问题虽然是针对毒品犯罪作出的，但是其基本精神对于理解何种情形属于“协助司法机关抓捕同案犯”同样具有重要指导意义。根据该纪要和有关说明，共同犯罪人如实供述同案犯的基本情况，如姓名、性别、日常住址、体貌特征、联系方式等信息，属于《解释》中的“供述所知的同案犯”的范围，根据该共同犯罪人的具体情况可以认定为自首或坦白。但是如果共同犯罪人提供了不为有关机关掌握或者有关机关按照正常工作程序无法掌握的同案犯藏匿线索、非正常联系方式，或者通过打电话、传口信等方式，将同案犯引向抓捕现场，或者当场指认或辨认同案犯，并因此使司法机关抓获同案犯的，可以认定为符合《解释》第5条“协助司法机关抓捕其他犯罪嫌疑人（包括同案犯）”的规定，从而认定为有立功表现。因为这些情况超出了“应当供述所知的同案犯”的范围，可以视为该共同犯罪人在司法机关抓捕同案犯中提供了信息资讯方面的协助。由于指认抓捕、辨认抓捕、引诱抓捕或者带领抓捕情形的立功便于把握，而交代同案犯情况的自首与提供藏匿线索的立功情形容易混淆，有必要对提供同案犯藏匿线索的立功进行具体分析。

在实践中，认定提供同案犯藏匿线索构成立功时，应把握以下几个方面：

一是被告人提供了真实、具体的同案犯藏匿的情报。被告人提供的藏匿线索包括同案犯的逃跑路线、活动规律、藏匿地点等情报，并且该情报是真实、具体的，而不是虚假或者漫无边际的。

二是被告人提供的情报事先不为有关机关所掌握或者有关机关按照正常工作程序无法掌握。如果有关机关事先已经掌握或者按照正常工作程序能够掌握，就难以说明被告人起到了协助作用。

三是有抓获了同案犯的结果。如果被告人虽然提供了同案犯的藏匿线索，司法机关按照该线索未能将同案犯抓获的，不能认定为立功。但是，如果由于司法机关自身的原因或者失职行为，未能将同案犯抓获的，责任不在被告人，可以作为立功的例外情况。

四是被告人提供的情报在抓获同案犯中确实起到了作用。被告人提供的情报与抓获同案犯的结果存在因果关系，这也就是说，正是有了被告人的情报，才使司法机关得以及时抓获同案犯。

二、单位犯罪自首问题

（一）单位犯罪能否成立自首

单位犯罪，是指公司、企业、事业单位、机关、团体为了本单位谋取非法利益，经单位集体或决策机构研究决定或者由负责人员决定实施的犯罪行为。单位犯罪能否成立自首，刑法及以往的相关司法解释并未作出明确规定。有的论者认为，法律上规定自首的主体是罪犯，故自首很难直接适用于犯罪的单位。[①] 但也有论者认为，单位也可以成为自首的主体。[②] 现行刑法没有对单位自首问题作出明确规定，从某种意义上讲，是立法的疏漏。妥善的办法，就是针对单位犯罪自身的特点，在立法上对其作出专门的、明确的规定。[③] 2009 年最高人民法院、最高人民检察院《关于办理职务犯罪案件认定自首、立功等量刑情节若干问题的意见》对职务犯罪单位自首问题进行了明确规定。该意见第 1 条规定："……单位犯罪案件中，单位集体决定或者单位负责人决定而自动投案，如实交代单位犯罪事实的，或者单位直接负责的主管人员自动投案，如实交代单位犯罪事实的，应当认定为单位自首。单位自首的，直接负责的主管人员和直接责任人员未自动投案，但如实交代自己知道的犯罪事实的，可以视为自首；拒不交代自己知道的犯罪事实或者逃避法律追究的，不应当认定为自首。单位没有自首，直接责任人员自动投案并如实交代自己知道的犯罪事实的，对该直接责任人员应当认定为自首。"

笔者认为，上述意见虽然是针对职务犯罪作出的，但其精神实质可以为认定所有单位犯罪自首时适用，因此主张在单位犯罪中，单位也可以成为自首的主体。理由在于：

第一，单位虽然没有生命，但它却是法律上拟制的人，有其独立的人格。单位具有自己的机构和财产，可形成自己独立的意志，这完全不同于机构人员的个人意志，而是单位本身的意志。

第二，在刑法中明确规定了单位能够成为犯罪主体且能够被处罚，那么就肯定了单位作为犯罪人所具有的刑事责任能力，这种能力与自然人的刑事责任能力没有本质的差别。根据法律面前人人平等、罪责刑相适应的原则，当单位的行为符合自首成立要件时，属于对刑事责任的减轻情节，不承认其自首就不合逻辑。

第三，《刑法》第 67 条未限制自首适用的犯罪种类，应理解为《刑法》总

---

① 薛进展：《单位犯罪刑罚的适用与思考》，载《法学》2002 年第 9 期。

② 参见高铭暄、赵秉志编著：《新中国刑法学研究历程》，中国方正出版社 1999 年版，第 33 页。

③ 参见周加海著：《自首制度研究》，中国人民公安大学出版社 2004 年版，第 281 页。

则规定的是普遍适用的量刑制度，适用于任何犯罪，那么也就包括了单位犯罪，单位在犯罪时也就成为了犯罪分子（犯罪嫌疑人、被告人）。

第四，从单位犯罪的特点来看，单位作为社会组织，其犯罪能力往往强于自然人，造成的社会危害性更大。同时，为了逃避法律制裁，单位犯罪具有一定的隐蔽性，其侦破难度较大。因此，确立单位犯罪自首制度，对自首的单位从宽处理，有利于犯罪单位认罪服法，减少国家司法投入，为司法机关顺利进行侦查、起诉和审判提供方便。①

总之，承认单位犯罪中存在自首，与我国刑法的基本原则是一致的，也与刑法关于自首的规定相符合，在实践中也具有可操作性。

（二）单位犯罪自首的认定

要准确认定单位犯罪的自首，必须正确把握单位犯罪的特征。单位犯罪有两个重要特征：一是犯罪意志的整体性。主要表现为：单位决策机构集体研究决定实施某一危害行为；单位有决定权的负责人决意实施某种危害行为；单位一般工作人员为本单位利益擅自实施某种危害行为，事后得到主要负责人认可的。二是非法利益归属的团体性。由于自首体现了犯罪人对其罪行的主观心理态度，单位犯罪的自首也应呈现出自首意志的整体性，因此，从以上特征来看，在认定单位犯罪自首时，需要注意以下几点：

第一，单位自首的成立条件。根据我国刑法关于自首和单位犯罪的规定，认定单位犯罪自首应把握以下几个条件：一是主动投案，即犯罪单位在犯罪之后、归案之前，主动向有关机关投案。由于犯罪单位本身无法自动投案，因此，犯罪单位主动投案只能由代表单位的自然人进行。二是主动投案行为必须基于犯罪单位的意志。单位犯罪是基于单位意志而实施的行为，那么单位的自首也应完全基于单位的意志。所谓单位意志，既可以是犯罪单位集体研究作出的决定，也可以是由能够代表单位意志的人作出的决定。三是如实供述罪行。代表犯罪单位主动投案的被委托人或者能够代表单位意志的负责人必须将单位实施的全部罪行如实交代，而不是仅交代部分罪行或单位犯罪中具体实施犯罪的自然人自身的罪行。此外，如果犯罪单位就是否自首尚未形成一致意见，能够代表单位意志的负责人在接受有关机关的调查、询问，或者因他罪被采取强制措施后，如实交代司法机关尚未掌握的单位犯罪的事实的，也应认定为自首。

第二，在认定单位的自首以及参与单位犯罪的自然人的自首时，要具体问题具体分析。在单位自首与单位成员自首的关系上，有观点认为应当分别评价，认为单位自首的效力不能及于单位成员，单位成员如果成立自首，仍然需要满足

---

① 参见刘凌梅：《单位犯罪自首的理性研究》，载《河南社会科学》2003 年第 4 期。

“自动投案”与“如实供述”两个要件。[1] 但多数人认为应当具体情况具体分析：（1）对于单位犯罪是经由集体研究决定实施的，犯罪单位又经由集体研究决定由能够代表单位意志的直接负责的主管人员自动投案并如实交代单位所实施的全部罪行的，或者单位经集体研究决定委派其他自然人去投案并如实交代单位所实施的全部罪行的，应认定为单位自首。根据最高人民法院、最高人民检察院《关于办理职务犯罪案件认定自首、立功等量刑情节若干问题的意见》的精神，在犯罪单位集体研究决定自首的情况下，直接负责的主管人员及直接责任人员等所有参与单位犯罪的自然人，虽未自动投案，只要能认同单位自首的意志，随时接受调查并如实交代个人参与单位犯罪事实的，均可认定为个人自首。但是，拒不交代自己知道的犯罪事实或者逃避法律追究的，不应当认定为自首。这里就将单位自首的效力有条件地涵射到因单位犯罪而具体承担责任的自然人。（2）对于单位犯罪事先未经集体研究决定，而是由能够代表单位意志的直接负责的主管人员自行以单位名义决定实施，犯罪所得归单位的，能够代表单位意志的直接负责的主管人员自行决定自动投案，如实供述单位犯罪事实以及个人全部犯罪事实的，应认定为单位犯罪自首及个人自首。但是对于该直接负责的主管人员的自行自首，能否像单位集体研究决定的自首一样，效力及于全体参与人呢？有人认为，此种情况中，直接负责的主管人员虽可以代表单位意志及其个人意志，但并不代表所有参与单位犯罪的自然人的意志，因此，所有其他参与单位犯罪的人如没有主动投案并如实交代自己罪行的人，不能认定为他们的个人自首。[2] 但是根据最高人民法院、最高人民检察院《关于办理职务犯罪案件认定自首、立功等量刑情节若干问题的意见》的精神，单位自首的（包括集体研究决定、单位负责人决定和直接负责的主管人员自行决定），其他直接负责的主管人员及直接责任人员只要如实供述参与的全部罪行，即认可其自首的效力及于全体个人，并未附加任何条件。因此，笔者认为，这种情况下，只要他们没有拒不交代犯罪事实或逃避法律追究，也应认可自首的效力及于全体参与单位犯罪的人员。（3）单位犯罪是由单位直接负责的主管人员和其他直接责任人员共同实施的，其他直接责任人员中有人自行决定主动投案并如实交代单位犯罪及其个人参与的单位犯罪事实的，单位直接负责的主管人员和其他的直接责任人员未自动投案的，由于投案人的投案行为不能代表单位意志，仅系个人意志，因此，只能认定该自然人成立自首，不认为自首效力及于单位，不成立单位自首。

此外，在司法实践中，关于单位自首还存在如下几个问题：

---

① 参见沈新康、曹坚：《论单位自首的认定》，载《政治与法律》2004 年第 5 期。

② 参见刘树德：《陈德福走私普通货物案——犯罪单位的自首如何认定》，载《刑事审判参考》2002 年第 1 集。

第一，单位直接负责的主管人员或直接责任人员代表单位向司法机关投案，并如实交代了单位的罪行以后，为个人免受惩罚而逃避裁判，此时，是否影响单位自首成立呢？如果不认为是自首，那么“跑了和尚，跑不了庙”，单位犯罪的主要负责人虽然跑了，但单位组织却跑不掉，所以它仍然要接受裁判。如果认为是自首，若其他的单位负责人员，不承认前者交代的罪行，并明确表示不愿接受国家审判，又当如何？[①] 对此笔者认为，前一种情况中，应当承认单位犯罪自首成立，因为通过该直接负责的主管人员或直接责任人员的投案行为，已经对司法机关查处该单位犯罪发挥了重要作用，即使该投案成员逃跑，也不影响对单位自首的认定，因此，即使其供述后又逃跑，也不影响单位自首的效力。对于其他的单位负责人员不承认前者供述的罪行的，要区别情况对待：如果是继任的法定代表人，根据刑法规定，其只是代表单位参加诉讼活动的人员，并不是因为单位犯罪要予以惩罚的责任人员，因为其不了解案情，所以不存在承认与否的可能，如果继任后为了掩盖以前单位的罪行而销毁证据的，则另当处理。因此，他的承认与否，对单位自首是否成立不发生影响。如果是其他责任人员，根据刑法规定，即要对单位犯罪承担责任的人员，则因为前者的供述已经成立单位自首，其他的责任人员拒不承认的，参照前述论证，其个人应当不成立自首。

第二，在单位犯罪过程中，直接负责的主管人员发生了变更，且变更之前的违法行为未达到追究刑事责任的标准，变更之后的违法行为也未达到追究刑事责任的标准，但前后相加就达到了追究刑事责任的标准，此时，如何处理自首问题？笔者认为，参照共同犯罪自首以及单位犯罪自首的认定规则，如果单位的现任直接负责的主管人员自动投案，并如实供述了自己和前任直接负责的主管人员共同的犯罪的，则成立单位自首。对于其他直接责任人员以及前任的直接负责的主管人员，参照前述论证精神，只要积极承认并如实交代罪行的，就认为是自首，即单位自首的效力及于其他应承担责任的个人。如果仅交代自己的行为，不交代前任直接负责的主管人员的犯罪行为的，则由于没有如实交代犯罪事实，不成立自首。如果前任直接负责的主管人员离任前的行为已经构成犯罪，其自行投案并如实交代自己罪行的，由于其对后任直接负责的主管人员的行为不了解，因而不可能交代后任直接负责的主管人员的行为，只要其交代对于查处该单位犯罪有实质性作用的，就认可其个人自首的成立，但是由于其不再担任单位直接负责的主管人员，不能代表单位意志，对于单位犯罪自首成立与否不发生影响，因此，不成立单位犯罪的自首。

第三，在单罚制的单位犯罪中，是否也需要认定单位自首？我国刑法对单位

---

① 参见常明胜、曲新久：《法人犯罪与刑事责任的实际考察和理论论证——评〈法人犯罪与刑事责任〉一书》，载《中国法学》1992 年第 4 期。

犯罪普遍采取双罚制，但也有个别单位犯罪采单罚制，如私分国有资产罪，仅对实施犯罪的个人处罚，对单位不处罚。有观点认为，在单位触犯刑法单罚制罪名的情况下，即便符合认定单位自首的要件，也不宜再认定为单位自首。因为认定自首的最根本目的在于对自首者予以从宽处罚，单罚制情况下认定单位自首已无实际意义。① 笔者认为，此种观点割裂了单位与单位成员之间的整体性，是不妥的。刑法对于单罚制的单位犯罪，规定只处罚自然人，而没有将该种犯罪规定为自然人犯罪（尽管二者在结果上是一样的），是有其原因的。主要是基于单位犯罪与自然人犯罪的本质区别，前者是为了单位的整体利益并以单位名义实施，在加入这种因素之后，参与实施犯罪的自然人较一般的自然人犯罪的主观恶性小，因此，一般情况下单位犯罪中自然人的责任比单纯自然人犯罪的责任都要轻些。根据前文的论述，笔者也可以发现，在单位自首成立的条件下，对其成员自首的认定条件较一般自然人自首的认定条件宽松，如对主动投案条件的放宽。因此，承认单罚制下的单位自首同样具有理论与现实意义，其有利于保障单位犯罪理论体系的完整性，对于承担刑事责任的单位成员来说，更加具有从宽的现实意义。因此，在实践中，对于刑法规定单罚制的单位犯罪，如果承担刑事责任的直接责任人是两人以上，只要其中的一人自动投案、如实供述单位犯罪罪行，因而成立单位自首的，其效力就及于其他的责任人员，只要其在被司法机关调查时如实供述自己实施的单位犯罪行为的，就承认其成立自首，在刑罚量定时予以从宽处理。

三、数罪自首问题

在司法实践中，犯罪有一罪与数罪之分，数罪有同种数罪与异种数罪之分。与之相适应，数罪的自首也存在异种数罪的自首与同种数罪的自首。

在一个人犯有数罪的情况下，如果在自动投案以后，如实供述了全部数罪，应认定全案成立自首，对此没有疑义。但在犯罪人只如实供述了其中一罪或一部分犯罪的情况下，如何认定自首以及这种自首应如何处理，则是刑法理论研究数罪自首的重点问题。对余罪自首的数罪问题在前文“其他罪行”的讨论中已有分析，故不再重复。

（一）关于异种数罪的自首

在异种数罪的问题上，我国刑法学界曾有两种观点：第一种观点认为，一个人犯有数罪，自首其中一罪或几罪时，如果所自首的罪行重于被查出的罪行，则

---

① 参见张震宇：《结合一起滥伐林木案谈单位犯罪自首问题》，载《检察实践》2004 年第 4 期。

自首重罪的效力及于被查出的轻罪；如果所自首的罪行轻于被查出的罪行或二者相当时，自首的罪行按照自首来处理，其效力不及于被查出的罪行。理由是，既然犯罪分子对所犯的重罪敢于自首，确实具有接受审查、裁判的决心，那么他就决不会回避轻罪。他敢于承担重罪的刑事责任，也就意味着其敢于承担轻罪的刑事责任，只是由于种种原因，在自首时没有自首轻罪罢了。因此，其自首重罪的效力应及于被查出的轻罪。[①] 这种观点在一定程度上也得到了司法解释的认可，最高人民法院、最高人民检察院、公安部 1984 年《解答》中指出："对于犯有数罪，自首时仅交代一罪的，只对这一罪从轻处罚，如果自首时交代的是主罪，也可以对全案从宽处理。"在这一司法解释中，出现了"主罪"的概念，但其含义却不明确，相关法学词典中都没有"主罪"一词的解释。一般认为，这里的"主罪"是主要的罪行，相对的是次要的罪行，从司法解释的出发点看，主罪与重罪、次罪与轻罪基本上可以画等号。[②] 这种观点理论上通常被称作"重及轻说"。第二种观点认为，无论是从自首的本质来看，还是从自首的构成要件来看，犯有数罪投案后只交代了其中一罪的，其自首能成立。当然，自首的效力只能及于所自首的罪，无论没有自首的罪更重或者更轻都一样。显而易见，自首成立，则可以有从宽处理的结果；自首不成立，则不能有从宽处理的结果。因此，在数罪自首问题中，实际上不存在自首的效力及不及于他罪的问题，这是我国自首制度中应当坚持的一项原则。[③] 犯罪人犯有数罪而自首的，应当具体分析，区别对待，对自首的罪行，按自首处理，其效力不及于被查出的罪行。[④] 理论界把此种观点称为"分而论之说"。

针对上述"重及轻说"，我国刑法学者多有批驳：[⑤] 第一，它与我国刑法的规定相违背。无论是一罪还是数罪，都只有自首以后才可以从宽处罚。从刑法关于自首的规定看，只能得出这样的结论。而按照"重及轻说"的主张，如果一人犯两罪而自首其中的重罪，则对于两罪都可以视为自首，并予以从宽处理，显然违背了我国刑法的规定。第二，按照"重及轻说"的主张行事，在一人犯有数罪，自首其中一罪或几罪时，要想解决自首之罪的效力是否及于被查出的未自

---

① 参见周振想著：《自首制度的理论与实践》，人民法院出版社 1989 年版，第 116～118 页。

② 参见陈兴良著：《刑法适用总论（下卷）》，法律出版社 1999 年版，第 496 页。

③ 参见王学沛：《论自首》，载《硕士学位论文集（下卷）》，西南政法学院 1986 年印行，第 327 页。

④ 参见周振想著：《自首制度的理论与实践》，人民法院出版社 1989 年版，第 116～118 页。

⑤ 参见周振想著：《自首制度的理论与实践》，人民法院出版社 1989 年版，第 116 页以下。

首之罪的问题，就必须首先确定行为人所犯的数罪孰轻孰重。若非如此，就不能解决问题。然而，怎样确定数个犯罪中谁轻谁重呢？是按犯罪的性质，还是按刑罚的轻重，刑法未予规定，缺乏衡量的客观标准。第三，“重及轻说”的主张，在一人犯三个以上罪的情况下，自首的效力如何及于轻罪也无法解决。第四，“重及轻说”不仅不利于分化、瓦解犯罪分子，还可能使犯罪分子钻空子。因为犯罪分子如犯有轻重两罪，便可以只自首重罪，至于轻罪则可尽量隐瞒，即使隐瞒无效被查获了，反正也以自首论，可以得到从宽处理。

笔者认为，上述对“重及轻说”的批驳是有道理的，这种观点难以成立。因为在一人犯数罪的情况下，按照我国刑法的规定，应当分别定罪量刑，然后按照一定的规则确定并罚最终执行的刑罚。在这一情况下，不存在对全案从宽处理的问题。并且，上述司法解释已经被发布机关予以明确废止。1998 年最高人民法院《解释》中，已经明确规定：“犯有数罪的犯罪嫌疑人仅如实供述所犯数罪中部分犯罪的，只对如实供述部分犯罪的行为，认定为自首。”

（二）关于同种数罪的自首

同种数罪，是指多次实施同一性质的犯罪，如先后多次实施抢劫行为。对于这种同种数罪，我国刑法中一般不实行数罪并罚，因此，产生了同种数罪自首的认定问题。在同种数罪自首的问题上，刑法学界也存在着两种观点：第一种观点认为，同种数罪的自首可以分为两种情况处理，犯罪人犯有不应并罚的同种数罪，虽然是数罪，但仍应作为一罪来定罪量刑，因此，犯罪人仅交代了其中的一罪，就不能说明其提供了犯罪的主要依据，从而不能构成自首。而犯罪人在犯有应该并罚的同种数罪的情况下，只交代了其中一罪，则可以构成自首。[①] 第二种观点认为，对于一人犯有同种数罪，投案时只交代其中一个或几个罪行的情况，应当按照认定异种数罪自首的方法，对于犯罪人交代的一个或几个罪行，认定为自首；对于其没有交代，而后被查出的罪行，不认定为自首，无论这些同种数罪是否并罚。对于实行并罚的，对自首的罪行认定为自首，分别定罪量刑就是了；对于不实行并罚的，在量刑时，要对犯罪人自首罪行的数量予以把握，从而予以适当从宽。[②]

在以上两种观点中，笔者倾向于第二种观点，对于犯有同种数罪的自首，应当坚持实事求是的原则，而不论是并罚的同种数罪还是不并罚的同种数罪。最高人民法院 1998 年公布的《解释》中，也只对余罪自首的同种犯罪类型进行了限定，而对一般自首中数罪自首的情况却没有规定。但是考虑到不实行并罚的同种

---

① 参见王学沛：《论自首》，载《硕士学位论文集（下卷）》，西南政法学院 1986 年印行，第 328 页。

② 参见周振想著：《自首制度的理论与实践》，人民法院出版社 1989 年版，第 119 页。

数罪，在认定自首后的具体量刑中不便于操作，2010年最高人民法院在《意见》中进一步明确规定："犯罪嫌疑人多次实施同种罪行的，应当综合考虑已交代的犯罪事实与未交代的犯罪事实的危害程度，决定是否认定为如实供述主要犯罪事实。虽然投案后没有交代全部犯罪事实，但如实交代的犯罪情节重于未交代的犯罪情节，或者如实交代的犯罪数额多于未交代的犯罪数额，一般应认定为如实供述自己的主要犯罪事实。无法区分已交代的与未交代的犯罪情节的严重程度，或者已交代的犯罪数额与未交代的犯罪数额相当，一般不认定为如实供述自己的主要犯罪事实。"由于"如实供述自己的罪行"是自首成立的必备要件，因而对于依法不实行数罪并罚的同种数罪，上述规定也可作为认定自首成立与否的规则。

实践中与数罪自首紧密相关的，还有连续犯与牵连犯的自首问题。传统观点认为，连续犯和牵连犯本质上均为数罪，而系裁判上之一罪，即连续犯之处罚以一罪论，牵连犯则从一重处断，如果行为人仅自首其连续数行为中之一行为，或方法与结果行为中之一行为，而未自首其余之行为，其自首效力能否及于未经自首之其余行为，理论上存在争议：① 一种观点主张从宽原则，认为连续犯和牵连犯在科刑上既然视为一罪，且仅依其中较重之行为或罪刑宣告，根据理论上和司法实践中自首范围从宽原则，连续犯和牵连犯虽仅自首其一部，但其全部行为以自首论。另一种观点主张从严原则，认为"牵连犯与连续犯在本质上为数罪，此数罪之间，恒有轻重之分，苟认为首其一罪，则他罪均可同获减轻之利益，岂不鼓励狡诈之犯人告知轻罪，以掩盖其重罪，且日后重罪被发觉，亦可同蒙自首之利益，一举两得，此自非立法之初意"②。

笔者认为，上述两种观点均有可商榷之处，且并不适应于我国目前之立法与司法现状。对于连续犯与牵连犯自首的认定范围，应与其本身的处罚原则相适应。连续犯是连续数个行为触犯同一罪名的犯罪，是数个犯罪行为作为一罪处理的情况。因此，理所当然地应适用认定同种数罪自首的原则处理。牵连犯自首的认定情况则较为复杂，而复杂的根源在于我国现行刑法对牵连犯的处罚标准不够统一。《刑法》分则关于牵连犯的规定有以下几种：其一，分则条文对大多数牵连犯的处罚原则没有作明文规定。其二，分则某些条文规定对牵连犯从一重处罚，如《刑法》第399条第4款规定，"司法工作人员收受贿赂，有前三款行为的，同时又构成本法第三百八十五条规定之罪的，依照处罚较重的规定定罪处罚"。其三，分则某些条文规定对牵连犯从一重处罚。其四，分则某些条文对牵连犯规定独立的法定刑。其五，分则某些条文对牵连犯规定数罪并罚，如《刑法》第157条第2款规定，"以暴力、威胁方法抗拒缉私的，以走私罪和本法第

① 参见马克昌主编：《刑罚通论》，武汉大学出版社1999年版，第381页。

② 参见蔡墩铭著：《刑法总论》，台湾三民书局1977年版，第312页。

二百七十七条规定的阻碍国家机关工作人员依法执行职务罪，依照数罪并罚的规定处罚”。在保险诈骗罪，收买被拐卖的妇女、儿童罪，运送他人偷越国（边）境罪中也有类似规定。由于处罚原则不一，所以实务界在认定牵连犯自首时，也难以有统一的标准。如果按照自首一罪及于他罪的原则，就无法适用于数罪并罚的情况；而如果按照自首一罪、认定一罪，不及于他罪的原则，则无法适用于从一重处罚的情况。因为，如果投案人交代的是轻罪，而判决最终是依重罪判刑，那么依此原则就会出现这种矛盾，即自首之罪并未被司法机关裁判，却要认定该罪为自首。可以说，由于《刑法》分则对牵连犯处断标准的混乱，上述矛盾是无法解决的。所以，对于牵连犯自首的认定，也不可能有统一的原则，只能依立法的规定，对于实行并罚的牵连犯，理所当然应该分别论处，即如实供述哪一个罪行，就对供述的该罪认定自首并从宽处理；对于没有供述的实行并罚的牵连犯，则不认定为自首。对于不实行并罚的牵连犯，由于是作为一个犯罪事实予以认定，笔者认为可以参照2010年最高人民法院印发的《意见》的有关精神予以解决，《意见》在关于“司法机关还未掌握的本人其他罪行”和“不同种罪行”的具体认定问题上，提出“虽然如实供述的其他罪行的罪名与司法机关已掌握犯罪的罪名不同，但如实供述的其他犯罪与司法机关已掌握的犯罪属选择性罪名或者在法律、事实上密切关联，如因受贿被采取强制措施后，又交代因受贿为他人谋取利益行为，构成滥用职权罪的，应认定为同种罪行”。根据《意见》的精神，司法机关掌握了牵连犯中的重行为的，即认为对轻行为也已经掌握，也即关于重行为效力及于所牵连的轻行为。那么反过来看，从自首的角度也可以得出，犯罪人关于牵连犯中重罪自首的，效力也及于所牵连的轻罪，即对于不实行并罚的牵连犯，犯罪人对其中重罪供述的，可以全案认定为自首；只交代其中轻罪的，由于最终定罪处理的是重罪的罪名，因此，不能认定为自首，只能在量刑时酌情从轻，如上述受贿后滥用职权的，犯罪人如果仅就滥用职权罪投案自首，但司法机关查明其背后动机来源于受贿，因而又构成受贿罪，最终司法机关以受贿罪对其判刑时，其关于滥用职权的自首就不予认定，只能在对受贿罪量刑时酌情从轻处理。

四、过失犯罪自首问题

过失犯罪能否成立自首，我国刑法所规定的自首制度是否适用于过失犯罪，这在刑法理论界有不同认识。有人认为，过失犯罪发生之后，犯罪人一般都能主动承担责任，积极减轻危害后果，并且协助司法机关查清有关案情。此外，过失犯罪的成立以实际造成一定程度的危害后果为条件，原因较易查清，犯罪人和犯罪事实容易发现，因而认为自首不适用于过失犯罪。但绝大多数学者认为，自首制度同样适用于过失犯罪，自首对于过失犯罪仍有重要的意义。[①] 笔者赞成通说的观点，认为自首在过失犯罪中同样存在，自首制度适用于过失犯罪。理由在于：

第一，从立法上看，我国刑法明确规定共同犯罪和累犯只能由故意犯罪构成，但对自首的罪过性质没有作出限制。这说明无论是故意犯罪还是过失犯罪，只要犯罪人于犯罪之后的行为符合自首的构成要件，就应当依法认定为自首。

第二，过失犯罪人虽然一般能够在犯罪以后主动承担责任，从而使司法机关及时发现和查处犯罪，节省司法机关的人力、物力和财力，但是不能排除例外的情况发生。例如，在司法实践中，汽车司机交通肇事后逃逸的事件并不罕见。这种过失犯罪人主动向司法机关投案并如实供述本人所实施的过失犯罪的，应当以自首论处，予以宽大处理。因为与过失犯罪后逃避处罚的人相比较，这种过失犯罪人应当得到法律的宽大处理。[②]

第三，根据《刑法》及有关司法解释的规定，自首之成立并不以犯罪事实或犯罪人尚未被司法机关发觉为必要，即使在犯罪事实或犯罪人已被发觉的情况下，只要犯罪人尚未归案，则仍存在自首的时机。

五、交通肇事罪自首问题

在最高人民法院2010年印发的《意见》中对交通肇事罪自首问题予以了明确："交通肇事后保护现场、抢救伤者，并向公安机关报告的，应认定为自动投案，构成自首的，因上述行为同时系犯罪嫌疑人的法定义务，对其是否从宽、从宽幅度要适当从严掌握。交通肇事逃逸后自动投案，如实供述自己罪行的，应认定为自首，但应依法以较重法定刑为基准，视情决定对其是否从宽处罚以及从宽处罚的幅度。"《意见》的出台，基本结束了长期以来在交通肇事罪自首问题上的争议。

在此之前，关于交通肇事后，犯罪嫌疑人保护现场、抢救伤者、向公安机关报告的，能否认定为自动投案，实务界和学界均存在很大争议。[③]

认为此情形不能认定为自首的理由是：（1）《道路交通安全法》第70条明确规定保护现场、抢救伤者、向公安机关报告是犯罪嫌疑人的法定义务，既然是履行法定义务，就不应当再重复评价。（2）《刑法》第133条对交通肇事罪规定

---

① 参见高铭暄主编：《新中国刑法学研究综述（一九四九——一九八五）》，河南人民出版社1986年版，第478页。

② 陈兴良著：《刑法适用总论（下卷）》，法律出版社1999年版，第498页。

③ 参见周峰、薛淑兰、孟伟：《自首认定的若干司法实务问题》，载《中国审判》2011年第1期。

了三种情形的量刑幅度，其中对未逃逸的情形规定了较轻的法定刑，对逃逸的情形特别规定了较重的法定刑。此外，刑法没有对任何一种犯罪因行为人逃逸即规定加重处罚，表明刑法也认为交通肇事犯罪嫌疑人保护现场、抢救伤者、向公安机关报告是其法定义务，不是自首，无须给予自首从轻或者减轻处罚的待遇；相反，如不履行法定义务，应加重处罚。（3）对犯罪嫌疑人履行法定义务的行为不认定为自首，不必然引发鼓励肇事者逃逸的负面效果。在司法实践中，有不少地方（如浙江省）规定此种行为不属自首，《道路交通安全法》第70条的规定依然执行得很好。这是因为交通肇事罪中逃逸与不逃逸行为的法定刑幅度完全不同，处罚结果差异较大。即使逃逸后又自首的，因为只能在更重的法定刑幅度内从宽处理，也不会出现量刑失衡。个别需要减轻处罚的，只要具有特殊情形，也符合罪刑相适应原则。

认为此种情形应认定为自首的理由是：（1）《道路交通安全法》第70条虽明文规定保护现场、抢救伤者、向公安机关报告是犯罪嫌疑人的法定义务，但与刑法上认定其为自动投案并不矛盾，后者是对前者的支持和鼓励。（2）如果否认交通肇事存在自首，而承认其他责任事故存在自首，明显会导致交通肇事罪与其他责任事故犯罪的法律适用不统一。（3）将此种情形认定为自首，有利于鼓励肇事者在最短时间内抢救伤者，减轻危害后果；反之，有可能滋长逃逸行为，产生不良社会效果。（4）《刑法》第133条规定中的第一种量刑幅度内的不逃逸并不等于自动投案，实践中还存在诸多既未逃逸也未自动投案的情形。（5）自首是《刑法》总则规定的量刑制度，应对《刑法》分则个罪符合自首构成要件的情形普遍适用。

在司法实践中，对于交通肇事后报警并等候处理的行为能否认定为自首，也有不同的做法，在社会上引起广泛争议。例如，“杭州胡某飙车案”中，胡某的辩护人在庭审中提出胡某有自首情节的意见，没有被法院采纳。杭州市西湖区人民法院认定被告人胡某肇事后及时报警并在现场等候的行为属于履行《道路交通安全法》规定的义务。又如，“郭某货车超载交通肇事案”中，郭某于2008年5月26日上午，驾驶低速自卸货车，由北向南行驶至北京市延庆县湖北路东口时，其车左前轮将由东向西在人行横道上通行的刘女士轧伤，经鉴定属重伤。肇事后，郭某及时打电话报警并如实供述了自己的肇事行为。经查，郭某当时所驾驶车辆载质量为16吨，是核定载质量（1.365吨）的11.7倍，属严重超载。经公安交通管理机关认定，郭某负事故全部责任。延庆县人民法院经审理认为，郭某驾驶机动车辆上路行驶时严重超载，造成一人重伤的重大交通事故，其行为构成交通肇事罪。鉴于其犯罪后及时报警系自首，依法予以从轻处罚，因此，从轻判处郭某有期徒刑10个月，缓刑1年。该案就将报警并在现场等候处理的行为认定为了自首从轻情节。①

最高人民法院在《意见》中采纳了后一种观点。同时，为确保统一法律适用后有良好的导向和效果，《意见》规定："交通肇事后保护现场、抢救伤者，并向公安机关报告的，应认定为自动投案，构成自首的，因上述行为同时系犯罪嫌疑人的法定义务，对其是否从宽、从宽幅度要适当从严掌握。交通肇事逃逸后自动投案，如实供述自己罪行的，应认定为自首，但应依法以较重法定刑为基准，视情决定对其是否从宽处罚以及从宽处罚的幅度。"

这里涉及一个是否重复评价的理论问题，即交通肇事后报警并在现场等候警察处理，是《道路交通安全法》规定的义务，已经为行政法律予以评价，刑法再将其认定为自首，是否属于二次评价。换句话说，履行行政法规明确的义务行为，能否在刑法上评价为自首行为。

有的学者认为，将交通肇事后报警认定为自首属于重复评价。主要理由是：(1) 依据《道路交通安全法》第70条的规定，驾驶员在发生交通事故后，在原地保护现场，报案及等候交通警察到来，均是法律设定的义务。既然是义务，其就应该履行，履行之后，当然谈不上奖励的问题，因而再把主动接受法律追究（即自首）作为一种法定量刑情节，显然是一种重复评价。② (2) 对于交通肇事而言，立法显然是把主动接受法律追究作为一种基准状态，所以一旦交通肇事中认定为自首，等于是对未逃逸这一行为进行了两次的从宽处理，属于刑法理论中的重复评价，违背了刑法设立不同法定刑的本意。③ 在交通肇事后，在现场等候与驾车逃逸事实上是司机仅有的两种选择，既然法律已经将逃逸作为加重处罚的情节，事实上也就意味着在现场等候已经被减轻处罚，如果再次依据同样的原因以自首的名义更大程度地减轻处罚，对事故受害者就是极大的不公，甚至已经是一种对犯罪的放纵。④

笔者认为，将交通肇事后报警并在现场等候警察处理的行为认定为自首，不属于刑法理论中的重复评价。理由在于："所谓禁止重复评价是指在定罪量刑时，禁止对同一犯罪构成事实予以二次或二次以上的法律评价。重复评价之禁止必须发生在同一诉讼之内就同一犯罪构成事实而言，且数次评价具有同质性，即均为刑事评价。"⑤ 重复评价表面上是在定罪量刑时对存在论上的同一犯罪行为

---

① 参见胡跃攀：《交通肇事罪中的自首》，载《西南石油大学学报（社会科学版）》2010年第5期。

② 周兴中：《自首情节不适用交通肇事犯罪》，载《人民法院报》2008年3月26日。

③ 黎琪、陈运红：《浅析交通肇事中的自首问题》，载中国法院网2009年3月13日。

④ 舒圣祥：《交通肇事罪不应适用自首减刑》，载《长江商报》2009年8月31日。

⑤ 陈兴良：《禁止重复评价研究》，载《法学论坛》1996年第3期。

进行了重复使用，但本质上是对其所反映出来的同一不法内涵和同一罪责内涵进行了重复考量，结果导致重复处罚。禁止重复评价的本质则相应表现为禁止对反映同一不法内涵和同一罪责内涵的同一犯罪行为进行重复使用。[①] 而《刑法》和《道路交通安全法》属于两个不同的部门法，《刑法》仅以其处罚手段的严厉性这一特点就严格区分于行政法了。《刑法》关乎人的合法财产、人身自由权益，甚至是生命权的剥夺，所以其他法律的评价和责任认定只能是《刑法》独立评价认定犯罪的参考性意见，而绝对不能替代《刑法》的刑事责任认定。履行《道路交通安全法》的义务并不是自首的例外规定，履行报警义务并不能排斥自首规定的适用。《道路交通安全法》第 70 条规定了发生交通事故后车辆驾驶人应当立即停车、保护现场、立即抢救受伤人员并迅速报告执勤的交通警察或者公安机关交通管理部门，但并没有规定履行或不履行上述四项义务的法律后果。[②] 交通肇事行为的特殊性，决定了犯罪嫌疑人履行义务的行为可以与自首行为重合；而将履行义务行为认定为自首，算不上刑法意义上的“双重评价”。将交通肇事后报警在《道路交通安全法》中评价为“法定义务”，在《刑法》中评价为自首，这属于在不同法律中分别评价，与对“同一不法内涵和同一罪责内涵的同一犯罪行为进行重复使用”的重复评价显然是不同的问题。

此外，对于交通肇事罪的量刑幅度内是否已经隐含了自首情节，理论上也有不同认识。有学者认为，交通肇事罪中的第一个量刑幅度内已经隐含了自首情节。后两个量刑幅度均是以交通肇事后逃逸为条件。之所以第一个量刑幅度处 3 年以下有期徒刑或拘役这样较低的刑罚，是由于肇事者按照《道路交通安全法》的规定履行了法定义务，即停车、保护现场并迅速向公安机关报告了事故情况，有真诚的认罪态度和悔罪表现。[③]

笔者认为，交通肇事罪中第一个量刑档次针对交通肇事罪的基本罪状规定了较低的刑罚，但并非“其中隐含了自首情节”。刑法对于哪种情况适用自首制度，何处不适用自首制度都有明确的规定，绝不应当也不可能在某个条文中“隐含自首情节”。[④] 认为交通肇事罪中第一个量刑幅度内隐含自首情节是对法律的曲解。事实上，在实践中，除了自首和逃逸，亦存在第三种情形，即既未自首

① 王明辉、唐煜枫：《论刑法中重复评价的本质及其禁止》，载《当代法学》2007 年第 3 期。

② 郝传玺、锁楠：《专家称浙江规定交通肇事报警非自首有违刑法》，载《检察日报》2009 年 8 月 28 日。

③ 参见陈荣飞：《交通肇事后的报警行为不成立自首之法理抉微》，载《西南政法大学学报》2010 年第 1 期；孙启香：《浅谈交通肇事罪中自首情节的认定》，载《泰州职业技术学院学报》2008 年第 2 期。

④ 陈红艳：《过失犯罪是否成立自首之探讨》，载《怀化学院学报》2007 年第 5 期。

亦未逃逸。[1] 例如，犯罪嫌疑人在交通事故中受伤昏迷，清醒时已经被警察控制的情形，犯罪嫌疑人即属于未自首亦未逃逸。将部分肇事后不逃逸的犯罪人，依照刑法关于自首的规定，认定为自首，不必然产生轻纵犯罪的后果。因为自首是一个法定的“可以”从宽处罚情节，并非所有被认定为自首的犯罪人都必然得到从宽处罚，对于那些于情、于法、于理都不容从轻的犯罪人，完全可以不适用从宽处罚原则。上述最高人民法院的《意见》在关于肇事后逃逸又自首的规定中，就明确了这一点，“应依法以较重法定刑为基准，视情决定对其是否从宽处罚以及从宽处罚的幅度”。

六、巨额财产来源不明罪自首问题

巨额财产来源不明罪能否成立自首，刑法理论上有两种不同的观点。此外，在司法实践中，当犯罪人在司法人员的责令之下，如实交代出其巨额财产是贪污、受贿等犯罪所得时，对该如实交代罪行的行为能否认定为自首，也有不同看法。

（一）巨额财产来源不明罪是否存在自首

对于巨额财产来源不明罪是否成立自首的问题，有如下两种对立观点：一种是否定说，认为巨额财产来源不明罪不存在自首。该观点的立论理由可以概括为以下三点：其一，自首必须是主动交代自己的犯罪行为，而犯罪行为一旦交代并被证实，财产来源一旦得到落实，巨额财产来源不明罪就不能成立。“若行为人能如实供述自己的财产来源，那么将无法构成巨额财产来源不明罪，那也无所谓本罪的自首了。”[2] 其二，在司法实践中，可能存在以下情形，即行为人向司法机关主动交代或作为余罪主动交代自己拥有巨额财产，但拒绝供述其财产来源，只表示愿意接受司法机关的审查和裁判，这种情形也不可能成立自首。因为“犯罪以后自动投案，如实供述罪行的是自首。在这种情形下，行为人主动向有关机关报告了自己拥有巨额财产的事实，而此时尚未构成犯罪，因此不符合自首的事实前提，即‘犯罪以后’，换言之，不可能存在犯罪之前的自首”[3]。所以，行为人虽然自己交代了拥有巨额财产，并导致司法机关责令其说明财产来源，但行为人最终拒不说明或无法说明这种行为本身表明行为人没有供述财产的真正来

---

① 参见王玉珍、谢海：《门头沟法院分析交通肇事案件疑难问题》，载北京法院网 2009 年 6 月 2 日。

② 刘凌海、司明灯：《我国刑法中自首制度司法适用中若干问题研究》，载《刑事司法指南》2002 年第 1 辑。

③ 时延安、刘伟：《巨额财产来源不明罪适用中若干问题研究》，载《国家检察官学院学报》2002 年第 3 期。

源，因而不符合自首的实质条件。其三，巨额财产来源不明罪作为一种“补漏性”犯罪，相比于其他职务犯罪是一种轻罪。行为人只交代拥有巨额财产，又拒不说明巨额财产来源的行为，证明其不是真正的自首，其根本目的在于避重就轻，逃避重罪的处罚。因此，行为人仅交代拥有巨额财产的行为，不能构成自首。[①] 另一种是肯定说，认为巨额财产来源不明罪也存在自首。主要理由是：《刑法》第101条明文规定，除有特别规定，《刑法》总则适用于其他有刑罚规定的法律。而《刑法》第395条又没有特别规定巨额财产来源不明罪不存在自首，因此，《刑法》第67条有关自首的规定当然适用于巨额财产来源不明罪。[②]行为人不论是在其被认定为巨额财产来源不明罪之前还是在服刑期间，甚至是在刑满释放后交代了巨额财产的事实，都应当被认定为是自首。[③]

笔者认为，巨额财产来源不明罪是存在自首的，理由与上述肯定说基本相同，这里不再详述。

在巨额财产来源不明罪是否存在自首的问题上，上述否定说的理由是值得商榷的：

第一，否定说认为行为人主动交代后，财产来源一旦得到落实，巨额财产来源不明罪就不能成立。笔者认为，实践中巨额财产来源不明罪的原因很多，有的是犯罪人确实很难说清来源，有的是犯罪人故意隐瞒来源。如果行为人主动供述司法机关尚未掌握的巨额财产，一部分经司法机关查清来源，但仍有部分很难查清来源，且达到巨额财产来源不明罪“巨大”的法定标准的，对该罪不认定为自首难以体现自首的价值和立法精神。

第二，否定说认为在行为人主动交代后，在司法机关责令其说明的情况下，行为人拒不说明或无法说明，也即行为人没有供述财产的真正来源，因而不符合自首的实质条件。笔者认为，正是由于行为人的主动投案和交代行为，才使得对该特定行为的国家追诉成为现实可能，怎能说其不符合自首的实质条件呢？行为人没有供述财产的真正来源，只能说对于其不如实供述的罪行不成立自首，而不能说对其已经如实供述的罪行不成立自首。正是行为人的这种自动投案和如实供述行为，使行为人现实地承担起刑事责任。实际上，一般罪行和巨额财产来源不明罪的自首所要求的如实供述，从情理上说，当然是要全面真实供述，但从法律角度而言，这种如实供述是法律上的一种推定，在控方不能推翻这种“如实供

① 参见武小凤、周振晓：《对职务犯罪案件中自首问题的若干分析》，载赵秉志主编：《刑事法实务疑难问题探索》，人民法院出版社2002年版。

② 参见孟庆华著：《巨额财产来源不明罪研究新动向》，北京大学出版社2002年版，第155页；王建敏：《当前贪污贿赂犯罪的司法认定》，载《中国刑事法杂志》2002年第2期。

③ 钱大群、孙国祥主编：《职务犯罪研究》，南京大学出版社1996年版，第242页。

述”的证据的情况下，这种供述的“如实”就成为法律上的事实。具体来说，在行为人以巨额财产来源不明罪自首并作了“无法说明来源”的供述后，控方在有关证据不能否定这种供述的“如实”性时，那么，在罪刑法定原则及精神下，行为人这种无法说明来源的供述就是如实的。

第三，否定说认为就巨额财产来源不明罪而自首，有避重就轻、逃避重罪的处罚的根本目的。客观地讲，该罪如果认定自首，确实可能会产生放纵犯罪人的负面效果，但这是由该罪“补漏性”犯罪的性质决定的，立法上设立这一罪名是为了避免更严重的不利后果，实际上已经预见到这一结果。换句话说，即使发生放纵犯罪的结果，也是这一罪名设置的问题，在自首的认定上，再重复考虑这一问题，已经难以弥补。综合考虑，笔者认为，承认巨额财产来源不明罪可以成立自首是利大于弊的，毕竟公正有时也要相对让渡一些空间给效率。这样一来，很多潜藏已久的巨额财产将会浮出水面，可以有效避免国家财产的重大损失，并且，在一定程度上也能遏制贪腐犯罪分子的继续堕落。

（二）拥有巨额财产的行为人，在司法机关责令其说明财产来源时，主动如实供述该财产系其他犯罪所得时，行为人主动如实供述的罪行，能否成立自首

有学者认为，这种情况对于行为人而言，其供述罪行的行为，完全符合自首的实质条件，即其主动供述了司法机关尚未掌握的罪行，其要么因尚未被采取强制措施即主动供述罪行而构成自动投案后的一般自首，要么构成准自首。①

笔者认为，上述观点认为能够构成一般自首的结论，不能成立。理由在于：在巨额财产来源不明罪的认定中，一旦司法机关发现了国家工作人员有巨额财产，那么行为人就已成了犯罪嫌疑人，行为人的犯罪事实就已被司法机关发觉。而刑法及有关司法解释规定，一般自首中的自动投案，是指犯罪事实或犯罪嫌疑人尚未被司法机关发觉……主动、直接向公安机关、人民检察院或者人民法院投案。根据前文关于“盘问下自动投案”的理解中对“形迹可疑”的论证，也即在根据已掌握的线索、证据能合理怀疑行为人为犯罪人，具体所犯何罪可以在盘问后得知的情况下，已知的线索、证据虽不能将行为人与某宗罪行联系起来，但该行为人已不再属于“形迹可疑”之列，即线索、证据只要能形成有犯罪之合理怀疑即可令行为人排除于“形迹可疑”之列。所以，上述情况下，巨额财产的发现，已使行为人丧失一般自首的自动投案机会。

① 参见武小凤、周振晓：《对职务犯罪案件中自首问题的若干分析》，载赵秉志主编：《刑事法实务疑难问题探索》，人民法院出版社 2002 年版。

第六章　自首的刑事责任

一、自首刑事责任的原则

自首以后，如何从宽处罚，各国和各地区立法不尽一致。从外国和我国台湾地区立法例来看，自首从宽处罚的原则主要有以下三种：

（一）绝对从宽原则

绝对从宽原则，是指法律明确规定自首应当或必须从轻、减轻，即行为人一旦自首，不问自首罪行的性质、轻重、自首原因、自首时间的早晚及悔悟程度，一律绝对予以从宽处罚，法官没有自由裁量的余地，体现在立法上为“应当”、“必须”从宽处罚。采取这种原则的国家和地区主要有朝鲜、蒙古、巴西、法国、格陵兰（丹）、阿尔巴尼亚等，如《格陵兰刑法典》第 88 条规定：“罪犯自首并彻底坦白者，应酌情减轻。”从目前情况来看，刑法中规定有自首制度的国家绝大多数采取绝对从宽原则。

（二）相对从宽原则

目前我国刑法采取的是相对从宽原则，即犯罪人自首后并不一定从宽处罚，是否从宽处罚由审判人员根据犯罪与自首的具体情况决定，体现在立法上则为“可以”、“得”从宽处罚。采取相对从宽原则的国家有日本、韩国和俄罗斯等，如 1988 年《韩国刑法典》第 52 条规定，“犯罪后向搜查机关自首的，可以减轻或免除处罚”。我国台湾地区“刑法典”在 2005 年 2 月 2 日的一个修正案中对自首的减轻处罚原则进行了修改，采用了相对从宽原则，即在第 62 条规定：“对于未发觉之罪自首而受审判者，得减轻其刑。”

（三）相对从宽兼绝对从宽原则

《刑法修正案（八）》公布之前我国刑法采用的是这一原则。事实上，我国刑法的自首从宽处罚原则经历了从相对从宽原则到相对从宽兼绝对从宽原则，再到相对从宽原则的演变过程。我国 1979 年《刑法》第 63 条规定：“犯罪以后自首的，可以从轻处罚。其中，犯罪较轻的，可以减轻或者免除处罚；

犯罪较重的，如果有立功表现，也可以减轻或者免除处罚。”可见，我国1979年《刑法》采取的是相对从宽原则。我国1997年《刑法》对自首后处罚的规定是：“对于自首的犯罪分子，可以从轻或者减轻处罚。其中，犯罪较轻的，可以免除处罚”；《刑法》原第68条第2款规定：“犯罪后自首又有重大立功表现的，应当减轻或者免除处罚。”理论上普遍认为这是相对从宽兼绝对从宽的原则。《刑法修正案（八）》将《刑法》原第68条第2款删去，而这一条款正是绝对从宽处罚的条款，因此，我国刑法关于自首从宽原则又恢复到相对从宽原则。

此外，从各国和各地区自首的立法例来看，不仅自首从宽的原则有别，而且自首从宽处罚的幅度也有所不同，如巴西、朝鲜等国刑法只规定自首可以从轻处罚；而俄罗斯、格陵兰（丹）、阿尔巴尼亚等国刑法只规定自首以后减轻处罚；法国刑法规定自首以后免除自首人应受之刑；蒙古刑法规定自首以后应当从轻、减轻处罚；日本、韩国等国刑法规定自首以后可以减轻处罚或者免除处罚。尽管上述各国关于自首从宽的规定不尽相同，但都是各国根据各自的刑事政策和文化传统选择的结果。

二、我国刑法中自首刑事责任的规定

我国1997年《刑法》第67条规定，“对于自首的犯罪分子，可以从轻或者减轻处罚。其中，犯罪较轻的，可以免除处罚”。原第68条第2款规定：“犯罪后自首又有重大立功表现的，应当减轻或者免除处罚。”此外，根据《刑法》第164条第4款、第390条第2款、第392条第2款的规定，犯有对非国家工作人员行贿罪，对外国公职人员、国际公共组织官员行贿罪，行贿罪或介绍贿赂罪的犯罪分子，在被追诉前自首的，“可以减轻处罚或者免除处罚”。最高人民法院《解释》第3条规定：“根据刑法第六十七条第一款的规定，对于自首的犯罪分子，可以从轻或者减轻处罚；对于犯罪较轻的，可以免除处罚。具体确定从轻、减轻还是免除处罚，应当根据犯罪轻重，并考虑自首的具体情节。”《意见》第8条规定：“对具有自首、立功情节的被告人是否从宽处罚、从宽处罚的幅度，应当考虑其犯罪事实、犯罪性质、犯罪情节、危害后果、社会影响、被告人的主观恶性和人身危险性等。自首的还应考虑投案的主动性、供述的及时性和稳定性等。立功的还应考虑检举揭发罪行的轻重、被检举揭发的人可能或者已经被判处的刑罚、提供的线索对侦破案件或者协助抓捕其他犯罪嫌疑人所起作用的大小等。具有自首或者立功情节的，一般应依法从轻、减轻处罚；犯罪情节较轻的，可以免除处罚。类似情况下，对具有自首情节的被告人的从宽幅度要适当大于具有立功情节的被告人。虽然具有自首或者立功情节，但犯罪情节特别恶劣、犯罪后果特别严重、被告人主观恶性深、人身危险性大，或者在犯罪前即为规避法律、逃避处罚而准备自首、立功的，可以不从宽处罚。对于被告人具有自首、立功情节，同时又有累犯、毒品再犯等法定从重处罚情节的，既要考虑自首、立功的具体情节，又要考虑被告人的主观恶性、人身危险性等因素，综合分析判断，确定从宽或者从严处罚。累犯的前罪为非暴力犯罪的，一般可以从宽处罚，前罪为暴力犯罪或者前、后罪为同类犯罪的，可以不从宽处罚。在共同犯罪案件中，对具有自首、立功情节的被告人的处罚，应注意共同犯罪人以及首要分子、主犯、从犯之间的量刑平衡。犯罪集团的首要分子、共同犯罪的主犯检举揭发或者协助司法机关抓捕同案地位、作用较次的犯罪分子的，从宽处罚与否应当从严掌握，如果从轻处罚可能导致全案量刑失衡的，一般不从轻处罚；如果检举揭发或者协助司法机关抓捕的是其他案件中罪行同样严重的犯罪分子，一般应依法从宽处罚。对于犯罪集团的一般成员、共同犯罪的从犯立功的，特别是协助抓捕首要分子、主犯的，应当充分体现政策，依法从宽处罚。”

根据上述法律和司法解释的规定，自首的刑事责任主要包括以下几个方面的内容：

首先，自首处罚的一般规定。犯罪以后自首的，可以从轻或者减轻处罚。这是我国刑法对自首的犯罪分子予以从宽处罚所作的一项原则性规定，说明法律的一般倾向性。但对于共同犯罪，对具有自首、立功情节的被告人的处罚，应注意共同犯罪人以及首要分子、主犯、从犯之间的量刑平衡。犯罪集团的首要分子、共同犯罪的主犯检举揭发或者协助司法机关抓捕同案地位、作用较次的犯罪分子的，从宽处罚与否应当从严掌握，如果从轻处罚可能导致全案量刑失衡的，一般不从轻处罚；如果检举揭发或者协助司法机关抓捕的是其他案件中罪行同样严重的犯罪分子，一般应依法从宽处罚。

其次，犯罪较轻的自首处罚规定。对于犯罪分子犯罪以后自首而罪行较轻的，不但可以从轻或者减轻处罚，而且可以免除处罚。至于何谓“犯罪较轻”，将在下文中详述。对极少数犯罪情节特别恶劣、犯罪后果特别严重、被告人主观恶性深、人身危险性大，或者在犯罪前即为规避法律、逃避处罚而准备自首的，可以不从宽处罚。

最后，特别自首的处罚规定。根据《刑法》第 164 条第 4 款、第 390 条第 2 款和第 392 条第 2 款的规定，符合这三个条款规定的行为的，“可以减轻或者免除处罚”。这是《刑法》分则对自首犯的一种更宽大的刑事责任规定，是一种特别法，对于处理符合这三个条款规定的自首者，要适用这三个条款的规定，而不适用《刑法》第 67 条关于自首刑事责任的规定。

需要注意的是，笔者不能简单地从自首如何从宽处罚来判断一国刑法对自首的态度，认为采取绝对从宽原则的刑法较采取相对从宽原则的刑法更加宽松。比较各国、各地区的刑法，采取绝对从宽原则的刑法要么在从宽的幅度上低于采取相对从宽原则的刑法，要么在可以认定为自首的行为范围上窄于相对从宽原则的刑法。因此，笔者认为，对自首采取绝对从宽原则或者相对从宽原则实际上只是表明了国家对自首从宽的两种不同态度与价值取向。自首相对从宽实际上是一种“宽进严出”型的从宽处罚，而自首绝对从宽则是一种“严进宽出”型的从宽处罚。

所谓宽进，是指对自首的成立条件并未作出太多的限制，可以认定为自首行为的范围很大。所谓严出，是指刑法相对严格地限制了具有自首情节的犯罪的从宽处罚。当然这里的“严”并非一般意义的严格，只是相对于极其宽松、不加限制的情况而言，“严进宽出”型则与之相反。比较上述两种类型，都有各自的优点，无所谓优劣之分。其形成与各国、各地区的文化背景、历史发展以及刑法体系密切相关。

综上所述，我国明显属于“宽进严出”型的自首立法模式。从我国刑法与司法解释的规定看，这一属性特征体现得十分明显，如我国刑法对自首的成立条件规定得比较宽泛，自首行为不问主观动机，并且规定了三类自首，在存疑时也按照有利于被告人的精神，尽可能从宽掌握。最高人民法院对自首问题的司法解释关于对自首成立条件的补充，也体现了从宽认定自首的精神，如对“自动投案”中投案形式的多样化解释等。我国采取“宽进严出”型的自首立法模式符合我国的实际情况。首先，我国自古即遵从儒家文化，主张谦让、怀柔、以和为贵，即使对待犯罪人也要有包容的精神。其次，符合我国的客观情况，我国幅员辽阔、人口众多，随着近年来经济社会的发展，犯罪总数一直在高位徘徊，每年的犯罪人数都在130万人以上，采取“宽进严出”的规定，有利于司法机关及时查办案件，减轻司法机关的办案压力，提高司法效率。“宽进严出”是我国刑法对待自首制度的基本态度与价值取向，也是宽严相济刑事政策的体现。因此，在自首制度的具体实施过程中，应尽量对自首行为的成立要件作扩大解释，但是在具体适用自首规定进行刑罚量定时，则要仔细考察自首情节，根据不同的情况区别适用不同的规则及从宽幅度。

三、自首从宽处罚的根据

纵观世界各国刑事立法，绝大多数对自首规定了从宽处罚制度。但对于自首从宽处罚的根据问题，不同国家、地区学者的认识也不尽一致。

前苏联刑法学者认为，自首说明“犯罪人所具有的反社会的观点和特性不顽固，他对社会的危害程度减小”[①]。日本学者认为，“对自首犯之所以要从宽处罚，其理由在于使犯罪的搜查和处罚变得容易这种政策的意图，以及考虑到改梭了的行为人的责任的事后减轻”[②]。英美刑法学者认为，对自首犯从宽处罚，是对有罪答辩给予优惠，因为“在英美诉讼程序中，十分重视程序，正规程序的诉讼期限过长，致使检察官和法官负担过重，案件严重积压，长期得不到解决，司法界迫切希望改革诉讼程序，寻找简易快速处理案件的途径”[③]。我国台湾地区有学者认为，自首从宽，是为“奖励犯罪者悔罪投诚而设”。

在国内，关于自首从宽处罚的观点主要有以下三种：

第一种观点认为，自首从宽处罚的根据有三：其一，自首者自行减小了对社会的危害性。因为犯罪的社会危害性始于犯罪人预备犯罪之时，但却并不终止于犯罪行为实施完毕之时。犯罪行为实施完毕之后，其对社会的危害仍处于一种持续状态，直至犯罪人归案甚至受到惩罚，这种危害社会的持续状态才告结束。无论何种犯罪发生之后，犯罪人无论出于何种动机投案自首，即意味着自行终止了因自已的犯罪而形成的危害社会的持续状态，与实施犯罪之后犯罪人隐匿、外逃的情形相比，实际上也就意味着自行减小了对社会的危害性，因此成为我国刑法规定自首从宽处罚的首要根据。其二，投案自首是犯罪人犯罪之后认罪、悔罪或有悔改之心的客观表现，表明其已经具备了接受改造、重新做人的主观基础，因而改造起来难度较小、时间较短。因此，对投案自首的犯罪分子量刑时，要适当从宽处罚。第三，犯罪以后自首可以避免累及无辜，并节省司法机关大量的人力、物力。[④]

第二种观点认为，自首是表明犯罪分子的人身危险性大小的一个指标，与社会危害性没有关系。社会危害性虽然对自首从宽处罚的幅度有一定的制约，但它本身并不能解释自首从宽的理由。只有从人身危险性出发，才能科学地说明自首从宽的根据。此外，还有一个重要的功利因素，即通过鼓励犯罪分子投案自首，节省司法成本。因此，功利效果的考虑也是对自首的犯罪分子从宽处罚的根据之一。[⑤]

第三种观点认为，自首从宽处罚的根据有二：一是有自首的犯罪的客观危害程度要小于没有这种情节的犯罪。二是自首犯的主观恶性明显要小于没有这种情

① 参见［苏］别利亚耶夫·科瓦廖主编，马改秀译：《苏维埃刑法总论》（中译本），群众出版社 1987 年版，第 340 页。

② ［日］大塚仁著，冯军译：《刑法概说（总论）》（第三版），中国人民大学出版社 2003 年版，第 466 页。

③ 参见王以真主编：《外国刑事诉讼法学》，北京大学出版社 1990 年版，第 259 页。

④ 周振想著：《自首制度的理论与实践》，人民法院出版社 1989 年版，第 143 ~ 145 页。

⑤ 陈兴良著：《刑法适用总论（下卷）》，法律出版社 1999 年版，第 500 ~ 502 页。

节的犯罪分子。[①]

对于第一种观点，即认为自首者减小了对社会的危害性，笔者认为，“任何犯罪都是主观和客观的统一。在这个意义上说，犯罪的本质特征——社会危害性也必定是主观和客观的统一……两者的统一，正是刑事责任的基础”[②]。“所谓社会危害性，是指行为对我国社会主义初级阶段的社会关系造成的实际危害或现实威胁（或可能造成的损害）。它包括两种情况：一是对我国社会中的社会关系造成的实际危害；二是对我国社会中的社会关系造成的现实威胁。社会危害性及其程度，不能只看做行为的属性，而应当综合行为的主客观因素加以评定。”[③]“社会危害性是通过主观恶性与客观危害反映出来的，它集中在犯罪事实本身。”[④]而自首是犯罪后犯罪分子的表现，只是表明犯罪分子的人身危险性大小的一个指标，将属于未然领域的人身危险性涵纳于已然领域的社会危害性之中，在逻辑上是混乱的，也是行不通的。

对于第三种观点，即从犯罪的客观危害程度和罪犯的主观恶性程度两方面的减小说明自首从宽处罚的依据，笔者认为，犯罪的社会危害性程度是对于犯罪的客观危害程度和罪犯的主观恶性程度的综合评价，“犯罪的社会危害性不只是指客观上的危害，而且包括犯罪人的主观恶性，是主观恶性和客观危害的统一”[⑤]。但“不管是主观恶性抑或客观危害均属于已然的领域，而再犯可能性或人身危险性作为犯罪人将来犯罪的可能性，属于未然之罪的范畴，属于未然的领域”[⑥]。由此，犯罪人的人身危险性不能成为犯罪的社会危害性的组成部分。相对于尚未归案的犯罪人来说，自首的犯罪人主观上大多具有悔过自新的心理态度，客观上则将自己的人身置于司法机关的控制之下，其再次犯罪的可能性或对社会的潜在危险性已大大降低。因此，是否自首是衡量犯罪分子人身危险性大小的重要因素。并且，这种观点认为，自首犯的主观恶性明显要小于没有这种情节的犯罪分子，显然混淆了主观恶性与人身危险性的关系。主观恶性是通过犯罪行为表现出来的，当犯罪完成的时候主观恶性也已经表露无遗了，这是一个既定的量不可能再增加或减少。犯罪后自首，反映的是犯罪人对其已犯罪行的认罪态度，体现了其人身危险性的减小，但却不能由此推导出犯罪人在实施犯罪行为时主观恶性小

---

① 黄昌华、张文：《坦白与自首的处罚原则》，载丁慕英等主编：《刑法实施中的重点难点问题研究》，法律出版社 1998 年版，第 547 ~ 549 页。

② 参见高铭暄等主编：《新中国刑法的理论与实践》，河北人民出版社 1985 年版，第 15 页。

③ 参见高铭暄、马克昌主编：《刑法学》，中国法制出版社 1999 年版，第 72 ~ 73 页。

④ 参见陈兴良著：《刑法哲学》，中国政法大学出版社 1992 年版，第 619 页。

⑤ 马克昌等主编：《刑法学全书》，上海科学技术文献出版社 1993 年版，第 32 页。

⑥ 参见赵秉志主编：《刑罚总论问题探索》，法律出版社 2003 年版，第 447 页。

的结论。主观恶性是反映人身危险性的重要内容，但人身危险性除了包括主观恶性，还包括犯罪人的个人情况，如有无犯罪前科、是否为累犯等，将反映人身危险性程度的自首归于主观恶性，颠倒了整体与局部的逻辑关系，因而也是不妥的。

第二种观点提出，自首从宽处罚的依据首先是人身危险性的减少，“再犯可能与初犯可能的统一，就是人身危险性。人身危险性是未然之罪的本质属性”①。因而，对于已犯罪的犯罪分子来说，其人身危险性就可以说是再犯可能性。犯罪分子犯罪以后自首，其结果是自愿将其置于有关机关或个人的控制之下等候司法机关的追诉。此时，犯罪分子的再犯可能性或人身危险性比没受控之前已经大大减少了，这是一般自首从宽处罚的依据。对于准自首，由于犯罪分子已受控而失去了再犯可能性，仅仅以人身危险性为根据，难免牵强。为此，第二种观点又提出自首从宽处罚的根据，即基于功利因素的考量，从节省司法成本的角度，通过自首制度鼓励犯罪分子投案自首，减少司法机关查办案件的人力、物力投入。此外，从共同犯罪自首的角度看，分化、瓦解犯罪分子，也是自首制度应当考量的根据之一，但这一根据不是从犯罪人自身的因素，而是从刑事政策上，为增强对犯罪的防控与治理效果，作出的选择。笔者赞同这种观点。

具体而言，笔者认为，自首从宽处罚的根据可以从以下三个方面予以阐述：

其一，自首者人身危险性较小。人身危险性，是指犯罪可能性，属于未然之罪。② 从量刑上来讲，人身危险性更具有直接的现实意义，在某种程度上可以说，离开了对犯罪人人身危险性的考察，就不可能对犯罪人正确地量定刑罚。自首犯主观上愿意把自己交付国家追诉，客观上有认罪服法的行为。这样的犯罪分子，其再犯的可能性较小，对社会潜在的危险有所降低。对人身危险性较小的犯罪人可以从宽处罚，是由立法者将特殊预防作为刑罚目的之一决定的。特殊预防目的不仅要通过剥夺犯罪分子的再犯能力来实现，还要通过对犯罪分子进行教育感化，使其彻底打消犯罪念头来实现。对犯罪分子教育感化的重要措施之一就是对其予以恰到好处的宽大处理。人身危险性较小的犯罪人较容易改邪归正，从特殊预防的角度看，无须给予像人身危险性较大的犯罪人那样严厉的刑罚。

其二，自首行为节省了司法成本。犯罪人犯罪后投案自首，可以节省司法机关花费在侦查破案、追捕逃犯上的大量人力、物力，并避免累及无辜。这种行为

---

① 陈兴良著：《刑法哲学》，中国政法大学出版社 1992 年版，第 133 页。

② 参见陈兴良著：《当代中国刑法新理念》，中国政法大学出版社 1996 年版，第 169 页。

对国家来说具有积极意义。在很多情况下，如果犯罪人不自首，司法机关必须投入更多的人力、物力才能侦破和审结案件，甚至根本无法破案，这是一个必须面对的客观事实。因此，从功利的角度看，对自首犯的从宽处罚，对于节省司法成本，提高破案率有积极意义。但由此认为功利性是主要的、决定性的因素，则有失偏颇。不能认为对自首犯从宽处罚，主要是为了提高破案率。在对罪犯裁量刑罚时，第一位考虑的是已然的罪行，第二位才是对待罪行的态度和功利效果。对罪犯能否从宽处罚，在多大程度上从宽处罚，罪行起着决定性的作用，对待罪行的态度和功利效果起着从属、辅助作用，而且后者对量刑能否真正发生作用还要受制于前者，我国刑法也因此把自首列为相对从宽处罚情节。

其三，分化、瓦解犯罪分子，减少犯罪现象。对自首犯从宽处罚，可以激励未归案的犯罪分子自动投案，争取较轻的刑罚，特别是在共同犯罪中具有积极的意义。根据《解释》的规定，在共同犯罪中成立自首，不仅要如实供述自己的犯罪行为，还要供述其所知的同案犯的犯罪行为。这对于及时查清犯罪集团的罪行，打击团伙犯罪具有积极意义，对团伙犯罪起到有效遏制作用，有利于社会秩序的稳定。

四、自首刑事责任的适用

1979 年《刑法》第 63 条规定："犯罪以后自首的，可以从轻处罚。其中，犯罪较轻的，可以减轻或者免除处罚；犯罪较重的，如果有立功表现，也可以减轻或者免除处罚。"为了更好地体现和执行宽严相济的刑事政策，以更大的力度鼓励犯罪人自首，从而为犯罪的查处提供更大的便利，我国 1997 年刑法对自首从宽处罚的规定作了更为宽缓的规定。

1997 年《刑法》第 67 条规定，"对于自首的犯罪分子，可以从轻或者减轻处罚。其中，犯罪较轻的，可以免除处罚"。原第 68 条第 2 款规定，"犯罪后自首又有重大立功表现的，应当减轻或者免除处罚"（《刑法修正案（八）》将此款删除）。此外，《刑法》第 164 条第 3 款、第 390 条第 2 款、第 392 条第 2 款规定，犯有对非国家工作人员行贿罪，对外国公职人员、国际公共组织官员行贿罪，行贿罪或介绍贿赂罪的犯罪分子，在被追诉前自首的，"可以减轻处罚或者免除处罚"。

（一）如何理解"可以从宽"处罚

一般认为，自首制度中的"可以从宽"，有如下三层含义：[①]

第一，可以从宽处罚，不是必须从宽处罚。在我国刑法中，自首是一种

① 参见马克昌主编：《刑法理论探索》，法律出版社 1995 年版，第 188 页。

"可以型"从宽处罚情节，而不是"应当型"量刑情节。"可以"是相对词，表明具有某种自由选择的余地；而"应当"则是绝对词，表明只能无条件地遵照执行，没有任何灵活性。法院有权根据具体案情，对自首犯予以从宽处罚，也可不予以从宽处罚，不是对每个有自首情节的犯罪人都一律从宽处罚。

第二，一般情况下，自首应当从宽处罚。既然刑法作了自首可以从宽处罚的规定，就表明原则上自首应当予以从宽处罚。这也就是说，对于自首犯，审判人员一般应当考虑对其从宽处罚。决定不予从宽处罚的，应当有不予以从宽处罚的理由。

第三，在一些特殊情况下，审判人员可以行使其自由裁量权，根据案件的具体情况，依法对自首犯作出不予从宽处罚的决定。对极少数犯罪情节特别恶劣、犯罪后果特别严重、被告人主观恶性深、人身危险性大，或者在犯罪前即为规避法律、逃避处罚而准备自首的，可以不予从宽处罚。

从上述情况看，我国规定自首为"可以型"从宽处罚情节，符合客观实际。一是贯彻了罪责刑相适应原则。对犯罪的处罚，最基本的是看犯罪的性质和对社会的危害程度。刑罚应与犯罪人应承担的刑事责任相一致，由于自首犯犯罪后所造成的危害社会的结果已发生，其自首行为并未减少其社会危害性。自首只表明犯罪人的悔罪态度，但无法弥补其行为对社会造成的危害，从宽处罚只能以其行为对社会造成的危害为基础，结合自首的其他情节考虑是否予以从宽处罚。但由于自首犯的人身危险性有所降低，一般而言，在法定量刑幅度内可以对自首犯从轻或减轻处罚。二是符合客观复杂的情况，使个案的量刑更准确。在具体的司法实践中，自首犯自首的动机各不相同，自首的情况纷繁复杂。一般来讲，自首犯大多是诚心悔罪，认罪服法，可以从轻或减轻处罚。但也有自首犯自首的动机卑鄙（如预谋犯罪后自首），也有些是在确凿的证据面前迫于无奈、走投无路而自首，并无悔罪之心。在这种情况下根据具体案件事实，可以不对自首犯从宽处罚。对此，有学者指出，"将自首规定为一种'可以型'从宽处罚情节，而非'应当型'从宽处罚情节，更为可取。因为，将自首规定为一种'可以型'从宽处罚情节，赋予审判人员一定的自由裁量权，准许其根据具体案情的不同，在某些特殊情况下，对那些虽有自首表现，但却毫无悔罪之心，人身危险性未得以丝毫减轻的犯罪人作出不予从宽处罚的决定，则可避免将自首规定为'应当型'从宽处罚情节所带来的种种有碍量刑公正、适当的缺陷"①。对此，笔者认为是有道理的。

（二）如何理解"犯罪较轻"

《刑法》第67条规定，"犯罪较轻的，可以免除处罚"。其可以从宽的幅度

---

① 周加海著：《自首制度研究》，中国人民公安大学出版社2004年版，第231页。

明显大于从轻或减轻，达到了可以免除刑事处罚的程度。因此，对该规定中的“犯罪较轻”进行正确理解和把握至关重要。关于犯罪较轻的标准，主要有以下几种观点：[①] 第一种观点主张以犯罪性质作为认定犯罪较轻的标准；第二种观点主张以刑法规定的法定刑的轻重作为认定犯罪较轻的标准；第三种观点主张以犯罪所处刑罚的轻重作为认定犯罪较轻的标准。

上述第一种观点显然是有问题的。首先，犯罪性质可以从多个角度和层次进行解读，有人认为犯罪性质就是指犯罪的罪名，有人认为犯罪性质指的是罪过的性质，是过失还是故意，标准不一。其次，犯罪的轻重是由社会危害性和人身危险性的程度所决定的。刑罚是人民法院依照国家的法律，对具有社会危害性和人身危险性的犯罪行为进行的否定的社会政治和法律评价。犯罪性质严重，未必社会危害性就大，应判处的刑罚就重。

第二种观点也有问题，法定刑较高的犯罪，应当判处的刑罚未必高，而法定刑较低的犯罪，应当判处的刑罚未必低。比如，故意杀人罪的法定刑是3年以上有期徒刑直至死刑，拐骗儿童罪的法定刑是5年以下有期徒刑或拘役，就这两个罪的法定刑来看，无论是法定最低刑还是法定最高刑前者都远远高于后者。但是，由于种种原因，实施拐骗儿童罪的犯罪分子有时可能被判处5年有期徒刑，而实施故意杀人罪的犯罪人，有时则只被判处3年有期徒刑。可见，依据法定刑有时不能正确区分较轻之罪和较重之罪。因此，不能以法定刑的轻重作为划分较轻之罪和较重之罪的标准。

但是，依法定刑的轻重为标准也有一定道理，因为法定刑较为客观，而裁判刑则要根据案件的具体情况来确定。在我国刑法中，在规定某一适用对象时，有时指法定刑，有时指裁判刑。例如，《刑法》第7条第1款规定：“中华人民共和国公民在中华人民共和国领域外犯本法规定之罪的，适用本法，但是按本法规定的最高刑为三年以下有期徒刑的，可以不予追究。”这里以法定刑为较轻之罪的标准。而《刑法》第72条规定，缓刑适用于被判处拘役、3年以下有期徒刑的犯罪分子，这里又以裁判刑作为较轻之罪的标准。由于刑法对自首处罚中的“较轻之罪”没有明文规定是法定刑还是裁判刑，如果依法定刑为标准，虽然标准确定，但会使自首免除处罚的适用范围大受限制。如果以裁判刑为标准，虽然在适用上有一定困难，但更符合立法精神。

综合考虑，笔者倾向于采用裁判刑说，即第三种观点，认为确定犯罪较轻或较重时，“应当根据犯罪的事实、性质、情节和对于社会的危害程度予以综合评判”[②]，以犯罪所可能判处的刑罚作为认定标准。

---

① 参见周振想编著：《刑法学教程》，中国人民公安大学出版社1997年版，第271页。

② 高铭暄、马克昌主编：《刑法学》，中国法制出版社1999年版，第500页。

既然较轻之罪应以裁判刑为标准，那么，裁判刑确定以什么标准划分轻重程度呢？对此法律也同样没有规定，我国刑法学界较为通行的观点是把被判处3年以下有期徒刑的犯罪视为较轻之罪，反之视为较重之罪。这种观点的根据是：（1）从刑法关于我国公民在国外犯罪的规定来看，按照我国刑法规定的最低刑为3年以上有期徒刑的，也适用我国刑法；（2）从刑法关于缓刑的规定来看，其适用对象仅限于被判处拘役、3年以下有期徒刑，并且犯罪情节较轻，有悔罪表现，没有再犯罪的危险及对所居住社区没有重大不良影响的犯罪人。并且，在刑事司法实践中，《刑事诉讼法》以及最高人民法院、最高人民检察院的有关司法文件中，对轻微刑事案件的划分一般也以3年以下有期徒刑为标准，如适用简易程序的条件，自诉案件的标准，实行轻微刑事案件快速处理等。笔者赞成以实际判刑3年以下有期徒刑作为犯罪较轻的标准。实践中，在适用“犯罪较轻的，可以免除处罚”这一规定时，首先应判定犯罪人在不考虑自首这一情节时，可能的量刑情况，如果可能判处3年以下有期徒刑，则在考虑自首的具体情况时，可对其适用免予刑事处罚。

（三）自首是否从宽处罚的判定

我国刑法对自首采取的是相对从宽的处罚原则，即对于自首的犯罪人，审判人员拥有一定的自由裁量权，可以根据具体案情决定是否从宽。在多数情况下，对自首的犯罪人均要从宽处罚，但在少数特殊情况下也可以不予从宽。这里，少数特殊情况是指哪些情况呢？有学者认为，这种特殊情况是指于法、于情、于理都不容从宽处罚的情况，归纳起来主要有以下几点：①

第一，犯罪之前即预谋好犯罪后自首，妄图钻法律的空子。犯罪人犯罪后投案自首，是其认罪服法、重新做人的表现，应予以鼓励，因此量刑时可以适当从宽处罚。而犯罪人犯罪之前即预谋投案自首，只能表明其是妄图钻法律的空子，利用刑法规定的自首从宽制度减轻自己应得的刑罚，而不能表明其有认罪、悔罪之心。因此，对于这样的犯罪分子，可以不予从宽处罚。

第二，犯罪分子犯罪之后，迫于严厉打击犯罪活动的形势，自首一部分罪行，以掩人耳目，企图逃避另一部分罪行。这种情况，如犯罪人投案时交代的部分事实独立构成犯罪，还应认定为自首，但对于犯罪人可以不予从宽处罚。

第三，犯罪手段极为恶劣，危害后果特别严重，社会影响极大，实属法不容留。此类犯罪人即使犯罪后自首，也可不予从宽处罚。

第四，犯罪人虽然自首了，但态度恶劣，毫无悔罪之意，经过反复教育仍无

① 参见高铭暄主编：《刑法学原理（第3卷）》，中国人民大学出版社1994年版，第361～362页；周振想著：《自首制度的理论与实践》，人民法院出版社1989年版，第154页；周加海著：《自首制度研究》，中国人民公安大学出版社2004年版，第233页。

济于事，对此种情况的犯罪人也可以不予从宽处罚。

第五，犯罪后畏罪潜逃，在钱尽粮缺、走投无路时，不得已投案自首，可不予从宽处罚。

第六，在公开犯罪之后，自知难逃法网被迫投案自首，可不予从宽处罚。

第七，过失犯罪后本有条件抢救伤者或财产，但犯罪人为了争取“宽大处理”而去自首，放弃抢救伤者或财产，甚至因此导致损失进一步扩大的。这类犯罪人为使自己能获从宽处罚，竟置他人生命、健康与财产安危于不顾，显然动机十分卑劣，不应对其从宽处罚。

第八，归案以后，供述反复不定，屡次企图为自己开脱罪责的。这类犯罪人有明显的侥幸心理，认罪不彻底，悔罪无诚意，因此，也不宜对其从宽处罚。

笔者认为，上述几种情况下，对犯罪人适用自首从宽处罚政策时应当慎重。但在司法实践中，认定犯罪人成立自首却又不对其从宽处罚时，应当对自首制度功利性的属性充分考虑，尽可能减少适用自首不予从宽处罚案件的数量。并且在具体案件适用时，向社会及诉讼参与各方详细、充分阐明理由和根据，以免失去犯罪人及社会公众对这一制度的信任、理解与支持，进而断绝了犯罪人的自首之路，削弱和影响了自首制度鼓励犯罪人悔过自新、节约国家司法成本、提高国家司法效率的积极作用。

（四）影响自首从宽处罚的因素

根据刑法关于自首从宽处罚的规定可以看出，对于自首有多种不同的量刑幅度。对于自首的犯罪人既可以从轻处罚，也可以减轻处罚，还可以免除处罚。总体来讲，这是由犯罪人的自首类型、罪行轻重以及有无立功表现等决定的。但具体而言，尚有以下一些因素对自首从宽处罚的具体幅度有所影响：

1. 自首的时间

除了特别自首之外，我国刑法对自首的时间限定是较为宽泛的。但在司法实践中，自首在时间上是有区别的，有的在犯罪事实和犯罪嫌疑人均未被司法机关发觉前就自首；有的在犯罪事实被发现，但犯罪嫌疑人未被司法机关发觉时自首；有的是在犯罪事实和犯罪嫌疑人均被司法机关发现后才投案自首；有的甚至是在被通缉、追捕过程中投案自首；还有的是在自动投案之后逃跑再次投案自首。一方面，自首时间的不同，表明犯罪嫌疑人对其所犯罪行认识的迟早和悔悟程度的不同，即犯罪嫌疑人的人身危险程度不同。自首的时间早，说明犯罪嫌疑人对其罪行认识得早，悔悟程度较深，因而也反映了犯罪嫌疑人的人身危险程度较小。另一方面，自首时间的不同也影响着司法机关查办案件的成本和效率，自首越早越有利于办案。既然自首制度是国家功利的选择，那么在保证公正的前提下，将自首时间的区别作为裁量的因素，决定对自首的犯罪嫌疑人的从宽处罚的幅度是应该的、妥适的。因此，在对自首犯从宽处理时应当考虑其自首的时间。

在司法实践中，可区别三种情况分别适用不同规则：（1）犯罪事实或犯罪嫌疑人均未被发觉或犯罪事实已被发觉而犯罪嫌疑人未被发觉的情况。这种情况除了前面说的恶意自首外，自首者对自身罪行及其社会危害性有比较及时的认识，对这类自首的犯罪嫌疑人在量刑时一般应当从轻或者减轻处罚，罪行较轻的可免除处罚。（2）犯罪事实和犯罪嫌疑人均被发觉的情况。这种情况说明犯罪嫌疑人对罪行及其社会危害性的认识不及时也不深刻，这种情况应认定为自首，但在量刑时应与第一种情况有所区别，可适当从轻或减轻，但幅度要较第一种情况小。但是如果犯罪嫌疑人对于怠于自首有充分理由，如生病、地处偏远、有特别紧要事情等，只要其真诚悔悟的，也可以从轻或减轻处罚，罪行较轻的可免除处罚。（3）准自首。这类犯罪人供述余罪，大多数是悔罪的表现，这种人回归社会后重新犯罪的可能性很小，对这类自首者，一般应当从轻或减轻处罚，但是从宽的幅度较上述一般自首应当更小。其中犯罪较轻的也可以免除处罚。对于已决犯，由于其刑事责任已经确定，与未决犯相比准自首的自主性更强，因而从宽的幅度应当更大。

2. 自首的动机

自首的动机不是自首成立的要件，自首的动机并不影响自首的成立，但自首的动机体现了犯罪人悔罪心理以及悔罪程度，反映了犯罪人的人身危险性程度，是对自首的犯罪人给予从宽处罚时一个重要的裁量因素。对此有学者认为，犯罪人自首的动机有认罪、悔罪、悔改三种不同层次。自首动机层次的不同，表明了自首犯对自己所犯罪行的悔悟程度的差异。而出于悔罪动机而自首的犯罪人比单纯出于认罪动机而自首的犯罪人悔悟程度高；而出于悔改动机而自首的犯罪人比出于悔罪动机而自首的犯罪人悔悟程度高。[①] 当然也有并非出于认罪、悔罪、悔改动机的自首，但即使不是出于认罪、悔罪、悔改动机的自首，如果犯罪人没有其他严重或者恶劣情节的，也应予以从宽处罚，但从宽幅度要小一些。最高人民法院《解释》将实践中并非出于犯罪嫌疑人主动，而是经亲友规劝、陪同投案的；公安机关通知犯罪嫌疑人的亲友，亲友主动报案后，将犯罪嫌疑人送去投案的，也认定为自动投案。如果犯罪嫌疑人在这种情况下如实供述自己罪行，法律也将其认定为自首。可见，实践中并不是所有犯罪嫌疑人犯罪后都会自动投案自首。有的犯罪嫌疑人自首是由于家长、亲友的规劝、陪同，其自身处于被迫的地位；还有的犯罪嫌疑人在逃逸过程中，被司法机关通缉、追捕，在走投无路的情况下才去自首。这类自首者的自首行为表明了其对自身犯罪行为的悔意还不够强烈，对自己所实施的犯罪行为的否定不够深刻，也就反映出其在实施该犯罪行为时的意志较为强烈、主观恶性较大。因而对于这一类

① 周振想著：《自首制度的理论与实践》，人民法院出版社 1989 年版，第 147 页。

自首行为，实践中裁判者可以结合案件的其他情况给予相应的从轻或减轻处罚，其从宽的幅度也应视具体情况而减小。实践中有的犯罪人了解一些法律知识，有的甚至比较精通。这些人在实施犯罪行为之前，就存在企图通过犯罪后自首的方法来逃避刑罚处罚的预谋。这种情况下的自首并不能体现出犯罪时犯罪人的主观恶性较小这一特征，反而体现出犯罪人实施犯罪时的极其周密的计划性，主观恶性较大。这在自首理论上和实践中称为“恶意自首”，在司法运用中一般可考虑对其不予从宽处罚。

3. 自首的方式

在我国刑法理论与司法实践中，自首有着各种各样的方式。在前述自首的分类中，有的学者将自首分为亲首、代首、送首、陪首、余首、首服等多种方式。无论何种自首方式均不影响自首的成立，但不同的自首方式对刑罚裁量的影响有所不同。总体来看，犯罪嫌疑人本人到司法机关自首要比家长、亲友代为投案或送子女归案作用大，在量刑时，前者比后者更易获得从轻、减轻或免除处罚，获得的从宽幅度相应也要大。另外，代为投案或以电报、电话投案者，还要看是否随即归案，因为这之间的时间的长短，表明了犯罪嫌疑人对罪行及社会危害性认识的程度。如果犯罪嫌疑人不到案，最后被司法机关采取强制措施到案，或被他人扭送归案的，不能认定为自首，相应的从宽处罚也就无从谈起。此外，有学者认为，犯罪人自首的地点也影响着量刑。“自首地点可分为发案地自首和非发案地自首……总体上分析，发案地自首要比非发案地自首的作用大……在量刑时，前者比后者更易获得从轻、减轻或免除处罚，获得的从宽幅度相应的要大。”[①]笔者认为，这种观点有一定道理。

4. 自首的形态

正如犯罪存在犯罪预备、犯罪未遂、犯罪中止等形态一样，自首也存在一定的形态。有的学者将自首也分为不同的形态，即自首的准备、自首的未竟、自首的中断。[②]自首的准备，是指为自首创造条件的行为，即犯罪人产生了自首的念头，但由于各种原因尚未来得及自首即被抓获。对于有证据证明犯罪人准备自首，如正在为自首处理有关善后事务，被司法机关抓获的，可视为自首的特殊情形而予以从宽处罚，但一般情况下从宽的幅度较小。自首的未竟，是指犯罪人有自首念头，已开始实施自首行为，但由于自身以外的客观原因，自首未能完成，如正在自首途中被司法机关抓获。根据《解释》的规定，这种在前往司法机关投案的途中被抓获或被扭送的情形，如果有充分的证据予以证明的，也应认定为

① 马松建、史卫忠主编：《刑法理论与司法认定问题研究》，中国检察出版社 2001 年版，第 345 ~ 346 页。

② 参见赵秉志主编：《刑罚总论问题探索》，法律出版社 2003 年版，第 429 ~ 432 页。

自首，但在考虑对犯罪人从宽处罚的刑罚裁量时，与典型的自首相比，从宽处罚的幅度也应较小。自首的中断，是指犯罪人在自首的过程中，由于主观上产生了不愿意自首的决意，从而中断了自首的情况。对于自首中断的情况，最高人民法院《解释》规定，“犯罪嫌疑人自动投案后又逃跑的，不能认定为自首”，“犯罪嫌疑人自动投案并如实供述自己的罪行后又翻供的，不能认定为自首”。自首的中断既不属于自首，也不能视为自首而予以从宽处罚。

5. 自首犯供述的程度

根据《解释》的规定，成立自首，只要犯罪嫌疑人如实供述其主要犯罪事实即可，并不要求犯罪嫌疑人如实供述其罪行的各项事实和情节，而且在一定条件下还允许犯罪嫌疑人在如实供述其罪行后翻供，只要其在一审判决前又能如实供述的，也应当认定为自首。这就导致不同的自首犯在供述罪行的真实性、完整性和稳定性程度上必定有一定的差异。而自首犯对其罪行供述的具体情况不同，又反映着其悔悟程度、悔改决心的不同，所以对其量刑也应当有一定的影响。在实践中，自首以后是立即供述了自己的罪行，还是经过司法人员反复教育才供述；是供述了自己的全部罪行，还是只供述了罪行的一部分；是供述主要犯罪事实，还是供述全部犯罪事实，这些情节在量刑时都应有所区别。犯罪嫌疑人自首以后，未经教育就如实彻底地供述自己的罪行的，表明了犯罪嫌疑人有迁善悔过的决心，对此类犯罪嫌疑人在量刑时一般应当从宽处罚，而且幅度要适当加大；犯罪嫌疑人投案以后，只供述自己部分罪行，经反复教育后才如实供述的，可以从宽处罚，但从宽的幅度要与上一种情况有所区别；犯罪嫌疑人投案后，如实供述自己的部分犯罪事实，而隐瞒其他犯罪事实的，对其隐瞒的犯罪固然不能从宽处罚，对其如实供述的犯罪可从宽处罚，但从宽幅度也要相对较小。

总之，自首的动机、时间、方式、形态以及供述程度等因素在量刑中起着重要的作用。对于自首情节，应当综合考虑投案的动机、时间、方式、如实供述罪行的程度以及悔罪表现等情况确定从宽的幅度。2010 年最高人民法院印发的《人民法院量刑指导意见（试行）》规定：“对于自首情节，综合考虑投案的动机、时间、方式、罪行轻重、如实供述罪行的程度以及悔罪表现等情况，可以减少基准刑的 40% 以下；犯罪较轻的，可以减少基准刑的 40% 以上或者依法免除处罚。”具体适用时，要注意以下两个方面：其一，自首的动机、时间、方式、表现等各要素相互之间的关系。例如，自首的时间、方式以及表现等就可以反映出自首的动机，而各要素的综合又反映出犯罪人实施犯罪行为时的主观恶性程度。其二，自首的动机、时间、方式、表现等要素与其他犯罪情节之间的联系和影响。犯罪中的其他情节有时候也关系到犯罪人自首的适用，如犯罪人在犯罪后能顶着犯罪团伙中其他犯罪人威胁的压力而自首的，就体现了犯罪人的人身危险性较小。对此类自首的犯罪人，应当给予较大幅度的从宽处罚，犯罪较轻的，也可以免除处罚。由于自首只是司法中认定刑罚的一个方面而不是唯一的方面，因而司法实践中应当结合案件的其他情节来决定自首的适用，唯有如此，才能正确地适用刑罚。

第二编

立功制度及司法适用

第七章 立功制度的历史沿革

任何事物的发展都有其自身的运行轨迹，立功制度发展到今天，也有其漫长的发展与演变历程。只要对中外法制史略加考察与研究，就不难对以“立功受奖”为指导思想的立功制度的发展脉络有一个清晰的认识。

一、我国立功制度的沿革

纵览我国立功制度的发展演变过程，笔者可以得出这样一个结论：立功制度的产生与发展历程就是“立功受奖”思想的实际运用与践行历程。对于这一点，理论界的认识基本一致。例如，有学者认为，刑法中的立功制度，也就是立功从宽处罚制度；[①]“立功受奖”是惩办与宽大相结合的基本刑事政策的一项重要内容；[②]“立功受奖”、“将功折罪”是我们党和国家长期坚持的刑事政策的具体化和法律化。[③]

（一）古代立功制度

“赏随功，罚随罪……凡赏者，文也；刑者，武也。文武者，法之约也。”[④]关于赏刑并用的法律思想由来已久，“立功受奖”的思想可追溯至商周时期。武王姬发打败商殷后在处理商殷俘虏时，为了制服商人，巩固政权，采纳周公旦的建议，采取了分化利用、区别对待的斗争策略。[⑤]“明德慎刑”的法律思想也是由该斗争策略演进而来的。到了秦时，秦律中已经有与现代立功制度内容相当的规定。例如，《睡虎地秦墓竹简·封诊式》载：“男子甲缚指男子丙，辞曰‘甲故士伍，居某里，乃四月中盗牛，去亡以命，丙坐贼人命，自昼甲见丙阴市庸

① 马克昌主编：《刑罚通论》，武汉大学出版社1999年版，第393页。

② 童颖颖：《立功制度司法适用中若干问题探讨》，载《四川警官高等专科学校学报》2005年第1期。

③ 张维新、汤威：《论立功和立功制度》，载《重庆工学院学报》2005年第4期。

④ 转引自欧克纯：《简论商鞅的法治思想》，载《沈阳师范学院学报》1985年第3期。

⑤ 参见周密著：《中国刑法史纲》，北京大学出版社1998年版，第68页。

中，而捕以来自出，甲毋它坐’。”[①] 意思是说，男子甲犯有盗窃逃亡罪，逃亡期间，见犯有杀人罪的丙隐藏在市庸里，于是将丙捕获来自首。由于甲不仅自首，并且有捕获其他犯罪人的立功表现，所以免除其罪。可见，对自首兼重大立功者予以减免刑罚的做法早有史据可查。因此，有的学者认为，“中国历代封建刑法，正是在‘明德慎刑’、‘明刑弼教’的思想指导下，对犯罪人的‘立功’表现及其处罚作了不同程度的规定，尽管并未使用‘立功’这一术语”[②]。这一法律思想及运用在秦后得以延续和发展。

到了唐代，已经有关于共同犯罪中共犯立功的规定，如《唐律疏议·名例律》中规定，“诸犯罪共亡，轻罪能捕重罪首，及轻重等，获半以上首者，皆除其罪”[③]。意思是说，犯罪事发，而犯罪人共同逃亡的，如果轻罪犯能捕获重罪犯来自首或者虽然共同逃亡之人罪行轻重相等，其中有人悔悟，并捕获共同逃亡人数一半以上来官府自首的，均可免罪。因为犯罪人在犯罪后结伴逃亡，不仅抗拒了国家审判，而且在逃亡过程中极易铤而走险，酿成演变，除以重刑惩罚外，并以“除其罪”诱使共逃亡的人捕获其中的犯罪人自首，对其进行分化瓦解。显然，这是“以毒攻毒”政策的具体运用。[④] 虽然唐律将自首与立功集结在一起，但较之于秦律，对共同犯罪中共犯立功提出了更明确的要求。具体而言，唐律已经开始注重功与过的比率问题，即立功者所立之功较之所犯之罪要有一定的分量，基本遵循着功大于过、功过可抵的原则。

我国古代律法对立功者的认可与从宽处罚虽然一直依附于自首制度，但其处罚直接影响定罪、量刑，充分体现了古人在应对变化繁复的现实问题时所表现出的聪明智慧。《大明律·名例律》不但承继了《唐律疏议·名例律》关于自首又有立功表现者给予奖赏的刑事政策，还在细节规定上作了改进，如《明律·名例律》增加了“其强盗窃者能捕获同伴解官者，亦得免罪，又依常人一体给赏”的规定，并对共犯立功的规定作了修正，在保留“凡犯罪共逃亡，其轻罪囚能捕获重罪囚而首告，及轻重罪相等，但获一半以上首告者，皆免其罪……”的同时，又用律注加以限制：“谓同犯罪事发，或各犯罪事发而共逃者，若流罪囚能捕死罪囚，徒罪囚能捕流罪囚首告。又如五人共犯罪在逃，内一人能捕三人首告之类，皆得免罪，若损伤人及奸者不免，仍依赏法。”[⑤] 这也就是说，明律严

---

① 转引自赵秉志主编：《刑罚总论问题探索》，法律出版社2003年版，第391页。

② 参见周振想著：《当代中国的罪与罚》，中国人民公安大学出版社1999年版，第284～285页。

③ 参见宁汉林、魏克家著：《中国刑法简史》，中国检察出版社1999年版，第327页。

④ 参见宁汉林、魏克家著：《中国刑法简史》，中国检察出版社1999年版，第328页。

⑤ 参见叶孝信、郭建主编：《中国法律史研究》，学林出版社2003年版，第330～331页。

格规定只有轻罪囚捕获重罪囚，或者轻重相等时捕获一半以上罪犯自首的才能免其罪；伤人及奸这类犯罪既已完成犯罪，就不能因其符合“犯罪共逃亡”的规定而免除其刑。“把法律放在社会时空的大幕上审视，法律只是社会调控工具的一种，不能局限于法律内部的结构就法论法，而应当视法律为实现社会政策的工具。”[①] 明律之所以作出上述修订，一方面体现了当朝政府与盗贼做斗争的力度；另一方面，也在一定程度上反映出对被害人权益的保护，因为伤人及奸这两类犯罪如果不加究办，必然难以满足被害人的要求，在这一点上不得不承认明律是优于唐律的，是历史的进步。[②]

（二）近代立功制度

在社会混乱、政局动荡、内忧外患的近代中国，在残酷的政治斗争中，无论是农民起义军还是北洋政府，或是中国共产党，都把“立功受奖”的思想发挥得淋漓尽致，使之成为分化敌人、打击犯罪、巩固政权、稳定秩序的经常性手段和有力武器。[③] 例如，太平天国前期在刑事法规及实际斗争中，注意运用“立功受奖”等政策和策略，包括区别对待与天国为敌的清朝官兵和愿意归顺天国的清朝官兵，并起到了积极的作用。在建都天京后，即在“各大营口前濠外，悉竖白布方旗，书‘投诚免死’四大字……即有兵丁带入大营，讯明无伪，许其自新”。1852 年发布的《救一切天生天养中国人民谕》中也反映出反戈受奖的思想，张德坚在《贼情汇纂》中也承认，“事平之后，皆封赏”[④]。

民国时期，北洋政府颁行的《暂行新刑律》完整地保留了《大清新刑律》中关于附属自首的立功制度。而后公布的《监狱规则》明确规定对“密告在监者为逃走暴行之预谋或将为逃走暴行、救护人命或捕获逃走暴行中之在监者以及天灾事变或年传染病共流行等监狱事物有劳绩”的罪犯，“得赏给二十元以下之金钱”。这虽然不是刑罚裁量意义上的立功，但却是“立功受奖”的思想在刑罚执行阶段的表现，后期的《监狱法（草案）》、《监狱行刑法》等法律法规都对有立功表现或“形状善良”的受刑者作出给予奖赏的规定，“立功受奖”的思想得以显见。

到了民主革命时期，中华苏维埃共和国成立后，总结了各革命根据地肃反工作的经验教训，明确提出了“区分首要与胁从”、“鼓励自首自新”等区别对待的原则。[⑤] “‘立功受奖’已经成为我们党进行敌我斗争的经常、有力的手段，惩

---

① 许庆坤：《重读美国法律现实主义》，载《比较法研究》2007 年第 4 期。

② 参见宁汉林、魏克家著：《中国刑法简史》，中国检察出版社 1999 年版，第 331 页。

③ 金福：《论立功制度》，吉林大学 2009 年博士论文。

④ 邱远猷著：《中国近代法律史论》，安徽大学出版社 2003 年版，第 54 页。

⑤ 赵昆坡编著：《中国法制史》，北京大学出版社 2002 年版，第 363 页。

办与宽大相结合的刑事政策随之呼之欲出，为后期顺理成章地成为我们党和国家的刑事政策之一埋下了伏笔，如 1934 年公布的《中华苏维埃共和国惩治反革命条例》，即已体现出‘有功绩者减轻’的刑事政策。目的在于‘保障苏维埃政府政权及其各种法令的实施，镇压反革命派别及反苏维埃法令的反革命行动。换句话说，就是负有肃清国内反动势力，巩固苏维埃政权的任务’。”① 镇压与宽大相结合的原则，是抗日民主政权根据我党对敌斗争的基本政策而制定的重要的刑法原则。《陕甘宁边区施政纲领》规定：“对汉奸分子，除绝对坚决不愿悔改者外，不问过去行为如何，一律实行宽大政策，给以其政治上生活上以出路……”②《山东省汉奸自首自新暂行条例》也作出类似规定，“汉奸在未经逮捕前，具有痛改前非之决心，具有下列条件之一，向县一级以上政府投案自首者，应减刑或免刑：检举其他战争罪犯或汉奸案件，经判决确定，或者获重要证据确有价值者；揭发报告战争罪犯、汉奸或间谍阴谋等确实可信者；献出敌方机密，确有利于人民解放事业者；携带军械资财来献者……”③

1940 年，毛泽东同志在《论政策》一文中全面阐述了在当时形势下的各项政策，并初步确立了惩办与宽大相结合的刑事政策。后来，中共中央在《关于宽大政策的解释》中特别指出，“镇压与宽大两个政策，并非片面的只有一个宽大政策。对于绝对坚决不愿悔改者，是除外于宽大政策的，这就是镇压政策”④。惩办与宽大相结合的刑事政策雏形由此形成，并将立功从宽的精神贯彻落实于各刑事法律文件中。例如，1943 年的《晋察冀边区处理伪军伪组织人员办法》第 10 条关于“凡经特别法庭判决，但尚未捕获之汉奸……建树抗日功绩者，得依汉奸自首条例减负其罪行”的规定。再如，同年颁布的《晋冀鲁豫边区晋冀鲁豫行署查禁假钞暂行办法》第 5 条规定，“犯前条之罪自首者，得减轻其刑；因自首而破获制造、贩卖之机关或人犯者，减轻或免除其刑”。这也就是说，如果行为人在自首自己罪行的同时又揭发了他人罪行的，属于立功赎罪，法律对此给予比自首更宽的处罚。1949 年 10 月 10 日发布的《中国人民解放军宣言》宣布：“本军对于蒋方人员，并不一概排斥，而是采取分别对待的方针。这就是首恶者必办，胁从者不问，立功者受奖。”“凡是已经做过坏事的人们，赶快停止作恶，悔过自新，脱离蒋介石，准其将功赎罪。”⑤ 同年的《北平市军事管制委员会布

---

① 张启安编著：《共和国的摇篮——中华苏维埃共和国》，陕西人民出版社 2003 年版，第 438 页。

② 赵昆坡编著：《中国法制史》，北京大学出版社 2002 年版，第 364 页。

③ 赵秉志主编：《刑罚总论问题探索》，法律出版社 2003 年版，第 399 页。

④ 参见韩延龙、常兆儒主编：《中国新民主主义革命时期根据地法制文献选编（第三卷）》，中国社会科学出版社 1981 年版，第 54 页。

⑤ 赵昆坡编著：《中国法制史》，北京大学出版社 2002 年版，第 370 页。

告》又进一步提出："自动报告其他秘密组织及潜伏分子属实，协助政府破获敌特有功者，分别功过大小的性质给以免罪和奖励。"[①]

（三）现代立功制度

新中国成立以后，"立功受奖"的思想对于新政权的巩固同样功不可没，在惩罚犯罪、维护治安方面，发挥了重要作用。随着新政权的巩固，镇压与宽大相结合的刑事政策也进一步演化为惩办与宽大相结合的刑事政策，并继续发挥着重要作用。新中国成立之初，中央人民政府颁布的一些单行刑事法规对"立功赎罪"问题作了进一步明确规定。例如，中央人民政府1951年公布的《惩治反革命条例》第14条规定，在揭发、检举前或以后真诚悔过立功赎罪者，得酌情从轻、减轻或免予处罚。1952年公布的《惩治贪污条例》第5条，也有类似的规定。[②] 1956年董必武在全国政协第二届二次会议上所作的《肃清一切反革命分子问题》中指出，镇压与宽大相结合的政策，"就是坦白从宽、抗拒从严、立功折罪、立大功受奖的政策"[③]。同年，罗瑞卿在党的八大第一次会议上改进了该政策的提法，并对其内容进一步加以丰富和完善："惩办与宽大相结合的政策，它的具体内容就是'首恶必办，胁从不问，抗拒从严，立功折罪，立大功受奖'。"虽然根据当时的具体形势，该刑事政策主要适用于反革命案件，但"后来这一刑事政策被推广适用于一切犯罪，以至成为我国基本的刑事政策"[④]，之后制定的刑法就将这一刑事政策纳入其中，并逐步完善。

无疑，我国刑事立法史上立功制度的雏形为现行刑事法律中立功制度的确立奠定了基础。从新中国刑事立法关于立功制度的发展演变看，现行刑法立功制度的确立可分两个阶段：一是依附阶段，二是独立阶段。

所谓依附阶段，是指立功作为一种制度，并没有独立地规定在刑法条文中的时期。具体是指1979年7月1日至1997年3月14日，即新旧刑法之间的这段期间。这段期间又可分为两种情形：刑法规定一般立功和其他法律文件规定的特别立功。1979年《刑法》第63条规定："犯罪以后自首的，可以从轻处罚。其中，犯罪较轻的，可以减轻或者免除处罚；犯罪较重的，如果有立功表现，也可以减轻或者免除处罚。"第46条规定，"判处死刑缓期执行的，在死刑缓期执行期间，如果确有悔改，二年期满以后，减为无期徒刑；如果确有悔改并有立功表现，二年期满以后，减为十五年以上二十年以下有期徒刑"。单行刑法中规定的特别立功，如1981年《中华人民共和国惩治军人违反职责罪暂行条例》第22

---

① 转引自金福：《论立功制度》，吉林大学2009年博士论文。

② 马克昌主编：《刑罚通论》，武汉大学出版社1999年版，第394页。

③ 张维新、汤威：《论立功和立功制度》，载《重庆工学院学报》2005年第4期。

④ 马克昌主编：《中国刑事政策学》，武汉大学出版社1992年版，第52页。

条规定，在战时被宣告缓刑的犯罪军人，确有立功表现，可以撤销原判刑罚，不以犯罪论处。1984 年最高人民法院、最高人民检察院、公安部《解答》规定了立功的概念及具体表现。1988 年全国人大常委会《关于惩治贪污罪贿赂罪的补充规定》第 2 条第 3 项规定，“个人贪污数额在二千元以上不满五千元，犯罪后自首、立功或者有悔改表现、积极退赃的，可以减轻处罚，或者免予刑事处罚”。1990 年全国人大常委会《关于禁毒的决定》第 14 条规定：“犯本决定规定之罪，有检举、揭发其他毒品犯罪立功表现的，可以从轻、减轻处罚或者免除处罚。”1993 年《中华人民共和国国家安全法》第 24 条规定：“犯间谍罪自首或者有立功表现的，可以从轻、减轻或者免除处罚；有重大立功表现的，给予奖励。”此外，1996 年《刑事诉讼法》修改补充了在执行前罪犯揭发重大犯罪事实或者有其他重大立功表现，可能需要改判的，应当停止执行死刑的法定情形。这一阶段，立功制度仍然处于依附地位，但原则性的规定为司法实践提供了科学指导，尤其是特别立功的立法为后一阶段的立法提供了丰富的素材和宝贵的经验。

所谓独立阶段，是指立功作为一种制度被独立地规定在刑法条文中而不依附于任何一种制度时期，即 1997 年 3 月 14 日《刑法》修订之后，立功制度发生了里程碑式的变化。1997 年《刑法》经 2011 年《刑法修正案（八）》修改后将自首与立功并列为一节，其中第 68 条规定，“犯罪分子有揭发他人犯罪行为，查证属实的，或者提供重要线索，从而得以侦破其他案件等立功表现的，可以从轻或者减轻处罚；有重大立功表现的，可以减轻或者免除处罚”。并在其他章节规定了这一制度的有关内容。例如，第 50 条规定：“……如果确有重大立功表现，二年期满以后，减为二十五年有期徒刑……”第 78 条规定：“……在执行期间……确有悔改表现的，或者有立功表现的，可以减刑；有下列重大立功表现之一的，应当减刑……”这一阶段是在肯定原有立法的基础之上进一步健全和完善，与依附阶段相比，明显的特征是：其一，设立了立功的专门条款；其二，明确了立功的成立条件；其三，完善了立功的处罚制度。

纵观历史，“立功受奖”思想促使了立功制度的产生，并一直影响着立功制度的发展。从古到今、从封建例律到现行刑法的漫长岁月中，立功制度从无到有，从依附到独立，不断突破历史局限，最终演进为独立的刑罚裁量制度，不能不说是“立功受奖”思想的重大胜利。

二、外国立功制度考察

国外法制史上关于立功制度的研究资料十分有限，关于“立功受奖”的思想与践行不及我国丰富，也没有“立功”之类的法言法语。但是，其有关法规制度中根据犯罪分子的罪后态度及行为，酌情从宽处罚犯罪人的做法及理念，从罪后行为及态度可能影响犯罪的处罚结果来看，与我国的“立功受奖”思想及立功制度有异曲同工之妙，可谓殊途同归。

（一）外国古代法律中的立功

早在上古时期，即公元前6世纪，古代印度已经存有《法经》一书。该文献在古印度等同于法典，但却不是国家编纂的，而是经婆罗门僧侣注释四部吠陀而形成的经书，[①] 主要规定祭祀规则、日常礼节和教徒的生活准则、权利义务以及对触犯教规者的惩罚等。[②]《法经》在“犯罪的惩罚”中规定，犯罪者，“如果他在十二年中，白天站着，夜里站着，早晨、正午和晚上沐浴，就可以除罪。或者如果他救了一个婆罗门的生命。或者如果他至少有三次夺回并归还盗窃的财产，就可以除罪”[③]。这种根据犯罪人的罪后态度及行为免除其罪的做法，颇有“有良行即可受奖”之意，反映出对犯罪者的感召及包容。中古时期，《查理四世黄金诏书》中虽然对谋叛罪的处罚严厉，处罚对象甚至株连至参与谋叛者的子女，但设置严刑峻法的同时又规定，受罚主体，如果“由于希望获得正当荣誉之热情所激励，能泄漏阴谋，余等将以报酬荣誉充分赐予之。即令在参加阴谋后已历相当时期，但如能泄漏前所未知之秘典者，亦将被视为应获得赦宥与宽恕”[④]。1550年《查理五世迫害尼德兰异端的诏令》明文支持与鼓励揭发检举者，“揭发犯罪者的报公人，在该犯判决以后应领取被判决者的财产的半数，如果这财产不超过一百佛莱铭镑；如果超过，他将另领取这超过数的10%……”“如有人参加秘典会议而从那里退出并泄漏他的伙伴的秘典者，他将获得上部赦免……”为了防止犯罪人以此类借口减轻刑罚，还规定，“禁止任何人，以任何方式来更动或减轻所设定的刑罚；禁止所有的人，不管他们的地位如何，向朕或任何其他当局请求赦免，并为异端、被遣逐者或出境者，递呈请求书……”[⑤] 这种鼓励包括犯罪人在内的任何人揭发检举犯罪行为，并予以奖励的做法，无疑是以“立功受奖”的方式，将敌对势力或犯罪分了置于随时“曝光”的危险之中，或至少提升了其罪行败露的风险。

（二）外国近现代法律中的立功

与“立功受奖”的表述相比，“罪后行为及态度”所传达的内容及外延更为丰富、广泛。在大陆法系国家中，《法国刑法典》规定，在毒品走私犯罪、危害国家基本利益犯罪、制造假币犯罪中，如正犯或共犯告知行政机关或者司法机

---

① 庞正、严海良编著：《外国法制史纲》，南京师范大学出版社2003年版，第38页。

② 何勤华、李秀清主编：《外国法制史》，复旦大学出版社2002年版，第24页。

③ 由嵘等编：《外国法制史参考资料汇编》，北京大学出版社2004年版，第74页。

④ 由嵘等编：《外国法制史参考资料汇编》，北京大学出版社2004年版，第277页。

⑤ 由嵘等编：《外国法制史参考资料汇编》，北京大学出版社2004年版，第286页。

关，从而得以制止犯罪行为并且得以侦破其他犯罪的，当处之自由刑减半；如果悔过的恐怖活动分子告知行政机关或者司法机关，从而得以避免犯罪引起人员死亡或者永久性残疾的，也可以减半处刑，在当处之刑罚为无期徒刑时，可以从轻判处20年徒刑。[①]《德国麻醉品法》第31条规定，如果行为人说出其知晓的情况，使得犯罪行为因行为人自己的努力而被破获，或可阻止其他已经计划的毒品犯罪的，对毒品犯罪行为人减轻处罚或免除处罚。《日本刑法典》第66条规定，“有值得酌量的犯罪情节时，可以减轻刑罚”，第67条规定，“即使在法律上有加重或者减轻刑罚的情形时，也可以酌量减轻”，“所谓酌量减轻，就是在犯罪情节中有必须酌量考虑的因素时，斟酌这些因素，减轻刑罚，它是审判上的减轻事由。‘犯罪情节’则是指犯罪轻微之类的犯罪的客观事实以及犯罪的动机、平常的表现、犯罪后的改悔等犯人的主观事实”。[②] 犯罪后对同案犯的揭发，对他人犯罪的检举等行为都反映出犯罪人积极与司法机关合作的主观表现，自然是“值得酌量的犯罪情节”。《意大利刑法典》也把犯罪分子罪后行为及态度作为裁量刑罚的重要事由，而犯罪分子罪后通过揭发、检举他人犯罪等方式争取从宽处罚的情形自然涵盖其中。根据1986年《意大利刑法典》第133条规定，法官在决定刑罚时，应该考虑对于衡量特殊预防目的有意义的行为人犯罪后的行为和实际的生活条件。[③] 这也就是说，犯罪分子犯罪时或犯罪后的行为及态度是法官基本予以加重处罚或减轻处罚的情状之一，其含义相当于我国刑法中的酌定量刑情节，由法官自由裁量，其中包括揭发、检举等立功行为。

在英美法系国家中，1991年《英国刑事司法法》第28条第1款规定，“不存在任何条款防止法庭通过考虑按照法庭的意见与减轻处罚有关的事由而减轻对于犯罪者的处罚”，该规定“使得法庭在裁决时可以考虑与犯罪者个人有关而不是与犯罪行为有关的从轻情节，如他的善良品行，他的认罪，他的懊悔，等等”。[④] 虽然没有明确提及犯罪分子揭发他人犯罪或归案后与警察合作等行为，但这些行为在实践中按照“等等”行为，与“认罪、懊悔”态度一并作为酌定从轻处罚的情节而存在。美国刑法中主动协助当局补救犯罪造成的损害是减轻处罚的情节，同时在减刑的规定中减刑的理由包括“服刑人在服刑期间的英雄行

① [法] 卡斯东·斯特法尼著，罗结珍译：《法国刑法总论精义》，中国政法大学出版社1998年版，第542～543页。

② [日] 大谷实著，黎宏译：《刑法讲义总论》，中国人民大学出版社2008年版，第471页。

③ [意] 杜里奥·帕金瓦尼著，陈忠林译评：《意大利刑法学原理》（注评版），中国人民大学出版社2004年版，第314页。

④ [英] J.C. 史密斯、B. 霍根著，李贵方等译：《英国刑法》，法律出版社2000年版，第13页。

为或者自我牺牲行为。例如，拯救他人生命，为了社会利益而甘愿接受有生命危险的医学实验，等等”[①]。

以上这些国家的立法，虽然有立功制度的精神和内涵，但是在条文上没有对立功制度作出明确规定。也有国家在刑法规定中对立功制度作出明确直接规定，如1941年《巴西联邦共和国刑法典》规定，“犯罪人自动向当局坦白别人所不知的或应归罪于他人的罪行的”，属于“对犯人处刑的从轻情节”。[②] 1960年《苏俄刑法典》第38条关于减轻责任的情节中，第9项关于“真诚悔过或自首以及积极帮助揭露犯罪的”规定，就类似于依附自首的立功制度。1961年《蒙古人民共和国刑法典》第28条列举的七项减轻刑事责任的情节中，第7项规定：“真诚悔过、自首以及帮助揭露犯罪和发现犯罪的。”1976年《罗马尼亚刑法典》第74条第3项规定，“犯罪分子向国家机关自首、审判时坦白、帮助发现或捕获共同犯罪人时所表现出来的态度”是可以减轻处罚的情节，并在分则“危害国家安全罪”一篇中设置了立功必减其刑的相关规定。1999年《越南刑法典》更是以立法方式确立了立功制度，成为继我国1997年《刑法》之后第二个将立功制度设置成独立的刑罚从宽裁量制度的国家。[③]

---

① 参见储怀植著：《美国刑法》（第三版），北京大学出版社2005年版，第259～267页。

② 赵秉志主编：《刑罚总论问题探索》，法律出版社2003年版，第402页。

③ 参见金福：《论立功制度》，吉林大学2009年博士论文。

第八章 立功制度的根据与价值

一、立功制度的根据

（一）理论根据

1. 功利主义思想

大多学者认为，功利主义是我国立功制度的理论根据，“立功制度是以功利主义为其价值基石的”[①]。功利主义思想的集大成者边沁在吸收前人思想成果的基础上，提出了功利主义的含义，“该原则是指，对某行为的肯定或否定，取决于行为是否具有增进涉及切身利益的当事人的幸福，或者说，是以能否促进幸福来评价行为。所谓行为，不仅指个人的各种行为，而且包括政府所采取的各种措施”。以功利主义为指导，其进一步指出，“政府的工作就是通过惩罚与奖赏来促进社会的幸福”[②]。从功利主义的角度评价，立功制度在本质上，就是通过减轻犯罪人的刑罚，换取防控犯罪的司法投入减少、司法效益增加，以此实现维护社会稳定和节约司法资源的目的。

2. 整体主义观念

整体主义认为，整体不是个体的简单集合，它具有个体所不包含的独特性质，必要时是可以牺牲个体利益而保全整体利益的。在刑法学领域，整体主义的核心思想是“社会虽然是由个人构成的，但这里的个人并不是无序的、零散的，社会也绝不是无数个人的简单相加，社会有其自身的发展规律，它必然决定着人的行为”[③]。简言之，整体主义在处理社会与个人两者之间的关系时所作出的选择是：社会优先于个人，个人服从于社会。对于价值事实的确定会因为主体地位

① 郑磊：《立功制度的功利和良知》，载《广西政法管理干部学院学报》2007 年第 3 期。

② 参见马克昌主编：《近代西方刑法学说史略》，中国检察出版社 2004 年版，第 66～67 页。

③ 陈兴良著：《刑法的价值构造》，中国人民大学出版社 1998 年版，第 200 页。

和角度的不同而得出不同的结论。此处与整体相对的个人是指被害人，立功制度是以给被害人造成损害与痛苦，来减少国家刑法成本的法律手段。对国家而言，一方面，其作为社会管理者，承担着为全社会成员（包括被害人）谋取福利的义务；另一方面，国家又拥有着剥夺作为社会成员权利的权力。被害人是全社会成员中的一员，理应受到国家的保护，在犯罪侵害其利益时，应当给犯罪人以惩罚，使被害人基于报应观念的情感得以平复，因犯罪遭受侵害的利益得以补偿。但在立功制度下，犯罪人得到了从轻或减轻处罚，甚至免除处罚，被害人的上述情感和物质诉求都会在一定程度上被降低甚至消灭，但为了社会整体利益最大化，被害人个人只能放弃自己的合理报复的权利，服从于社会整体利益。

3. 目的刑论

目的刑论是关于刑罚本质学说中与报应刑论相对应的一种理论，认为刑罚并非对犯罪的报应，而是预防将来的犯罪，保护社会利益的手段。[①] 我国刑法理论通说认为，预防犯罪是刑罚的目的之一，根据对象的不同分为一般预防和特殊预防。一般预防主要针对的是社会上的不稳定分子，立功制度的设立使这些潜在的犯罪人由于担心自己的犯罪行为可能因受到其他犯罪人的揭发而暴露，因此，其逃避法律制裁的侥幸心理受到影响，使得他们不敢轻易犯罪。立功制度在一定程度上也提高了司法机关的破案效率，“只有使犯罪和刑罚衔接紧凑，才能指望相关联的刑罚概念使那些粗俗的头脑从诱惑他们的、有利可图的犯罪图景中立即猛醒过来”[②]。特殊预防所针对的对象则是犯罪人，犯罪人犯罪后的立功行为表明其与国家合作的态度，思想和行为具有互动性，行为的变化反过来也会引起思想潜移默化的改变。立功在一定程度上对某些犯罪分子来说是其真诚悔罪的表现。立功后可能得到的从宽处罚对犯罪人的心理则具有一定的感化和教育作用，同时也使其知晓如果再次犯罪同样有可能被他人揭发，这样有利于促使罪犯消除其犯罪意志，减少再犯的可能性，从而有助于特殊预防的实现。

（二）实践根据

1. 立法传统和刑事政策

立功制度在我国法律中有着悠久的历史。如前所述，上至西周时期，历经秦以后各个朝代，均有体现立功精神的立法规定与法制实践。在革命战争时期，在逐渐成形并逐步发展完善的惩办与宽大相结合的刑事政策中，“立功受奖”是其重要内容之一。“刑法的制定或修改，总是以一定的刑事政策为依据的”[③]，我国

① 参见马克昌主编：《刑罚通论》，武汉大学出版社 1999 年版，第 30 ~ 31 页。

② ［意］贝卡里亚著，黄风译：《论犯罪与刑罚》，中国大百科全书出版社 1993 年版，第 57 页。

③ 马克昌主编：《中国刑事政策学》，武汉大学出版社 1992 年版，第 85 页。

刑法中的立功制度正是惩办与宽大相结合刑事政策中"立功受奖"政策的具体化、制度化和法律化。

2. 缓解犯罪案件数量长期高位与司法资源有限之间的矛盾

犯罪问题是党和国家治理社会必须长期面对和解决的难题，尤其是随着经济社会的发展变化，犯罪案件数量逐步上升，长期高位徘徊。而作为防控和治理犯罪的主要力量，司法机关受经费、装备、人才等各方面的制约，及时妥善应对各种严重犯罪的挑战越来越严峻。而犯罪人犯罪后总是千方百计毁灭证据、逃避侦查，导致犯罪行为大多不易为人所发觉，尤其是随着犯罪分子的反侦查手段愈来愈强，更加大了侦破难度。由此出现我们必须承认的现实是犯罪黑数（指实际已经发生，但由于种种原因尚未纳入警方记载的犯罪数量）的存在。立功制度的设立则是缓解犯罪黑数的存在与司法资源有限性之间矛盾的一种手段，它能使那些隐藏于社会之中，对社会秩序的稳定埋下严重隐患的案件，及时暴露于阳光之下，断绝了犯罪分子逃脱惩罚的侥幸心理，促进社会正义的实现。

3. 立功制度目的实现的可能性

"犯罪人触犯了国家刑律，刑罚的威慑功能无时不在制约着犯罪人，这种害怕刑罚制裁的威慑是犯罪人争取宽大处理的重要动因。"① 犯罪人由于害怕刑罚处罚，其内心的求轻量刑的本能是立功制度目的得以实现的主观因素。"根据社会学原理，社会是由不同阶层和角色的人组成的。不同信息在不同的社会阶层和角色的人群中流传，这就决定了社会信息的传递具有专业性、层次性、局限性。犯罪信息一般都在犯罪分子之间传递，一般不会在社会其他阶层中流传。"② 犯罪人在社会生活中了解他人的犯罪行为的可能性远远大于其他阶层或其他角色的人，这是犯罪人立功条件得以成立的现实基础。国家利用犯罪人害怕刑罚处罚的心理给予其法律奖励的诱惑，将犯罪人的立功行为转化为实实在在的利益，这是立功制度目的得以实现的客观条件。

二、立功制度的反思

1997 年《刑法》首次明确、系统、独立地规定了立功从宽处罚的制度，这被认为是对 1979 年《刑法》立法经验与司法实践丰硕成果的系统总结，是与自首制度、累犯制度并列的一项重要的刑罚裁量制度，其目的和作用同自首制度大致相同，都表明我国刑法在报应刑的基础上追求刑罚的功利效果，即在惩罚犯罪的基础上，通过从宽原则的实施，促使罪犯的自我改造，获得有利于国家、社会

① 邱兴隆、许章润著：《刑罚学》，群众出版社 1988 年版，第 79 页。

② 邵维国：《论立功》，载《吉林大学社会科学学报》1999 年第 5 期。

的预防犯罪结果。[①] 对此，大多理论界学者和实务部门人员给予了充分的肯定，认为立功制度作为我国一项重要的刑罚裁量制度，是我国一贯坚持的“惩办与宽大相结合”、“立功受奖”刑事政策的制度化和法律化。[②] 立功制度的实施有利于分化瓦解犯罪人，有利于司法机关提高破案率，节约司法资源，有利于实现刑罚的一般预防和特别预防；体现了对正义行为的褒奖；符合罪责刑相适应原则；符合适用刑法平等原则等。[③]

然而，对于立功制度的价值取向、理论依据的探讨并不止于此，相反，正是基于上述的立功制度的优点及重要作用，很多论者对立功制度进行了深刻的反思，甚至提出批判。总的来看，主要集中在以下五个方面：

1. 立功制度与公正原则相悖

根据刑法以及有关司法解释的规定，立法者并没有对立功者的主观态度，如悔罪性提出要求。换句话说，不问立功者是否具有悔罪性，只要其在法定时间内，实行了法定的立功行为并经查证属实，即可成立立功，并且在通常情况下会获得从宽处罚。由于立法者在解释该制度的设立理由时提到，“为了更好地体现和执行这一刑事政策，鼓励犯罪分子自首、立功，有利于查处犯罪，草案对自首、立功的作了较宽大的处刑规定……”[④] 据此，有学者认为，“只要有机会，揭发他人的立功可能是大多数犯罪人都会选择的。在大多数人都会选择的情况下，立功作为一种量刑情节，实际上就会变成一个只要犯罪分子揭发就会人人有份的从宽处罚的机会，在这种意义上，立功作为量刑情节已经变得和犯罪分子的态度无关。立功纯粹成了国家给予揭发者的奖励和优待”[⑤]。“立功是国家为了追求社会效益的最大化而给予犯罪人的法律优待，体现了明确的功利主义倾向。”[⑥] 很多学者因此认为，由于刑法对效率价值的过度追求，立功制度的功利趋向过于

---

① 参见赵秉志主编：《新刑法典拆解比较与适用》，中国经济出版社 1997 年版，第 209 页。

② 参见彭林霞：《毒品犯罪的立功问题研究》，载《湖南公安高等专科学校学报》2006 年第 2 期；黄丽勤、周铭川：《论立功的若干问题》，载《湖南工程学院学报（社会科学版）》2005 年第 4 期；林亚刚、王彦：《立功制度的价值评判与规范分析》，载《刑法论丛（第三卷）》，法律出版社 1999 年版，第 100 页；段启俊、周后有：《刑法中的立功制度及其完善》，载《湖湘论坛》2006 第 4 期。

③ 徐丹彤：《立功制度价值论》，载《湖南公安高等专科学校学报》2000 年第 6 期。

④ 参见《关于〈中华人民共和国刑法修正案（草案）〉的说明》，载高铭暄、赵秉志编：《中国刑法立法文献资料选编》，法律出版社 2007 年版，第 867 页。

⑤ 黄广进：《徘徊在悔罪性和有效性之间的立功制度》，载《内蒙古社会科学》（汉文版）2006 年第 5 期。

⑥ 潘庸鲁：《立功之功利主义导向研究》，载《吉林公安高等专科学校学报》2009 年第 3 期。

明显，这样容易导致罪与刑的严重失衡，有悖于人们的公正观念。尤其是我国立功制度没有将犯罪分子的悔罪性加以规定，这正是过于功利的典型体现。[①] 有的学者甚至直截了当地指出，“立功的本质就是功利主义”[②]，应当“彻底纠正在立功制度价值取向上太浓的功利色彩”[③]，“应该取消现行立法中立功制度的规定”[④]。

2. 立功制度与平等原则相悖

有的学者认为，立功制度的功利主义取向产生了很多的负面效应，该制度对效率的过分追求，导致了刑事司法公平与正义的严重缺失，不但令受害人的情感无法平复，而且对各个犯罪人来说也是不平等的。[⑤] 以“买功”为例，虽然“买功”与其他非法获得案件侦查线索一样，对揭发检举他人犯罪线索，破获案件有促进作用，但是，刑法条文没有明确规定立功的线索来源，虽然立法本意是鼓励罪犯悔过自新，将功折罪，但司法运作中却会出现违背司法公正的情况，这也与立法本意相悖。正如有论者所言，立功是对犯罪分子检举他人犯罪线索视为确有悔改表现从而予以的奖励，对其在刑事责任上给予从宽处罚。但通过买卖线索而立功者，主观上并未悔改，这些立功者本人的人身危险性并未减少，其被减免处罚出狱后，可能还会危害社会，因此，从长远来看，如果把买卖线索的行为认定为立功，不利于惩治违法犯罪。[⑥] “买功”现象的出现，确实把立功的认定问题推向了两难境地：如果对此不认定为立功，但是买卖的线索可能对于侦破案件甚至是重大案件具有至关重要的价值；如果认定为立功，相同罪行下因个体经济能力的差异而导致的实际量刑的不平等，必然会在犯罪分子中造成事实的不平等。因此有论者提出：“对于买卖线索等行为，原则上不能认定为立功，否则有违刑法面前人人平等原则；不符合鼓励罪犯悔过自新、将功折罪的立法精神……特别是，坚决反对通过买卖线索换取死刑改判的立功，否则会滋长犯罪人从犯罪违法中的获利心理，有违公平正义理念。”[⑦]

---

① 谭辉：《我国立功制度的缺陷及立法完善》，载《河南司法警官职业学院学报》2007年第2期。

② 崔爱鹏、李淑娟：《论立功制度的本质》，载《法学评论》2000年第3期。

③ 郝守才：《关于完善我国刑法中立功制度的构想》，载《法商研究》2003年第1期。

④ 陈瑞林、严西文：《反思我国刑法中的立功制度》，载《韩山师范学院学报》2011年第2期。

⑤ 余双桔：《反思我国立功制度的价值取向》，载《法制与社会》2007年第12期。

⑥ 谭辉：《我国立功制度的缺陷及立法完善》，载《河南司法警官职业学院学报》2007年第2期。

⑦ 罗欣：《“买功”现象当引起司法关注》，载《检察日报》2006年9月26日。

3. 立功制度与传统道德相悖

有学者认为，《刑法》第 68 条的设定纯属一种出于国家功利主义而设立的对告密行为合法化并予以鼓励的制度，而这种对告密行为的鼓励，也是对一种违反社会最基本道德行为的褒扬。[①] 孟德斯鸠曾经说过："为了保存风纪，反而破坏人性，殊不知人性却是风纪之源。若法律无视这点，与人性相悖，则必然会制造国民与法律的仇隙。"[②] 那么，"从人性的角度来看，立功很难说明犯罪人具有悔罪的态度。因为维持生存、延续发展自身是自然赋予人的本性"[③]。为了满足自己的本能欲望，人具有一种趋利避害的本能。[④] 立功制度"将亲属间容隐行为排除在合法范围之外"，其中蕴涵的有违"人性"的观念是不值得肯定的，无论他的行为为国家、为社会带来多么大的好处和利益，对其个人来说，国家和社会要求他所付出的或许就是今后"人性"的进一步泯灭和道德进一步堕落的代价。[⑤]

4. 立功制度不利于平复被害人精神上的创伤

有学者认为，立法者由于没有站在社会整体的角度去考虑问题，所以在立功制度中忽视被害人这一弱势群体是当然的结果。"被害人不仅有物质上的损失，还有精神上的创伤。此时他们的心灵极其脆弱和不平衡，大多数被害人会首先寻求国家的保护，如果国家在被害人最无助的时候不能主持正义的话，那么国家的威严就会下降，同时被害人的这种不平衡的心理可能会导致其去寻求私力救济，成为新的加害人……当社会整体的利益得不到保障时，国家又怎能成为最大受益者呢？"[⑥] 持这一观点的学者普遍认为，犯罪分子在通过立功行为获取刑罚利益的同时，被害人及其亲属的权益与诉求被打了折扣，使被害人及其亲属在诉讼阶段遭受二次伤害。被害人及其亲属原本希望国家从严、从重惩处犯罪分子，但这一诉求却可能因犯罪分子在立功行为中获利而破灭，虽然犯罪分子仍然会受到刑罚制裁，但制裁的程度已经远远不能满足被害人及其亲属的期望，这无疑是在已经遭受精神与物质双重打击的被害人及其亲属的伤口上再撒上一把盐，他们的复仇愿望得不到满足，又平添对法律及国家公权力的质疑。有论者因此认为，"被

---

① 刘一亮：《立功制度的道德根基考察及其改造》，载《广西政法管理干部学院学报》2007 年第 1 期。

② ［法］孟德斯鸠著，张雁深译：《论法的精神》，商务印书馆 1995 年版，第 176 页。

③ 黄广进：《徘徊在悔罪性和有效性之间的立功制度》，载《内蒙古社会科学》（汉文版），2006 年第 5 期。

④ 陈兴良著：《刑法的人性基础》，中国方正出版社 1996 年版，第 1 页。

⑤ 林亚刚：《自首、立功若干规定的理念及反思》，载《法学评论》2005 年第 6 期。

⑥ 温雅洁：《论功利原则在我国立功制度中的重新定位》，载《广西警官高等专科学校学报》2007 年第 2 期。

害人拥有与犯罪对社会的危害相称的惩罚的请求权，但是立功制度仅仅因与已然犯罪无关的立功表现就对犯罪人的犯罪行为予以某种宽恕、减轻直至免除对犯罪的惩罚，在一定意义上就是对被害人请求权的轻蔑”[①]。

5. 立功制度易滋生司法腐败

在实践中，在立功制度的运作过程中发生了许多腐败问题，涉及公、检、法、司多个部门以及刑事诉讼整个环节。例如，在侦查环节，负有查禁违法犯罪的侦查人员与犯罪分子家属伪造立功事实，使犯罪分子的立功得以实现，并且侦查人员也可能人为地阻却立功的成立。犯罪分子举报的犯罪线索“经查证属实”是立功成立的必要条件，侦查机关对犯罪分子揭发检举的线索采取什么样的态度直接关系到立功的认定。如果侦查机关对犯罪分子提供的重要线索未积极地予以调查取证，而是消极地对待，最终导致不能认定犯罪分子的立功情节。这无疑剥夺了犯罪分子的立功机会。[②] 在监管场所，也产生大量不正当立功现象：看守所民警将罪犯揭发检举的时间提前，以帮助罪犯达到立功的目的；为了索取钱财，或是基于其他非正当目的，故意扣押罪犯提供的检举、揭发材料等；少数监管干警为了谋取不正当利益，将其他罪犯向有关部门揭发、检举的犯罪线索出卖给愿意花钱抵刑的犯罪人。在起诉与审判阶段也同样会在立功的认定上出现违法问题。

笔者认为，要综合辩证地看待上述批判。首先，任何制度的设立都不是在绝对的好与坏之间进行的选择，而是在多种不完美的选项之间权衡利弊所作出的选择。评价立功制度的价值与缺陷，也必须将问题放在这个角度进行，这样才能得出公允的结论。必须在立功制度的存废之间进行评价：如果废除立功制度，国家、社会、个人能够得到哪些积极价值，存在哪些消极后果；如果设立立功制度，国家、社会、个人能够得到哪些积极价值，存在哪些消极后果。在对两种选择进行综合评判后，作出正确的选择，才是可行的。如果仅仅从一个角度、一个侧面单向地对一个制度进行评价，很难得出合理公正的结论。客观辩证地看，一方面，立功制度的设立，具有提升司法机关防控犯罪的效率，加大打击严重刑事犯罪，促进社会安定以及分化、瓦解犯罪集团等积极价值，这是不容否定的；另一方面，对其存在的一定程度上对公正、平等、道德、被害人权益方面的损害以及可能导致的贪腐现象，在现有制度内尽可能采取措施予以减弱其影响，较之废除立功制度，于国、于社会、于个人都能够取得更多的正价值，这才是正当合理的做法。因噎废食，从来都不是切实可行的做法。上述问题，尤其是“买功”问题（具体将在下文论述），是导致批判立功制度的重要根源。值得注意的是，

---

① 朱军：《论立功制度的根基》，载《铁道警官高等专科学校学报》2003 年第 3 期。

② 曾永光：《侦查机关应积极查证犯罪人立功线索》，载《人民检察》2005 年第 4 期。

2010年最高人民法院在发布的《意见》中，提出了一些切实可行的解决办法，如规定，犯罪分子通过贿买、暴力、胁迫等非法手段，或者被羁押后与律师、亲友会见过程中违反监管规定，获取他人犯罪线索并“检举揭发”的，不能认定为有立功表现。犯罪分子将本人以往查办犯罪职务活动中掌握的，或者从负有查办犯罪、监管职责的国家工作人员处获取的他人犯罪线索予以检举揭发的，不能认定为有立功表现。这可以说是对上述批判有针对性的一个回应，也可视为司法部门在这一问题上的态度，并且对于消除立功制度存在的负面效应，有一定积极意义。

三、立功制度的价值

作为刑罚裁量制度的立功，正义性是其当然的价值追求。笔者认为，立功制度必须兼顾两种价值：功利与公正。

（一）功利价值

立功制度得以存续的基本条件就是功利，即维护绝大多数人的最大利益。具体到立功制度本身，其存在的基础就是通过立功制度的司法运用，可以更有效地打击犯罪，从而维护整个社会的公民的生存和发展条件。在这一意义上，立功制度是正义的，功利目的的追求是其正义性的关键保证。一项制度或一部法律，如果它能够为大多数人谋最大幸福，那么它就是好的、有利的、有益的，否则它就是坏的、不利的、无益的。我国立法者在设立立功制度时，其目的是非常明确的，首先，它有利于提高司法机关办理刑事案件的效率，对国家与社会有利；其次，它对于瓦解犯罪势力，促使其他犯罪分子主动归案，减少因犯罪而造成的社会不安定因素有积极的作用。再次，它有助于通过对犯罪分子立功从宽的处罚结果，激励犯罪分子悔过自新，改过从善，进而较好地协调和发挥刑罚的惩罚犯罪和教育改造罪犯的重要功能。同时，国家在利益平衡的基础上，为了减少打击犯罪的司法成本，对立功的犯罪人给予从轻处罚或者减轻处罚，只是在一定程度上牺牲了刑罚的公正性，综合来看，是值得的。

（二）公正价值

任何的正义观都不是绝对的，那么，功利正义观也具有相对性，应当受到一定的限制。换言之，如果不对功利加以适当的拦截，任其发展，功利的射程必将越过正义的界限，从而走向正义的反面。体现在立功制度上，直观的反映就是导致追求功利的唯一性或者坚持纯功利的恶果：允许为逃避严厉的刑罚制裁而不择手段制造立功的做法，必然引发利用、钻营法律空子的行为，不但有损于正义和司法威信，而且会损害法律的公信力，将法律置于被嘲笑、被玩弄的地步。美国社会学家约翰·罗尔斯指出，“公正是人们所追求的崇高理想、价值和目的，是社会制度的首要价值"[①]。因此，可以说，公正是法律制度的首要价值。那么，作为法律制度之一，立功制度也必然要体现公正的价值追求。与自首制度一样，我国刑法对犯罪分子立功后的处罚规定是"可以"从轻、减轻或免除处罚。"可以"就意味着既可从宽，又可不予从宽，赋予法官一定程度的自由裁量权。是否从宽，由法官根据罪行的社会危害性、立功的情节与性质作出决定。对于罪行非常严重、情节非常恶劣的，即使立功也不予从宽，这体现了公正价值对功利价值的制约。并且，在《刑法修正案（八）》中，针对理论和实践中屡遭诟病的立功中的"应当减轻或免除处罚"的规定，也予以删除，这恰恰也是立功制度对公正价值的一种回归。具体而言，立功制度的公正价值体现在以下几个方面：

其一，犯罪分子检举揭发其他犯罪线索的行为本身是正义的。立功制度是建立在犯罪分子的检举揭发行为的基础上的，没有犯罪分子的检举揭发，没有犯罪分子的全力配合，就不存在立功。犯罪分子检举揭发或者配合司法机关破案的行为，对社会有很大的贡献。正是由于他们的检举揭发行为，才使一些隐蔽的或者是缺乏证据的犯罪行为能够得到及时的侦破，使这些犯罪得到及时的惩罚，进一步发挥了刑法的功能。因此这个行为本身是正义的，国家应当鼓励这种正义行为。

其二，立功制度对于犯罪分子的正义行为进行褒奖也是符合实质正义的。博登海默曾说："……满足个人的合理需求和主张，并与此同时促进生产进步和提高社会内聚性的程度（这是维系文明社会生活所必需的）——这就是正义的目标。"[②] 由此可知，正义对于个人是满足其合理的需求和主张，对于社会是促进生产和提高社会内聚性的程度。犯罪分子检举揭发和配合司法机关破案的行为本身是对社会有利的行为，因此"得到肯定的、积极的评价就成为其合理的期待"[③]。这种期待具体到特殊情况中就转化为对犯罪分子从宽处罚，在一定范围和程度上对于立功的犯罪分子给予从宽处罚，这也是正当的。立功制度对犯罪分子合理需求的正当满足，体现出其正义性的一面。

其三，立功制度符合罪责刑相适应原则。所谓罪责刑相适应原则，是指审判机关对犯罪分子判处的刑罚，要与他所应负的刑事责任相均衡，责任重则刑罚

---

① ［美］约翰·罗尔斯著，何怀宏等译：《正义论》，中国社会科学出版社1997年版，第5页。

② ［美］E. 博登海默著，邓正来译：《法理学·法律哲学与法律方法》，中国政法大学出版社1999年版，第52页。

③ 粟克元、朱军：《立功制度的价值构造》，载《河南司法警官职业学院学报》2003年第3期。

重，责任轻则刑罚轻，如果刑事责任轻微，依法不需要判处刑罚的，则免除处罚，而适用非刑罚处理方法。①一般认为，罪责刑相适应并不是一种绝对的适应，而是根据犯罪人的情况，基于犯罪人的特殊预防的需求，相对地适应即可。就立功制度而言，这种相对主要表现在，对构成立功的犯罪人在量刑时既要考虑犯罪的性质与危害及其相对的法定刑，也要考虑立功的性质、情节，综合作出相适应的宣告刑。

① 马克昌主编：《刑罚通论》，武汉大学出版社 1999 年版，第 264 页。

第九章　立功的概念与特征

一、立功的概念

“概念乃是解决法律问题所必需的和必不可少的工具，没有限定严格的专门概念，我们便不能清楚地和理性地思考法律问题。”[①] 关于立功的概念，目前有代表性的观点主要有以下几种：

第一种观点认为，立功是“犯罪分子揭发他人犯罪行为、查证属实的，或者提供重要线索，从而得以侦破其他案件的行为”[②]。

第二种观点认为，立功是指犯罪分子揭发他人犯罪行为，查证属实，或者提供重要线索，从而得以侦破其他案件等具有协助司法机关工作的属性，或者对国家、社会有利的行为。[③]

第三种观点认为，立功是指犯罪分子在到案后、判决发生法律效力之前，检举、揭发他人犯罪行为，经查证属实的；或者提供侦破其他案件的重要线索，经查证属实的；或者阻止他人犯罪活动，协助司法机关抓捕其他犯罪嫌疑人以及具有其他有利于国家和社会的突出表现的，依法作为从宽处罚情节的行为。[④]

第四种观点认为，所谓立功，是指犯罪分子检举、揭发他人犯罪行为，经查证属实的；或者提供重要线索，从而得以侦破其他案件的；或者阻止他人犯罪活动或重大犯罪活动；或者协助司法机关抓捕其他犯罪嫌疑人或重大犯罪嫌疑人（包括同案犯），或者具有其他有利于国家和社会的突出表现或重大贡献的

① ［美］E. 博登海默著，邓正来译：《法理学·法律哲学与法律方法》，中国政法大学出版社 1998 年版，第 486 页。

② 高铭暄主编：《刑法学》，北京大学出版社 1998 年版，第 203 ~ 204 页；陈兴良主编：《刑法总论》，人民法院出版社 2002 年版，第 110 页。

③ 赵秉志主编：《新刑法教程》，中国人民大学出版社 1997 年版，第 340 页。

④ 参见 1998 年最高人民法院《关于处理自首和立功具体应用法律若干问题的解释》第 5 条的规定。

行为。[①]

第五种观点认为，立功是指犯罪人到案后揭发他人犯罪行为，查证属实，或者提供重要线索，从而得以侦破其他案件，或其他对国家和社会有突出贡献的行为。[②] 作者在修订其著作时，将“到案后”修正为“犯罪后”。[③]

第六种观点将立功分为一般立功与重大立功。“一般立功，是指犯罪分子揭发他人犯罪行为，查证属实的，或者提供重要线索，从而得以侦破其他案件的行为。重大立功，是指犯罪分子揭发他人重大犯罪行为，查证属实的，或者提供重要线索，从而得以侦破其他重大案件的，或者阻止他人重大犯罪活动的，或者协助司法机关抓捕其他重大犯罪嫌疑人（包括同案犯）的，或者对国家和社会有其他重大贡献等行为。”[④]

总的来看，上述关于立功的概念中，共同点在于均认可立功是“犯罪分子揭发他人犯罪行为、查证属实的，或者提供重要线索，从而得以侦破其他案件的行为”，在关于立功的主体和主要表现上没有分歧。主要区别在于以下几个方面：一是要不要在概念中区分一般立功与重大立功；二是要不要将刑法关于立功的表现全部涵盖；三是要不要在立功概念中将立功的时间、空间予以界定。对此，笔者认为，概念是描述事物主要特征的语言。所谓“概”，即概要、概述、梗概，而刑法关于立功的表现，作了多种规定，且用“其他行为”予以兜底，因此，不宜在概念中将立功的表现作过多不必要的描述，应将同质的行为尽可能归并，以简便原则行之。至于要不要区分一般立功与重大立功，笔者认为也应考虑上述原则，一般立功与重大立功，只是量的不同，在行为性质上区别不大，因此，笔者不赞成在概念中区分一般立功与重大立功的做法。至于要不要在立功概念中界定立功的时间、空间，笔者认为，时空限制是立功成立的必要条件，对于理论和实践都有重要意义，因此，应在概念中予以表述。根据这些原则，笔者认为上述第一、二、四、五、六种概念中，没有将立功的时空予以界定，且第一种概念的表述也不全面，不为我们所取；第三、四、六种概念中，对立功的客观表述过于烦琐，不符合简单概要的原则，也不为我们所取；第三、五种概念中，对立功的时间界定为犯罪分子到案后，笔者认为是不科学的，也没有立法和司法解释的根据，有的犯罪人在到案前为了立功，将同案犯缉拿后一同投案的，按照法律规定，当然构成立功，然其立功行为发生在到案前（或与到案同时），因此这一表述是不科学的。由于这里仅论述狭义的一般立功，将其时间点截止到判决发

---

① 马克昌主编：《刑罚通论》，武汉大学出版社 1999 年版，第 395 页。

② 张明楷著：《刑法学》（第四版），法律出版社 2011 年版，第 457 页。

③ 张明楷著：《刑法学》（第四版），法律出版社 2011 年版，第 524 ~ 525 页。

④ 刘守芬主编：《刑法学》，同心出版社 2004 年版，第 207 页。

生法律效力之前的提法是可取的。

综上，笔者认为可以将狭义的立功概念表述为：犯罪分子犯罪后至判决发生法律效力之前，揭发他人犯罪行为，查证属实；或者提供重要线索，从而得以侦破其他案件，以及其他对国家和社会有突出贡献的行为。

二、立功的特征

理论上关于立功特征的研究不多，大多数学者在论及立功制度时对此也没有触及，而在已有的论述中，关于立功特征的认识也不统一。从立功特征的数量来看，有三特征说、四特征说、五特征说等；从立功特征的内容上看，同一学说中，内容又存在一定的差异。

1. 三特征说

三特征说中存在两种主张：

第一种主张认为，立功特征包括：（1）立功是有益于社会的行为，具有正义性，这是立功的本质特征；（2）立功的主体是犯罪分子，主体具有特定性；（3）立功是犯罪分子实施犯罪行为以后的行为，时间上具有特定性。①

第二种主张认为，立功特征包括：（1）立功的主体是犯罪分子，即触犯刑律，依法应追究刑事责任的人；（2）立功是犯罪分子犯罪以后实施的行为，立功可以发生在侦查、起诉、审判阶段，也可以发生在服刑期间；（3）立功由“立”和“功”两方面构成。②

2. 四特征说

四特征说中存在三种主张：

第一种主张认为，立功特征包括：（1）功能的刑事政策性；（2）内容的法定性；（3）效力的法定性；（4）地位的独立性。③

第二种主张认为，立功特征包括：（1）立功行为的正义性；（2）立功主体的特定性；（3）立功时间的特定性；（4）立功的相对独立性。④

第三种主张认为，立功特征包括：（1）主体的特定性；（2）时间的限定性；（3）行为的法定性；（4）内容的真实、有效性。⑤

① 张维新、汤威：《论立功和立功制度》，载《重庆工学院学报》2005 年第 4 期。

② 薛淑兰：《立功的认定及法律适用》，载《法律适用》1994 年第 5 期。

③ 袁登明：《论立功》，载《刑法问题与争鸣》2003 年第 1 辑。

④ 汤威：《论我国刑法的立功制度》，湘潭大学 2005 年硕士论文。

⑤ 韩美秀、袁安：《论刑法中的立功制度》，载李希慧、刘宪权主编：《中国刑法学年会文集（2005 年度）第一卷：刑罚制度研究（上册）》，中国人民公安大学出版社 2005 年版，第 550 页。

3. 五特征说

五特征说中存在两种主张：

第一种主张认为，立功特征包括：（1）立功行为的有益社会性（系本质特征）；（2）立功主体的特殊性；（3）立功时间的特定性；（4）立功相对独立性；（5）立功行为的法定性。①

第二种主张认为，立功特征包括：（1）立功的主体是犯罪分子；（2）立功发生的时间是犯罪分子到案以后，判决发生法律效力之前；（3）立功不仅是犯罪分子单方的行为，一般还需要司法机关予以配合；（4）立功的内容具有法定性；（5）立功是一种独立的刑罚裁量情节。②

上述观点之间存在着重叠与交叉，归纳起来立功主要包括以下几种特征：

一是法定性。有学者认为，立功概念的法定性不仅体现在内容的法定性，而且反映在效力的法定性。③ 认为其内容，包括构成的主体、时间、实质、程度等诸要件以及处遇原则均有法律及相关司法解释的明确规定，而不像社会一般意义上的立功那样广泛与非特定性。关于法定的效力也是如此，现行刑法将立功者的从宽处遇拉开了档次，形成了序列，符合罪责刑相适应的刑法基本原则。还有学者明确指出，法定性是有关立功行为质的规定，判断犯罪分子的行为是否属于立功行为，关键在于它是否符合法律的规定。④

二是独立性。关于独立性又存在两种意见：一种意见认为，犯罪人的其他行为或态度不足以干扰立功的成立，只要符合法定的立功要件，立功即能够成立。如有论者提出，立功一旦成立，不论犯罪人是否认罪，是否逃脱，均不影响立功的性质。⑤ 有论者认为，立功是犯罪人犯罪后主动实施独立的有利于社会的行为，故立功表现与犯罪人的悔罪性没有必然联系。即使犯罪人拒不供述自己的罪行，只要实施了符合法定条件的立功行为，就能够成立立功。⑥ 另一种意见则是以刑法关于立功制度的明确规定为视角，认为1979年《刑法》中没有明确规定立功制度，因此立功制度是依附于自首制度的；1997年《刑法》中明确规定了

---

① 周后有：《我国刑法中的立功制度研究》，湖南大学2007年硕士论文。

② 黄丽勤：《试论立功的几个问题》，载李希慧、刘宪权主编：《中国刑法学年会文集（2005年度）第一卷：刑罚制度研究（上册）》，中国人民公安大学出版社2005年版，第532页。

③ 袁登明：《论立功》，载《刑法问题与争鸣》2003年第1辑。

④ 周后有：《我国刑法中的立功制度研究》，湖南大学2007年硕士论文。

⑤ 张天虹：《论立功的认定》，载杨敦先等主编：《新刑法施行疑难问题研究与适用》，中国检察出版社2001年版，第319页。

⑥ 马长生、唐世月主编：《刑法学》，中南工业大学出版社1998年版，第248～249页。

立功制度，因此立功制度是独立的刑罚裁量制度。[①]

三是刑事政策性。有学者认为，国家从刑事政策角度考虑，立功的立法旨趣就在于鼓励犯罪分子积极主动地检举、揭发其他犯罪行为，瓦解犯罪分子，帮助司法机关侦查、抓捕罪犯，使司法机关能迅速挖掘出隐藏的犯罪分子，消除社会潜在的隐患和威胁，可以说，刑事政策性是立功制度的首要特征。[②]

四是时间的限定性。所谓时间性，是指立功的存续期间。根据1998年《解释》的规定，立功的起始时间应限定于犯罪分子“到案”。犯罪分子的到案又存在两种情况：一种是被动归案，即犯罪分子被司法机关讯问、被采取强制措施而归案，或被公民扭送至司法机关而归案。另一种是自动归案，即犯罪分子主动向有关机关或个人承认自己的罪行，并自愿置于有关机关或个人的控制之下。但是法律并没有规定立功的截止时间，故有论者提出，立功的时间应限定在“犯罪分子到案后，判决发生法律效力前”[③]。持这种观点的人认为，犯罪分子在“到案”前，即使实施了有利于国家和社会的行为，也不属于刑法中的立功行为，在判决发生法律效力之后，实施的有利于国家和社会的行为，属于刑罚执行制度的立功，不属于刑罚裁量制度的立功。持此种观点的人还强调，立功时间的下限即截止时间“原则上应界定在判决、裁定发生法律效力之前，同时对判处死刑立即执行的，其截止时间应当定在死刑复核裁定作出前”[④]。也有论者提出不同的观点，认为作为刑罚裁量制度的立功，时间“从犯罪预备起到刑期届满或者执行死刑前为止，不论司法机关是否对其立案侦查，也不论其是否处于诉讼阶段，均可以成立立功”[⑤]；还有论者认为，犯罪分子在犯罪后至到案前也可以成立立功；[⑥] 更有甚者认为，立功成立时间范围可能提前到犯罪以前。[⑦]

五是非单方行为。有论者认为，立功的特征还包括立功的行为不是单方行为，一般还需要司法机关予以配合。立功的“立”，是指犯罪分子实施的检举、揭发，提供重要线索或协助抓捕等行为；立功的“功”，则是指犯罪分子所检举、揭发的他人犯罪，提供的线索，交代的其他犯罪嫌疑人藏匿地点等内容得到

① 参见袁登明：《论立功》，载《刑法问题与争鸣》2003年第1辑。

② 袁登明：《论立功》，载《刑法问题与争鸣》2003年第1辑。

③ 韩美秀、袁安：《论刑法中的立功制度》，载李希慧、刘宪权主编：《中国刑法学年会文集（2005年度）第一卷：刑罚制度研究（上册）》，中国人民公安大学出版社2005年版，第549页。

④ 袁登明：《论立功》，载《刑法问题与争鸣》2003年第1辑。

⑤ 马克昌主编：《刑罚通论》，武汉大学出版社1999年版，第396页。

⑥ 刘杰：《论法定量刑情节的立功》，载《河北法学》1999年第3期。

⑦ 成效东：《浅论修改后刑法的立功制度》，载《贵州检察》1997年第11期。

证实，并在客观上有益于国家和社会，对国家和社会有功。[①] 有的认为，立功除了犯罪分子实施的检举、揭发或协助司法机关缉捕其他犯罪分子等行为之外，还要依靠司法机关才能完成，即立功的构成是犯罪分子和司法机关双方努力的结果。[②]

六是主体的特定性。立功的主体主要是指犯罪分子，或者是触犯刑律被依法追究刑事责任的人。其他人包括犯罪分子的家属，不能成为立功的主体。至于有的论者提出，立功的主体不仅包括依法应追究刑事责任的犯罪分子，还包括正在服刑的罪犯。鉴于本文主要论述作为刑罚裁量制度的立功制度，因此不作进一步讨论。

七是内容的真实有效性。所谓内容的真实有效性，是指犯罪分子检举、揭发他人犯罪行为，为司法机关提供侦破其他案件的重要线索等立功内容都必须经司法机关查证属实，方可确认为立功，经查不实的，不构成立功；犯罪分子阻止他人犯罪活动，必须确实阻止了他人的犯罪活动，排除了现实的社会治安严重隐患。立功内容的价值就在于它的真实性与有效性的统一。如果认为犯罪分子立功内容虽然是真实的，但未达到一定量的水准，不能产生实际效果，缺乏实质意义，则不能成立立功。[③]

针对上述各种观点，笔者认为，所谓特征，即一事物区别于其他事物的本质的特点。因此，相对于不同的参照物，表现出的特征也会有所不同。明确了这一点，在论证立功制度的特征时，首先必须确定参照物。从上述各种特征的纷争来看，各自选择的参照物都不同。例如，其中的法定性特征，是把立功制度作为法定从轻裁量情节，与酌定裁量情节相比得出的结论；独立性，是与有无干扰立功法定构成要件相对而言，或与1997《刑法》之前的1979年《刑法》中无明文规定的立功制度相比得出的结论；刑事政策性则是与一般制度相比得出的。总之，上述各种意见中，因为选择参照物上采取了不同标准，导致得出了不同的结论。

为了论述简便以及司法实践中的可操作性，笔者主张将参照物界定在立功制度认定中容易产生模糊、分歧，对认定立功成立与否存在重要意义的情节。这样做对于司法实践中准确认定立功情节具有积极意义，而理论上要界定立功制度特征的根本价值，就在于服务实践，适应实践的需要。基于此点考量，笔者认为，

---

① 黄丽勤、周铭川：《论立功的若干问题》，载《湖南工程学院学报（社会科学版）》2005年第4期。

② 薛淑兰：《立功的认定及法律适用》，载《法律适用》1994年第5期。

③ 韩美秀、袁安：《论刑法中的立功制度》，载李希慧、刘宪权主编：《中国刑法学年会文集（2005年度）第一卷：刑罚制度研究（上册）》，中国人民公安大学出版社2005年版，第550页。

上述法定性、独立性、刑事政策性，可以不作为立功制度的特征。因为所谓法定性，即由法律明确规定，尽管可以说立功具有这样的特点，但与自首相比、与实践中容易混淆的情况相比，不存在难以界定的情况，因此，论证其法定性的特征，在理论上既无价值，也无必要。同样的道理，在独立性、刑事政策性上，同样适用，不再赘述。

通过上述分析，笔者认为立功制度应当具有以下几个特征：

一是主体的特定性，即立功的主体必须是犯罪分子。没有犯罪的人，即使作出对国家、社会有重大意义的突出贡献，也不是刑法意义上的立功。只有犯了罪的人，才有可能构成刑法意义上作为刑罚裁量情节的立功。2009 年最高人民法院、最高人民检察院《关于办理职务犯罪案件认定自首、立功等量刑情节若干问题的意见》中规定："立功必须是犯罪分子本人实施的行为。为使犯罪分子得到从轻处理，犯罪分子的亲友直接向有关机关揭发他人犯罪行为，提供侦破其他案件的重要线索，或者协助司法机关抓捕其他犯罪嫌疑人的，不应当认定为犯罪分子的立功表现。"因此，实践中犯罪分子的家属或监护人，主动向司法机关举报他人犯罪，或协助司法机关查办其他犯罪案件的，不能作为犯罪人的立功表现对其从宽处罚。

二是时间的限定性，即立功必须在犯罪以后，裁判生效之前。实践中在犯罪之前，有的行为人对国家和社会作出了突出贡献，但不能作为对犯罪人从宽处罚的理由，更不能成立刑法意义上的立功。在判决生效以后，犯罪人虽然可以通过检举揭发他人犯罪或其他对社会有重大意义的突出贡献而成立立功，但不是刑法裁量情节的立功。需要注意的是，这里的犯罪以后，是指犯罪预备以后的任何阶段，而不管犯罪人是否在案。即使犯罪人在逃亡过程中，只要实行了刑法立功规定中的特定行为，就成立立功，可以作为量刑时从宽处罚的情节适用。对于上述概念争议中有的学者将立功界定在到案后，笔者是不认同的。考虑到刑事立法没有限定时间，相关司法解释也仅仅规定"犯罪分子到案后有检举、揭发他人犯罪行为……"而没有明确否定到案前实施相同行为的法律后果。所以，笔者认为，在立功的时间要求上，可以从宽掌握，具体情况将在下文详细论述。

三是行为的特定性，即犯罪人要想具备立功情节，必须实行刑法规定的特定行为，尽管这些行为刑法并未一一列明，但仍然需要根据法律及相关司法解释的精神，予以正确认定。比如，《刑法》第 68 条规定的"揭发他人犯罪行为"，这里就需要明确必须是他人的犯罪行为，如果是自己与他人共同实施的犯罪行为，就不是他人的犯罪行为，不能成立立功，只能根据具体情况判断是否成立自首。再如，刑法仅规定提供重要线索，因而得以侦破其他犯罪案件的，如果提供的仅仅是一般违法线索，就很难成立立功，但是如果能够给国家、社会避免遭受特别重大损失的，可以按照有其他突出贡献，予以认定立功行为。总之，这里的行为必须是特定的，尽管从立法和司法解释的规定看，这里的特定概括性较强。

四是行为的有用性，即犯罪人实行的特定行为对司法机关查处犯罪起到了实质性的积极作用。从有关司法解释中，可以明显得出这一特征，如2009年最高人民法院、最高人民检察院《关于办理职务犯罪案件认定自首、立功等量刑情节若干问题的意见》中规定，“据以立功的线索或者协助行为对于侦破案件或者抓捕犯罪嫌疑人要有实际作用”，“提供的线索或者协助行为对于其他案件的侦破或其他犯罪嫌疑人的抓捕不具有实际作用的，不能认定为立功表现”。需要强调的是，前述有学者提出的行为的真实性特征，笔者认为可以为有用性特征所吸收，因为真实是有用的前提，如果犯罪分子提供的线索不真实，当然不会取得有效的结果。并且即使行为人提供了所谓的“真实”的线索，如果经查证难以证明属实的，也不能作为犯罪人立功的有效证据，因此这里就不再单独论证真实性这一特征。另外，需要强调，这里的有用性，在提供犯罪线索或协助抓捕其他犯罪人的场合，仅表现为有效性即可。但在对国家、社会作出其他突出贡献等构成立功的场合，用“有效性”就很难准确表述。因此，这里用“有用性”一词表述这一特征，应当更加具有包容性。

此外，对于上述有学者提出的“非单方行为性”，笔者不敢苟同。笔者认为，尽管大多数情况下，犯罪人提供的线索需要司法机关经过一定的工作程序予以查证属实；犯罪人协助抓捕其他犯罪嫌疑人的行为，也需要司法机关实施抓捕行为予以配合。但是并非所有的立功都要具备这一特征，如犯罪人取保候审后，直接抓捕同案犯送司法机关的；或者犯罪人未到案前就阻止其他犯罪人实施的犯罪行为，因而避免重大危害后果的；或者犯罪人实行的其他发明、创造行为或见义勇为行为，这些行为当然可以成立立功，但却不需要有关司法机关的协助行为。因此，立功并非都需要其他机关的协助与配合，有的情况也可以是犯罪人的单方行为。既然“非单方行为性”不能为所有的立功情况所具备，那么将其作为立功的特征就不符合了。

综上，笔者认为，立功的特征包括四个方面，即主体的特定性、时间的限定性、行为的特定性、行为的有用性。判断行为人是否成立刑法中的立功，要看其是否齐备上述四个方面的特征。

第十章　立功的成立要件

立功的成立要件，是指某一行为成立立功所必须具备的条件。也有人认为，立功的成立要件，是指法律规定的成立立功行为所必须具备的主体和客观要件的总和，也就是立功的成立要件要符合法定性。笔者认为，在立功司法认定时，要依据法定的立功成立要件。

一、观点概览

关于立功的成立要件，在理论上众说纷纭。总的来看，主要存在以下几种观点：

1. 二要件说

二要件说分为两种意见：

第一种观点认为，立功的成立要件只需要具备主体和客观方面两个基本要件即可。主体只能是犯罪人，而客观方面又要从两个方面确定：一方面是要有揭发他人犯罪事实的行为，并经查证属实；另一方面是提供重要线索，从而得以侦破其他案件。[①]

第二种观点认为，立功所具备的要件是客观要件和主观要件。客观要件，是指立功必须有对国家、社会、人民和政治安定有利的行为，并且在我国法制建设和经济建设方面有突出贡献。主观要件，是指主观上必须有真诚悔罪的态度，并认为这是立功的实质所在。[②]

2. 三要件说

三要件说与二要件说所不同的是，三要件说在认同二要件说的基础上对立功的成立要件进行了扩充。其又分为两种意见：

第一种观点认为，除主体要件、行为（客观）要件之外，立功的成立要件

① 杨敦先等主编：《新刑法实施疑难问题研究与适用》，中国检察出版社1999年版，第312页。

② 于世忠：《立功问题的研究》，载《行政与法》1995年第3期。

还包括时间要件。但对于时间要件的认识又存在很大差异，有的认为立功的时间通常在判决裁定生效之前；[1] 有人认为立功行为发生在犯罪行为之后；[2] 有人则认为立功时间应拓展至归案前；[3] 还有人认为立功时间始于犯罪预备。[4]

第二种观点认为，立功的成立包括主体要件、行为要件与实质性结果要件。对主体要件与行为要件的认识与前面所述基本一致。所谓的实质性结果要件，是指向司法机关提供的犯罪情况必须导致案件的侦破和犯罪人的归案，其他对社会有重大贡献的行为，也必须有实质性成果。[5]

3. 四要件说

很多学者认为立功的成立必须具备四个要件，但对这四个要件的具体内容又难以达成一致意见，具体分为四种主张：

第一种观点认为，立功成立的四要件包括：一是主体是犯罪人；二是时间始于犯罪成立终于刑罚执行完毕；三是前提条件是内容真实有效；四是实质内容是新刑法中规定的立功的各种表现。[6]

第二种观点认为，立功成立的四要件包括：一是主体要件，包括自然人和单位。二是时间要件为“到案说”（到案后到刑罚执行完毕）。三是主观要件“不问动机”，只要其具有检举揭发等立功行为，且达到预期法律后果，就可以认定为立功。四是客观要件满足“法定的五种情形”，即检举揭发他人犯罪行为且经查证属实；提供侦破其他案件的重要线索，经查证属实；阻止他人犯罪活动；协助司法机关抓捕其他犯罪嫌疑人（包括同案犯）；具有其他有利于国家和社会的突出表现。[7]

第三种观点认为，立功成立的四要件包括：一是主体要件，即对立功主体的限定条件。立功的主体必须是实施了危害社会行为并已经构成犯罪的人。二是时间要件，立功的时间应界定在犯罪分子到案之后至判决、裁定发生效力之前的期间。三是实质要件，立功行为必须是对国家和社会有益的正义行为。四是确认要件，立功的内容应当真实、有效，并且具备一定量的规定性，这种确认立功行为

---

① 赵长青主编：《新编刑法学》，西南师范大学出版社1997年版，第309页。

② 解玉环：《关于自首和立功的几个问题的探讨》，载《辽宁公安司法管理干部学院学报》2000年第3期。

③ 石泽中：《论刑法中的立功》，载《理论月刊》2004年第2期。

④ 马克昌主编：《刑罚通论》，武汉大学出版社1999年版，第396页。

⑤ 陈荣：《立功问题研究及其立法建议》，载《法律适用》1996年第8期。

⑥ 姜小川主编：《刑法学》，中国检察出版社2000年版，第346～347页。

⑦ 段启俊、周后有：《刑法中的立功制度及其完善》，载《湖湘论坛》2006年第4期。

真实、有效并符合规定量的标准就是立功的确认要件。[①]

第四种观点与第三种观点基本相同，但认为应以行为要件取代实质要件，认为实质要件不如行为要件直观、明确，而且实质要件是相对于形式要件而言的，把行为要件称为实质要件似乎意味着其他要件都是形式要件。[②]

4. 五要件说

有论者认为，立功的成立必须具备五个要件，即主体要件、时间要件、主观方面、客观表现和效果要件。主体要件和客观表现与上述分析基本相同。其将时间要件设定为到案以后，包括判决生效前后及服刑期间。立功的主观方面可能是自愿，也可能是经教育后检举、揭发他人犯罪的行为。立功的效果要件，是指立功要有某种实际效果，即立功的行为与预期结果要有因果关系。[③] 还有人提出立功成立要件包括主体要件、时间要件、责任要件、行为要件和查实要件，认为查实虽然不是立功主体的行为，或者说与立功主体及行为本身无关，但刑法以及相关解释有此规定，刑事立功也只在刑罚制度中有实际作用，故查实行为也为法定要件之一。[④]

5. 行为要件说

有论者提出，立功成立要件的设定需要根据立功种类加以区分、细化，如将立功分为揭发检举的立功、提供重要线索的立功以及协助司法机关缉捕其他犯罪人的立功等。每一种行为的立功都有其独立的成立条件。比如，揭发检举的立功的成立条件是揭发的对象必须是他人的犯罪事实，揭发的内容必须是得到证实的，揭发检举行为与其他犯罪人被证明犯有其揭发的罪行之间有因果关系。[⑤]

上述各种主张从不同的角度对立功的成立要件进行了分析界定，都有可取之处，但也存在一定的局限。其中有的主张，如主观上必须悔罪，是在1997年新刑法实施之前提出的，具有一定的历史局限性。由于立法的变化，这一主张已经不符合法律规定，因此，评判其正确与否没有意义。有的主张时间要件，有的主张将时间要件放在客观要件中论述，尽管主张的形式不同，但在实质的内涵上分

---

① 张维新、汤威：《论立功和立功制度》，载《重庆工学院学报》2005年第4期；邵维国：《论立功》，载《吉林大学社会科学学报》1999第5期。

② 黄丽勤：《试论立功的几个问题》，载李希慧、刘宪权主编：《中国刑法学年会文集(2005年度)第一卷：刑罚制度研究（上册）》，中国人民公安大学出版社2005年版，第531～537页。

③ 赵秉志主编：《新刑法全书》，中国人民公安大学出版社1997年版，第392～393页。

④ 马天山：《从两起特殊案件看自首和立功制度的完善与适用》，载李希慧、刘宪权主编：《中国刑法学年会文集（2005年度）第一卷：刑罚制度研究（上册）》，中国人民公安大学出版社2005年版，第479～480页。

⑤ 赵秉志主编：《新刑法全书》，中国人民公安大学出版社1997年版，第392～393页。

歧不大。有的将客观行为界定为实质要件，有的认为应表述为行为要件，二者之间只是表示用语的区分，对成立要件的内容而言，实质的分别不大。总的来看，上述观点纷争涉及的主要问题包括以下几个方面：第一，是否需要根据立功行为的不同，将立功分为不同类型，按照不同类型分别确定成立要件。换句话说，就是把立功的成立要件作双层次的划分。[①] 第二，立功的效果能否成为立功的成立要件。上述多数观点都把主体要件与客观方面视为立功成立要件的必备要素，但只有五要件说把立功的效果作为立功的成立要件。第三，立功的时间期间如何界定。第四，司法主体的查实行为能否成为立功的成立要件。

对于上述各观点纷争，笔者根据其分歧点逐一分析评判，提出自己的意见：

其一，关于是否要按立功行为类型区分不同类型，分别确定成立要件。笔者的意见是否定的，理由在于：如果对立功进行分类，可以不同的标准分为不同的种类，如以行为为标准可大概分为五种：检举揭发型、提供重要线索型、阻止他人犯罪型、协助抓捕型、其他有利于国家和社会的突出表现型；以主体为标准可以分为自然人立功型与单位立功型，等等。理论的价值在于指导实践，因此仅按行为类型分类，论证立功的成立要件，不够全面，意义不大。如果这样推论，就会导致立功的成立要件纷繁复杂，在实际操作中容易产生混乱，反而违背了理论研究的价值与方向。因此，笔者不主张按照行为类型将立功的成立要件分别论述的做法。

其二，关于立功的效果能否成为立功的成立要件。所谓立功的效果，是指犯罪人的立功行为是否对查处其他犯罪或抓捕其他犯罪嫌疑人起到实质性的作用。这一特征，从司法解释和立法的精神看，是成立立功的必备条件。这一点依据最高人民法院关于立功的几个司法解释可以明确得出。在司法实践中，判断成立立功与否，也要判断犯罪人的立功行为对实际的抓捕和查处其他犯罪是否有实质性的作用，并且从实现法律公正的意义上讲，效果也可以理解为法律公正实现与否的考量。把“效果”引入立功成立要件，无异于在立功的成立条件中引入了一个实质性的要件，有利于防止司法实践中立功认定上的异化。因此，将立功的效果作为立功的成立要件，笔者认为是正当的。但又进一步认为，使用立功“效果”一词不太妥当，因为，“效果”是个外延很广的概念，如立功行为所导致的其他犯罪人的归案与其他案件的侦破，是最直接显见的行为后果；立功行为可引发的隐蔽的犯罪人对自己行迹败露的担忧，则是起到了惩治犯罪的社会效果；立功行为促使人们对道德与法律问题的思考，以及有利于节约司法成本，等等，都是确立与适用立功制度所带来的社会效果。为了避免“效果”一词的广泛化理解，笔者认为可以将立功的成立要件中的“效果”加上“特定”予以限制，即

---

① 参见金福：《论立功制度》，吉林大学2009年博士论文。

“特定效果”。

其三，关于立功的时间期间的界定。关于这一问题，刑法使用的是“犯罪后”，1998 年最高人民法院的司法解释中表述为“到案后”，理论和实践中关于立功的时间起算点以及截止点，都不无争议。并且，从立法的规定看，犯罪人成立立功有时间起点的限制的，因此基于理论、实践争议以及法律的具体规定看，将时间期间作为成立要件也有着积极的理论和实践意义。

其四，关于司法主体的查实行为能否成为立功的成立要件。这一点，笔者的意见是否定的，即不主张将司法主体的查实行为作为立功的成立要件。理由在于：一是有的立功行为不存在司法机关的协助与配合，也不需要司法机关去查实，如见义勇为，发明创造，犯罪人在看守所及时阻止他人越狱等；二是立功是一种特定主体在特定时间实施的特定行为，而查证立功线索等立功现象是否属实的行为不是特定的立功主体（即犯罪嫌疑人或被告人）所实施的行为，而是司法机关依法应行使的职责。如果司法机关的查实行为也可以作为查实要件纳入到立功的成立要件中，那么包括累犯、自首在内的其他量刑情节都需要查证确认属实后，才可能作为量刑情节在刑罚裁量时加以考虑，查实要件也应成为累犯、自首等量刑情节的成立要件？刑法与司法解释强调立功线索要经过查证属实，主要是强调立功的结果性和有效性。因此，不主张将查实行为作为成立要件，而是在特定效果的要件中予以包涵。

此外，关于立功需要主观要件，笔者也有不同意见。上述有的认为立功是行为人的自主行为，主观上应当是自愿，不是被迫或威逼。笔者认为，将这一内容纳入立功的成立要件没有必要，理由在于：首先，从法律的规定看，没有关于主观方面的要求。与自首制度的规定不同，立法者在法条用语时，没有对立功进行主观方面的限制，因此，将主观要件纳入进来，作为限制立功成立的条件，是没有必要的。其次，论者在论述主观要件时，多数论述的内容是论功不要求悔罪，笔者认为更是画蛇添足。如无特殊说明和针对性，立功成立的消极要件十分宽泛，法律没有要求悔罪，将不要求悔罪纳入立功的成立要件就十分迂强。从理论体系的科学性上讲，也不合理。并且从理论上论证立功成立的意见的角度看，主要应该是积极要件，即具备什么条件，而不是消极要件，即不具备什么条件，因此，论证不需要悔罪为核心内容的主观要件之说，不为所取。再次，主观方面的要件，因为难以证实，多需要客观方面予以印证，从立法的规律看，多数作为限制法律适用的要件，在入罪方面或对当事人有消极后果的法律规定上有所要求。因为刑事法律的本意在于通过惩罚手段，引导和规范人们的行为，因此行为人有认识和控制能力是必要的，主观上没有预见、客观上不能控制的行为，刑罚难以起到上述效果。因此，刑罚的重点在于主观上有认识和控制能力的人。对于出罪或者对当事人有积极法律后果的法律规定，一般都不对行为人的主观方面作过多要求。立功作为对行为人从轻处罚的法律规定，法律没有限制性地规定主观方面，理论上就不必将其作为构成要件，否则就起不到理论指导和服务实践的作用。最后，论者认为立功是犯罪人自愿的行为，笔者认为其不符合实际情况和法律规定，如果将主观要件论证为有意识的自主行为，与无意识的行为相区别和对应，那么这么普通的道理，就失去了理论的价值；如果将自主行为与被胁迫行为相区别和对应，则没有法律根据，因为即使犯罪人主观上不情愿或被迫，只要符合立功的形式条件，就应该认定其立功表现，在量刑时予以考虑。所以，笔者认为，立功的成立要件不应包括主观方面，犯罪人不管是否悔罪，动机如何，都不影响立功的成立。

综上，笔者认为立功的成立要件包括立功主体、立功行为、立功时间、立功特定效果四个要件。

二、立功的成立要件

根据上述论证分析，笔者认为立功的成立要件有四个：立功主体、立功行为、立功时间、立功特定效果。以下分别论述：

（一）主体要件

前述各观点关于主体的界定及提法不太一致，包括犯罪分子、犯罪人、自然人和单位、未决犯、已决犯等。由于本书中的立功，是指作为刑罚裁量制度的狭义立功，不包括作为刑罚执行制度的立功，所以，刑罚已经确定并被执行的罪犯，即已决犯不应包括在其中。

《刑法》第68条规定，“犯罪分子有揭发他人犯罪行为，查证属实的，或者提供重要线索，从而得以侦破其他案件等立功表现的，可以从轻或者减轻处罚”。该条规定中的“犯罪分子”即是立功的主体。但是，在现行《刑法》和《刑事诉讼法》中并没有对“犯罪分子”的含义作出界定，相关的司法解释也没有作出类似的规定。因此，“犯罪分子”这一用语在我国并没有一个确切的含义。由于对这一用语含义理解不一，导致实践中对立功主体的不同认识，从而影响了实践中对立功主体的正确统一认定。

1996年3月17日全国人民代表大会《关于修改〈中华人民共和国刑事诉讼法〉的决定》第34条规定，“向人民法院提起诉讼前，原‘被告人’的称谓修改为‘犯罪嫌疑人’”。这一规定表明，在公诉案件中，受刑事追诉者在检察机关向人民法院提起公诉以前，被称为“犯罪嫌疑人”，在检察机关正式向人民法院提起公诉以后，则被称为“被告人”。这种修改，使公诉案件中正在被追究刑事责任的人的诉讼地位更加明确和科学，也是诉讼公正、民主和文明的重要标志。在该部《刑事诉讼法》以及2012年3月全国人大对该法进行第二次大规模修改后，仅在第2条出现“犯罪分子”一词，但没进一步明确其含义。一般认为，犯罪分子泛指通常意义上的犯罪人，既包括在刑事诉讼程序任何阶段的犯罪嫌疑人、被告人以及正在服刑的罪犯，也包括实施犯罪但尚未归案，不在刑事诉讼程序中的犯罪人。1997 年《刑法》在总则中多处使用“犯罪分子”一词，但都没有对“犯罪分子”的内涵作明确规定。按照法条语言可能表达的含义进行理解，《刑法》中的“犯罪分子”一词有的指一切犯罪的人，如第 5 条关于罪刑相适应原则的规定；有的指正在实施犯罪行为的犯罪人，如第 23 条关于犯罪未遂的规定；有的指处于审判阶段的犯罪人，如第 36 条关于赔偿经济损失与民事赔偿责任的规定；有的指处于审判阶段以及执行阶段的犯罪人，如关于刑罚部分的有关规定。

其二，一般情况下，同一个法律文本中相同词语的含义应当一致，这既是立法技术的要求，也是法律内在逻辑的体现。但是在《刑法》中对“犯罪分子”这一词语的具体内涵界定上，如上所述，这一要求并未得到切实、严格地遵守和体现。对于在立功有关规定中使用“犯罪分子”的含义，我们认为，应当在一般意义上理解，即包括一切犯罪的人，而不管该犯罪人是否处于刑事诉讼程序或者处于哪个具体的诉讼阶段。理由在于：其一，符合刑法解释的原理。关于刑法解释，一般认为，基于罪刑法定原则的精神，对有利于被告人的法律条文，应当在最宽泛意义上予以解释。立功属于从宽处罚情节，因而关于立功的法律条文应在最宽泛意义上解释。《刑法》第 68 条规定之所以使用“犯罪分子”是有其考虑的，立法机关没有采用刑事诉讼过程中的犯罪嫌疑人、被告人和罪犯，并非疏忽或遗漏根本原因在于上述三类人不能囊括立功的全部主体。换句话说，在三类人之外，仍有立功的适格主体存在。根据前述关于立功时间的论证，结合立法者对立功主体使用“犯罪分子”一词来看，笔者认为，犯罪分子还应包括刑事诉讼程序未开启之前的犯罪人，即犯罪人开始行为之后，在司法机关立案之前，犯罪人也能成立立功行为。基于此，笔者认为，现行《刑法》第 68 条所使用的“犯罪分子”可以被理解为一切犯罪的人，包括行迹未败露的犯罪分子，行迹已经败露但未归案的犯罪分子，已经被绳之以法的犯罪分子等。对于正在准备犯罪的人，由于行为尚未开始，不是刑事意义上的犯罪人，因此不能实行立功行为，也当然不能成立刑法意义上的立功。

通过上述论证，可以看出在犯罪人之外的其他人不能成为立功的主体。一般公民揭发他人犯罪或者提供重要线索协助司法机关的，应予以表彰或者奖励，但不属于刑法意义上的立功。最终被宣告无罪的人不能成立立功，如果犯罪嫌疑人、被告人最终被人民法院判决为无罪，不论是在一审、二审还是在再审中被宣告无罪，其在被追诉期间所实施的揭发他人犯罪的行为，经查证属实的，或提供重要线索，使其他案件得以侦破的行为，均不是刑法意义上的立功。并且立功必须体现犯罪分子本人的意志，必须由犯罪分子本人实施。在司法实践中，有亲友

"代为立功"的情况，如有的被告人家属为了使被告人得到从轻处理，将自己掌握的犯罪事实直接向司法机关检举、揭发或者帮助司法机关抓获罪犯，这种情况能否认定为立功？笔者认为亲友的"立功"行为不能认定为犯罪分子的立功表现，这一点已为司法实践和有关司法解释予以肯定。例如，王某抢劫、销售赃物案①，犯罪嫌疑人王某于2001年6月至11月先后参与抢劫摩托车13起，抢劫财物价值41720元，均未造成被害人人身伤亡后果。王某在押期间曾经公安机关批准给其父母写信，请求其父母协助公安机关抓获同村同案在逃犯王甲等人，立功赎罪，争取宽大处理。某县公安局2003年5月29日接到被告人王某叔父称王甲已经回村的电话，并于次日晚上在王某叔父、父亲的协助下将王甲抓获。经初查，王甲伙同王某等人抢劫作案5起，抢劫数额14610元。审判机关在审理王某一案时，针对王某请求其亲属协助司法机关抓捕同案犯的事实，没有认定为立功。其裁判理由是：（1）首先，在主体方面，本案具体协助行为是由被告人王某的亲属作出的，而非王某本人。被告人王某对同案犯王甲逃跑之后的行踪并不知晓，亦无协助公安机关抓获同案犯王甲的实际能力。其次，在客观方面，被告人王某写信要求其父母如发现同案犯王甲的行踪及时通知公安机关并提供协助的行为，不属于具体协助行为，且与王甲被抓获两者之间不存在客观上的因果关系。协助行为需有具体内容，须对抓捕其他犯罪嫌疑人具有实质性意义。被告人王某在写给其父母的信中并未涉及王甲的行踪情况，依据该通信内容无从抓捕其同案犯王甲，其通信行为本身不具有协助抓捕的作用。王甲之所以被抓捕，完全是其父母及亲属协助的结果。被告人王某的通信内容所表达出来的仅仅是一种请求协助的意愿，而非协助行为本身，与王甲被抓捕之间不具有客观关联性。如果认可协助行为可由他人代劳，并因此作为其本人的立功表现，依法从宽处理，不仅会使作为量刑制度之一的立功标准失之过宽，且有可能会损及刑罚适用的公正性和平等性，不利于对犯罪分子的教育改造。（2）请求协助行为反映了犯罪分子悔罪、赎罪的主观意思，应作为酌定从轻情节，在适用刑罚时予以充分考虑。2008年12月1日最高人民法院印发的《全国部分法院审理毒品犯罪案件工作座谈会纪要》中提出，"被告人亲属为了使被告人得到从轻处罚，检举、揭发他人犯罪或者协助司法机关抓捕其他犯罪人的，不能视为被告人立功"。2009年最高人民法院、最高人民检察院《关于办理职务犯罪案件认定自首、立功等量刑情节若干问题的意见》规定，"为使犯罪分子得到从轻处理，犯罪分子的亲友直接向有关机关揭发他人犯罪行为，提供侦破其他案件的重要线索，或者协助司法机关抓捕其他犯罪嫌疑人的，不应当认定为犯罪分子的立功表现"。上述两个规定

---

① 《犯罪分子请求其亲属协助司法机关将在逃同案犯抓捕的能否认定为立功》，载《刑事审判参考》2003年第6集。

虽然是针对毒品犯罪和职务犯罪作出的，但其蕴涵的法理对所有的立功行为都应适用。并且，在司法实践中考虑到犯罪嫌疑人、被告人亲友系出于帮助被告人减轻罪责的动机才"代为立功"的，从而将亲友"代为立功"作为酌定从轻处罚情节在量刑时予以适当考虑，笔者予以赞成和支持。

另外，单位也可以成为立功主体。需要强调的是，单位立功与单位犯罪的立功并非相同概念。所谓单位犯罪的立功，既可以是指单位犯罪中的直接责任人员在犯罪后的立功，也可以是指犯罪单位在犯罪后立功。这里的单位立功，仅指后者，对于单位犯罪中直接责任人员的立功认定和处罚，与其他自然人犯罪的自首并没有什么不同。因此，所谓单位立功，是指单位在犯罪以后，由其单位成员以单位的名义，根据单位决策机构或主要决策者的决定，实施的检举、揭发他人犯罪行为，经查证属实的，或者提供侦破其他案件的重要线索，经查证属实的，或者实施的其他对国家、社会有益的行为。[①] 对于单位能否适用立功制度，主要有否定说与肯定说两种观点。否定说认为，单位不能成为立功主体，"立功的主体必须是犯罪人，即指实施了危害社会行为应当承担刑事责任的自然人"[②]。还有人提出，《刑法》法条明文规定立功的主体为"犯罪分子"，故单位不能成立立功主体。也有人认为单位能够作为立功主体，但立法关于"犯罪人或犯罪分子"的表述存在疏漏。[③] 肯定者认为，"个人立功与单位立功既有相同之处，也有不同的地方。有些情形下对于单位立功的认定可以参照个人立功，但有的情况下则不能完全套用"[④]。单位可以构成立功主体，且不存在立法疏漏。[⑤]

笔者认为，单位犯罪也可以成立立功。理由在于：

第一，确认单位立功是刑法当然解释的逻辑结果。当然解释，是指刑法规定虽未明示某一事项，但依形式逻辑、规范目的及事物属性的当然道理，将该事项解释为包括在该规定的适用范围之内。[⑥]《刑法》总则规定立功的主体是犯罪分子，并没有明示包括单位，但单位是一种人格化的社会组织，一旦单位中的个体活动取得程序性和整体性特点之后，就上升为单位的活动，包括单位的主观意识

① 段启俊、罗希：《犯罪单位立功新论》，载《法学杂志》2008 年第 3 期。

② 黄丽勤、周铭川：《论立功的若干问题》，载《湖南工程学院学报（社会科学版）》2005 年第 4 期。

③ 周加海著：《自首制度研究》，中国人民公安大学出版社 2004 年版，第 196 页。

④ 卢勤忠：《单位立功问题研究》，载李希慧、刘宪权主编：《中国刑法学年会文集（2005 年度）第一卷：刑罚制度研究（上册）》，中国人民公安大学出版社 2005 年版，第 570 页。

⑤ 卢勤忠：《单位立功的若干疑难问题研究》，载《法学评论》2007 年第 2 期。

⑥ 张明楷著：《刑法分则的解释原理》，中国人民大学出版社 2004 年版，第 25 页。

活动及其外化的单位行为。单位犯罪中直接责任人员的犯罪行为，实质上是单位的整体行为及单位意志的外化。刑法既然规定单位犯罪，就是认可单位中一部分个人行为的单位化，那么根据刑法的解释原理，既然在不利的方面（入罪）可以将特定人员的行为归属于单位，由单位承担责任，那么在有利的方面（立功、自首）更应认可其个体行为的单位化，即单位中特定人员的立功行为，其法律上的利益归属于单位。换言之，刑法既然肯定了单位系犯罪的适格主体，具有犯罪能力，则刑法也应当承认犯罪单位立功主体的适格性，承认其立功能力。并且，刑法司法解释及司法实践已经认可单位犯罪的自首能力，那么与自首基本类同的立功制度，也应适用于单位犯罪。这是刑法解释的当然逻辑。[①]

第二，确认单位立功是罪责刑相适应原则的基本要求。《刑法》第 5 条规定了罪责刑相适应原则，要求衡定犯罪人的刑事责任应以犯罪行为的社会危害性与犯罪行为人的人身危险性为基础。根据这一原则，对于犯罪后立功的，应当从宽处罚，对于犯罪情节基本相同的单位，根据其有无立功的情节而处以不同的刑罚，可以充分体现罪责刑相适应原则。有学者认为，刑法规定单位犯罪后，对于单位的处罚只有罚金刑单一刑种，因而无法体现从轻或者减轻处罚的法律效果，据此否定单位立功的实际意义。[②] 笔者认为，这一问题在自首上也同样存在。单位犯罪自首的，其刑罚上的效果也是对罚金刑适用从轻、减轻、免除处罚，但相关司法解释已经肯定单位犯罪自首问题，显然对单位犯罪罚金刑适用进行了充分考虑。并且，从司法操作的层面看，单位犯罪立功后，对于单位的罚金刑并非无法适用从轻、减轻或者免除处罚。对于这一问题，大多数肯定单位犯罪立功的学者认为单位犯罪的罚金刑只能从轻或免除适用，无法减轻适用。如果存在可以减轻或应当减轻的情况，此时该单位犯罪根据刑法规定是双罚制，那么对直接责任人员的减轻处罚应当视做犯罪单位立功后整体的刑事责任的减轻，但如果是单罚制，如《刑法》第 161 条规定的违规披露、不披露重要信息罪，则只处罚直接负责的主管人员和其他直接责任人员，此时也应当可以适用《刑法》第 68 条的规定。[③] 笔者对此有不同看法，笔者认为，对于刑法规定一个量刑档次的，适用从轻或免除处罚，在操作上当然没有问题；对于刑法规定两个量刑档次的，如生产、销售伪劣产品罪，在适用刑罚时，在犯罪事实对应法定刑下一个档次适用罚金刑数额，当然也是减轻刑罚。

① 孙国祥：《犯罪单位立功若干问题辨析》，载《人民检察》2007 年第 15 期。

② 参见李小涛：《单位立功疑难问题研究》，载《北京科技大学学报（社会科学版）》2009 年第 1 期。

③ 参见王沁：《单位犯罪的立功问题研究》，载《成都理工大学学报（社会科学版）》2009 年第 3 期。

第三，确认单位立功符合功利原则。刑法设立立功制度，体现的主要是功利价值，即通过鼓励犯罪人积极揭发检举犯罪，节约司法投入，提高犯罪防控效益，并通过激励犯罪人利用自身力量，对社会作出积极贡献等，促进犯罪人人身危险性的减小，获得最大的利益。确立单位立功同样也可以实现这一价值。犯罪单位通过一定措施，积极调动涉案人员，积极揭发检举其他犯罪线索，在单位组织下，积极配合司法机关抓捕其他犯罪案件的犯罪人，或阻止正在发生的刑事犯罪，这正是符合立功制度的价值目的的。

在解决了单位犯罪可以立功的情况下，需要进一步解决的问题是，如何认定单位立功与单位犯罪中承担刑事责任的自然人的立功，以及二者的关系。对此，有人认为，单位犯罪的直接负责的主管人员或者其他直接责任人员立功的，可以在认定自然人立功的同时，认定单位立功的成立。[①] 更有人认为，在单位犯罪的情形下，一切单位行为都外化为责任人员的行为，因为，单位主管人员的立功行为的刑罚减免效果既适用于自然人也适用于单位。[②] 对于上述完全将单位内部人员的立功等同于单位立功的观点，有人提出异议，认为这种一概而论的观点有可能混淆单位行为与个人行为的界限，不适当扩大单位立功的范围，是不妥的。因此，有必要严格区分单位立功与个人立功，区分的关键是看立功行为是否为单位行为。而作为单位行为最主要的特征就是必须体现单位整体意志，代表单位的利益。[③]

笔者认为，与自首制度不同的是，立功制度着重强调立功行为的功利性，不强调犯罪人的主观方面以及立功动机，行为人即使不认罪，也不影响立功的成立，且犯数罪时，立功对数罪具有从轻效果。因此，从立法的精神看，在认定单位立功时，应该体现比自首更为宽松的政策。参照前述单位自首时的认定规则，笔者主张对单位立功按下列规则处理：

一是单位犯罪立功的成立。由于单位犯罪立功，体现的是单位的意志，因此，实行单位立功的也必须是体现单位意志、能够代表单位的人，由其来实行刑法规定的立功行为。因此，经单位集体研究后决定实行立功行为的，当然构成单位犯罪的立功；能够代表单位的主要负责人，未经单位集体研究决定，自己实施立功行为的，由于其可以代表单位意志，因此，也认为成立单位立功。

二是单位立功的效力。对于成立单位立功的，除了对单位在适用刑罚时作从

---

① 冯卫国、王志远著：《刑法总则定罪量刑情节通释》，人民法院出版社 2006 年版，第 525 页。

② 蒋熙辉著：《单位犯罪刑事责任探究和认定》，人民法院出版社 2005 年版，第 312 页。

③ 孙国祥：《犯罪单位立功若干问题辨析》，载《人民检察》2007 年第 15 期。

宽处理之外，参照不低于单位自首的认定标准及规则，其效力应涵射到所有单位犯罪成员，对所有成员在适用刑罚时均可以作从宽处理。

三是在单位犯罪中承担刑事责任的自然人中，不能代表单位意志的其他责任人员，未经单位研究自己单独实施的立功行为，其立功效力仅及于个人，对单位犯罪及其他责任人员不能成立立功。

（二）行为要件

立功行为必须是对国家和社会有利的突出表现，但并不是对国家和社会有利的突出表现都能构成立功。换言之，只有经过法律确定的对国家和社会有利的行为才可能成为量刑情节的立功。笔者认为，根据法律及相关司法解释，以下几种行为属于立功行为：揭发他人犯罪的行为，经查证属实的；提供侦破其他案件的重要线索，经查证属实的；阻止他人犯罪，经查证属实的；协助司法机关抓获其他犯罪嫌疑人包括同案犯的；其他有利于国家和社会的突出表现的行为。犯罪人要争取立功，必须实施上述其中一个以上的行为。至于其中每一种立功行为如何认定，笔者将在立功的认定部分详细论述。

（三）时间要件

所谓时间要件，是指立功行为所产生的时间域，即从起始至截止的时间区域。需要注意以下几点问题：

1. 立功的起始时间

关于立功起始时间的观点可归纳为犯罪预备说、着手说、犯罪后说和到案说等不同主张。有学者认为，“立功的时间始于犯罪预备终于刑罚执行完毕；但作为刑罚裁量情节的立功，通常在判决或裁定之前”①。也有学者认为，“立功始于犯罪预备而终止于判决、裁定生效之前”②。还有学者认为，立功的时间“始于犯罪预备终于刑罚执行完毕，即犯罪分子从犯罪预备起到刑期届满或执行死刑之前为止，不论司法机关是否对其立案侦查，也不论其处于哪个诉讼阶段，均可成立立功”③。马克昌先生也支持这一观点。④ 张明楷教授在其所著的《刑法学》中提出：“将立功限定为到案后的表现，并不合适。从理论上说，因为行为人犯罪后所实施的有利于预防、查获、制裁犯罪的行为，都在某种程度上表明行为人对犯罪的痛恨，其再犯罪的可能性减少；而不是只有在到案后所实施的有利于预

---

① 汪勇、姜志长：《我国刑法设立立功制度的依据和意义》，载《娄底师专学报》1999年第4期。

② 赵长青主编：《新编刑法学》，西南师范大学出版社1997年版，第309页。

③ 刘家琛主编：《新刑法新问题新罪名通释——根据最高人民法院最新司法解释修订》，人民法院出版社2000年版，第307页。

④ 马克昌主编：《刑罚通论》，武汉大学出版社1999年版，第396页。

防、查获、制裁犯罪的举止，才能作为从宽处罚的根据。在此意义上说，司法解释将立功限定为到案后的表现，是对行为人不利的限制解释，也是不利于保障人权的解释。从事实上说，否认到案前有立功表现也明显不当。"① 而陈兴良教授则认为："立功行为发生于刑事诉讼阶段。刑事诉讼阶段指侦查、起诉、审判阶段，概言之，量刑情节意义的立功必须发生于犯罪分子开始被追诉以后，判决发生法律效力之前这一阶段内。"② 还有人认为，应当扩大立功成立的时间范围并提出把立功的时间上限提前到犯罪以前。而在我国的司法实践当中，一般以1998年最高人民法院《解释》为依据，认为立功的时间要件应当是"犯罪分子到案后判决生效前"的期间。

笔者认为，上述各种观点所主张的立功成立的时间域虽然有一定的差异，但比较而言，都比司法解释采取的"到案说"所代表的时间域要宽泛。虽然都有一定的道理。但关于立功的起始时间，与前述论证一致，笔者主张应以"犯罪后"为起算点，而不是有关司法解释中的"到案后"。具体理由如下：

其一，在《刑法修正案（八）》之前，《刑法》关于重大立功又自首的情节，时间上的限定词表述为"犯罪后"，立功主体的用语为"犯罪分子"。这些用语都是立法者特殊用意的选择，不是因为疏忽或过失才没有使用"犯罪嫌疑人、被告人、罪犯"的用语。其特殊含义就在于将犯罪后立案前的立功行为纳入到立功制度中来，肯定犯罪人犯罪后实行对社会有积极意义的行为，作为对其从宽处理的情节。《刑法修正案（八）》虽然删除了《刑法》原第68条第2款，关于"犯罪后"的表述也不再在法条中体现，但此次修正主要是针对该款"应当减轻或免除处罚"的弊端，并非针对"犯罪后"，在《刑法修正案（八）》的多次讨论中，关于立功"犯罪后"的表述，也没有任何人提出异议。因此，将犯罪人犯罪后至到案前的期间实行的有利于社会的特定行为认定为立功，符合法律的精神，有利于充分发挥立功制度的价值。

其二，按照伦理解释的逻辑和方法，将犯罪后到案前实施的相同行为作不同处理没有合理性，并且如果犯罪人犯罪后在已经知道他人犯罪行为的情况下，必须等待到案后才能成立立功的话，如果犯罪人对于是否自首存在犹豫，但对其知道的他人犯罪存在紧迫的危险时，这样的关于立功成立的时间限定条件，就会成为其及时检举揭发他人犯罪的障碍，从而使国家社会及个人双受其害。从立功的功利价值角度考量，检举揭发的时间越早，就能够越早发现并查获已经发生的犯罪，及时遏制犯罪行为，减少可能造成的损害，使国家获取的利益

---

① 张明楷著：《刑法学》（第四版），法律出版社2011年版，第524~525页。

② 陈兴良主编：《新旧刑法比较研究——废、改、立》，中国人民公安大学出版社1998年版，第191页。

更大。因此，犯罪分子到案前检举揭发他人犯罪的，更符合功利原则，更应该成立立功。

其三，有关司法解释将立功解释为“到案后”，并不影响犯罪后到案前的行为认定为立功。从《中华人民共和国立法法》的规定和精神看，司法解释与法律的关系在于解释和具体化，最高人民法院通过司法解释，可以将刑法规定的制度进行明确和具体，以便于统一掌握和执行。但是，司法解释对犯罪圈作限制性的解释，即将刑法规定的犯罪范围缩小，或对犯罪人不利的情节规定更严格的认定条件，或者对犯罪有利的情节作出更宽泛的规定，是可以的；但如果作出扩大犯罪圈的解释，或对犯罪人不利的情节作出更宽泛的解释，或者对犯罪有利的情节作出更严格的条件规定，则违背了《中华人民共和国立法法》的精神。就立功制度而言，法律的意旨仍为“犯罪后”，“犯罪后”当然包括“到案后”，因此司法解释明确“到案后”实施特定行为，产生特定效果的，可以认定为立功，本身没有异议。但是如果将“到案后”理解为必须到案后才能成立立功的话，则是误解了法律的规定和精神。因此在理解这一司法解释时，不能擅自扩大解释用语的含义，既然解释没有明确到案前的行为不能认定为立功，那么，立功的时间起点，从实质的精神出发，笔者认为还是应当维持在犯罪以后。当然，对于有人提出的犯罪前的行为，也可以立功的意见，笔者是反对的。没有犯罪作为前提，就反映不出犯罪后“将功赎罪”的心理态度，而这是立功制度的核心精神。并且，如果承认犯罪前的行为可以作为刑罚从轻裁量情节，对于那些作出过突出贡献的人来说，无异于是鼓励其犯罪，那就严重违背了立功制度的价值与目的。因此，笔者反对将立功的时间起点认为是犯罪前的意见。

2. 立功的截止时间

有论者认为，立功的截止时间“应限定在检察机关提起公诉或自诉人提起诉讼之日前，即审判阶段的犯罪分子的立功行为不宜作为量刑情节进入审判程序”。对于犯罪分子在审判阶段的立功行为，论者主张待其查证属实之后，可以作为行刑制度中的立功予以处理。[①] 持这种观点的人认为，这样有利于检察机关更充分的发挥法律监督职能，有利于查处“买功”行为引发的腐败问题，还有利于对不真实的立功材料进行双层审查，即人民检察院与人民法院的双层审查。笔者认为，上述观点是不足取的，与法律规定和司法实践均存在冲突。其一，违反法律规定。成立立功的在裁量刑罚时予以从轻处理，那么在审判阶段查实立功的，要求人民法院对立功置之不理，待判决作出后再启动再审程序修正，不仅耗费司法资源，也因程序延长，损及犯罪人的合法权益，如有的犯罪人综合犯罪情

---

① 仝永涛：《立功时间要件探析》，载《河南公安高等专科学校学报》2008 第 3 期；仝永涛：《审判阶段立功行为不宜作为量刑情节》，载《检察日报》2008 年 6 月 10 日。

节与立功，可以作出免予刑罚处罚的判决，根据该主张就必须先判决有罪，再启动再审程序改判免予刑事处分，而再审阶段必然涉及对其人身自由的继续限制甚至剥夺，就会损及其合法权益。其二，违反实践要求。在实践中，大多审判阶段立功的，只要判决尚未作出，就会及时将立功的情况考虑进去一并作出裁判，论者的主张，与实践中的通行的做法不相一致，实践部门也难以接受这种意见。基于本文仅论述狭义立功，笔者还是主张应以有罪判决、裁定生效为限，即犯罪分子从犯罪实行之日起至判决生效以前的侦查、审查起诉、审判阶段，包括一审、二审甚至死刑复核阶段，只要符合法定的立功条件，均应被依法认定为立功。在判决生效以后的立功属于服刑过程中的立功，可以作为减刑或假释的条件，但不是量刑情节，不是本书论证的内容。

此外，作为立功主体的犯罪分子，还应当包括被判处死刑立即执行的犯罪分子。其理由在于：第一，被判处死刑立即执行的犯罪分子，如果在临场执行时揭发其他犯罪分子或提供侦破其他案件的犯罪线索，就会引发死刑执行的中止，由刑罚裁决机关，通常是指高级人民法院对其揭发内容进行审查，如经查证属实并构成立功的，就会出现新的裁判结果并导致原裁判文书的撤销。这种刑罚变化与除死刑立即执行之外的其他刑罚执行阶段的减刑有根本性的差别：第一，产生的阶段不同。前者产生于刑罚裁量阶段，因为死刑执行中止引发的是刑罚的重新裁量，所以从这种意义上讲仍是处于刑罚的裁量阶段；后者则产生于刑罚的执行阶段。第二，执行机关不同。死刑的执行机关是审判法院（根据现有法律，负责执行死刑的机关是中级人民法院），不涉及监狱等机关；而其他刑罚执行机关为监狱、看守所等机关。换言之，前者是刑罚裁量问题，后者则是刑罚执行问题。第三，启动事由不同。被判处死刑的犯罪分子仅因实行了揭发他人犯罪、提供侦破其他犯罪的线索等有限的法定行为而引发死刑执行的中止，如果经查证属实，可能启动刑罚的重新裁量，否则被中止的死刑仍将被执行；而被执行其他刑罚的犯罪分子的减刑事由则更为广泛、宽松。第四，法律后果不同。从死刑立即执行到其他刑罚的改变充分体现了我国一贯坚持的“慎杀、少杀”死刑政策，关系到一个人的生死存亡；而刑罚执行阶段的减刑仅涉及自由刑的长短变化。二者在程度上不能同日而语。

（四）特定效果要件

特定效果要件，即立功行为必须实现特定的效果。对于揭发型立功，即犯罪分子到案后有揭发他人犯罪行为的，必须经司法机关查证属实；对于提供重要线索型立功，即提供重要线索的，必须对司法机关侦破该案件起到实质性帮助作用；对于阻止他人犯罪活动型的立功，必须是有效地阻止了他人的犯罪行为；对于协助抓捕型立功，即协助司法机关抓捕其他犯罪分子（包括同案犯）的行为，必须对司法机关抓捕其他犯罪分子具有实质性的帮助；对于其他类型立功，即作出突出贡献或实施对国家社会有重要积极价值行为的，其贡献和行为必须符合主流社会价值观，并对国家安全和社会经济发展有切实促进和推动作用。

总之，犯罪人犯罪后要成立立功，必须具备上述四个方面的要件。具备了这些要件，才能成立刑法意义上的立功，因而在裁量刑罚时给予相应的从宽处理。

第十一章 立功的认定

一、揭发型立功的认定

《刑法》第68条规定，“犯罪分子有揭发他人犯罪行为，查证属实的”成立立功。根据《辞海》的解释，揭发是指揭露检举；检举是指向国家司法、公安等机关举发别人的违法犯罪行为。一般认为，这种立功表现形式的认定，需要具备三个条件：（1）有揭发他人犯罪行为的行为，即犯罪分子到案后，揭发除本人之外的其他人的犯罪行为，包括与本案无关的他人或共同犯罪中其他犯罪嫌疑人的除本案中犯罪行为之外的其他犯罪行为，并且所揭发的他人犯罪行为依据法律规定已经构成犯罪。（2）他人的犯罪行为必须要“查证属实”。（3）犯罪分子的揭发行为与他人犯罪行为的查证属实具有实质的帮助关系，即犯罪人的揭发行为，对司法机关及时查处该起犯罪事实起到有效帮助。从司法实践中看，需要进一步研究的是如何认定“他人的”、“犯罪”和“查证属实”。

（一）“他人”的认定

1998年最高人民法院《解释》规定，犯罪分子到案后有检举、揭发他人犯罪行为，包括共同犯罪案件中的犯罪分子揭发同案犯共同犯罪以外的其他犯罪，经查证属实的，成立立功。共同犯罪案件的犯罪分子到案后，揭发同案犯共同犯罪事实的，可以酌情予以从轻处罚。因此，一般而言，交代与自己无关的他人的犯罪，认定时不存在疑问，但是在共同犯罪中揭发他人犯罪事实的，就存在一定的问题和争议。

上述规定根据共同犯罪的范围来划分自首与立功的区别：揭发共同犯罪是自首，揭发共同犯罪以外的犯罪是立功。实际上，这种区分标准存在问题。自首与立功的关键区分在于：自首是如实供述自己的罪行，立功是揭发他人犯罪。只有当犯罪人所交代的事实超出了“自己的罪行”的范围，才有可能构成揭发“他人”犯罪事实型的立功行为。

根据与本人犯罪行为是否具有关联性，可将“他人犯罪行为”区分为无关联性的他人犯罪行为与有关联性的他人犯罪行为。对于揭发与本人犯罪行为没有任何关联的他人犯罪行为，经查证属实的构成立功，自然不存在问题。但是，实践中对于揭发与本人犯罪行为具有某种关联性的他人犯罪行为是否属于揭发型立功中的“他人犯罪行为”，则存在认识上的分歧。从刑法规定来看，具有关联性质的他人犯罪行为主要包括以下几类：一是共同犯罪中的他人犯罪行为；二是具有对合关系的犯罪中的他人犯罪行为；三是连累犯与基本犯中的他人犯罪行为。下面分别予以具体分析。

1. 一般共同犯罪中的他人犯罪行为

对于一般共同犯罪，虽然本人所实施的具体行为与他人所实施的具体行为因分工的不同可能有所区别，但二者在主观上存在共同的犯罪故意，客观上也视为一体的共同犯罪行为，二者被纳入到同一犯罪构成中予以评价，因此本人在到案后履行如实供述的义务时，应当如实供述的犯罪行为，既包括本人参与的犯罪行为，也包括同案犯的共同犯罪行为。前述最高人民法院《解释》在第 6 条中对此明确规定：“共同犯罪案件的犯罪分子到案后，揭发同案犯共同犯罪事实的，可以酌情予以从轻处罚。”据此，揭发同案犯共同犯罪事实的不能认定为立功，但符合坦白要求的，可以按《刑法》第 67 条第 3 款处理，只不过与立功相比，从宽的幅度有所缩小。对于揭发共同犯罪中同案犯的共同犯罪以外的犯罪事实的，由于仍然属于与本人犯罪无关的犯罪事实，因此，仍然符合立功构成要件的他人行为，应按立功对待。需要注意的是，我国刑法中的共同犯罪，在处理时共同犯罪人被判决的罪名可能不尽一致，如共同实行伤害犯罪时，其中一人超出共同犯罪故意实施了杀人行为，因而构成杀人罪的，或者共同实施盗窃行为，其中一人为抗拒抓捕当场使用暴力或以暴力相威胁，因而构成转化抢劫罪的，对于这种共同犯罪中的实行过剩行为，如何处理?[①] 根据刑法理论，共犯实行过剩分为质的过剩和量的过剩。质的过剩，是指过剩行为与共同犯罪行为没有因果性，二者性质完全不同。例如，甲教唆乙入室盗窃，乙入室盗窃后，临时起意强奸了女主人。甲、乙的共同犯罪是盗窃罪，乙的强奸罪就属于质的过剩。量的过剩，是指过剩行为与共同犯罪行为具有因果性，二者只有程度差别而已。例如，甲教唆乙入室盗窃，乙入室盗窃到财物后，被主人发现，为了抗拒抓捕对主人实施暴力。甲、乙构成盗窃罪的共同犯罪，但乙已经转化为事后抢劫罪。乙的抢劫罪就是量的过剩。笔者认为，对于上述质的过剩而言，由于过剩行为与未参与人没有关系，所以未参与人揭发过剩行为的，属于立功。就前述强奸案而言，甲揭发乙的强奸罪，应成立立功。就量的过剩而言，由于过剩行为与未参与人具有因果关系，因此未参与人揭发过剩行为，不属于立功。就前述转化抢劫案而言，甲揭发乙的抢劫罪，不应成立立功。但是，对于这种情况，由于已经超出了共同犯罪中

① 周光权著：《刑法总论》，中国人民大学出版社 2007 年版，第 342 页。

重叠的事实部分，可以在量刑时酌情从轻处理。

2. 具有对合关系的犯罪中的他人犯罪行为

在刑法理论上，对合犯又称对向犯，是指在犯罪构成上预先设定了复数行为者的双向行为的犯罪，即由反对之方向，而合致实施之犯罪，[①] 亦即对合犯是以两人以上相互对向性的行为为构成要件的犯罪。在具有对合关系的犯罪中，双方主体各自实施的犯罪行为之间存在对应关系，共同促进双方犯罪行为的完成，缺少一方的犯罪行为，另一方的犯罪行为就无法实施或者完成。一般来说，对合犯分为三种类型：一是对参与者同等处罚的情形（如重婚罪）；二是对参与者差别处罚的情形（如行贿罪与受贿罪）；三是对当然预想到了参与行为欠缺处罚规定的情形（如贩卖淫秽物品罪中的购买行为）。[②] 这类犯罪既可能是同一罪名，如重婚罪；也可能是不同罪名，如行贿罪与受贿罪。对于这类犯罪而言，在认定立功时，要参照自首、坦白中“自己的罪行”的认定规则。其中法律或司法解释明确属于自首、坦白中“自己的罪行”的，显然不能再成立立功；对于法律和司法解释明确不属于自首、坦白中“自己的罪行”的，显然属于新的犯罪事实，可以成立立功。其理由在于：立功是独立于自首、坦白之外的一种刑罚制度。其一，立功并不以自首、坦白为前提；其二，立功具有独立于自首之外的法律后果。众所周知，对犯罪行为不能重复评价，同样，对有利于犯罪人的量刑情节也不能作重复评价。既然如此，立功的成立，就要求有独立于自首、坦白之外的条件。换言之，认定自首、坦白的根据，不能同时成为认定立功的根据。而自首、坦白也要求犯罪人如实供述自己所犯罪行，所以不管犯罪人是单独犯罪还是与他人共同犯罪，凡属于如实供述自己所犯罪行的或者说犯罪人的交代没有超出“自己的罪行”的范围的，便不可能构成立功。只有当犯罪人所交代的事实超出了“自己的罪行”的范围的，才可能属于“他人犯罪行为”，进而成立立功。据此，上述第一类对合行为和第二类对合行为，其犯罪构成要件相互涵盖了对应方的犯罪行为，任何一方在如实供述本人犯罪事实时也必然涉及对应方的犯罪行为，揭发对应方的犯罪行为并未超出其如实供述的范围，因此也就不存在揭发他人犯罪行为的问题，如行贿人在交代犯罪事实时必然交代相对应的受贿人的受贿事实，其行为当然不构成立功。但是，根据我国刑法规定，行贿与受贿虽为对合行为，但并非会同时构成犯罪，对于行贿人无罪而受贿人构成犯罪的场合，由于行贿人不是犯罪，即使不交代这一部分事实，也不影响其刑事责任，因而在犯其他罪行时，揭发受贿者的受贿犯罪的，也应该属于“揭发他人犯罪”，可以成立立功；否则的话，对于行贿人而言，揭发他人犯罪的，由于自己不成立行贿罪因

① 陈朴生著：《刑法总论》，台北中正书局 1995 年印行，第 159 页。

② 参见张明楷：《论揭发“他人”犯罪行为》，载《人民检察》2005 年第 10 期。

而不能成立自首，如果也不按立功对待，就没有动力和积极性实施类似的揭发行为，如此则于国家、于社会、于人民均无价值可言。从功利的价值考量，也应把这种行为作为立功行为，如此才能充分发挥政策激励作用。对于上述第三类对合行为，根据刑法理论的通说，立法者在规定对向犯时，当然预料到了对方的行为，既然立法者不设立规定处罚对方的行为，就表明立法者认为对方的行为不具有可罚性；如果对方积极地实施参与行为，对实行行为的产生和发展起了有力推动和促进作用，则以教唆犯或者帮助犯论处。因此，在一般情况下，由于不处罚接受者的行为，因此接受者在犯他罪时，揭发他人实行刑法规定的定型行为时，就认定为是其他犯罪，可以成立立功；对于接受者积极促进和推动实行行为，因而构成教唆犯或帮助犯的，由于与刑法规定的定型行为是共同犯罪，因此即使其在犯他罪时“揭发”实行者的行为，只能属于如实供述自己的罪行，根据具体情况可以按准自首或坦白对待。例如，《刑法》规定的贩卖淫秽物品罪，由于立法者当然预想到了购买者的行为，既然刑法不对购买行为设置法定刑，就表明刑法不处罚购买行为，即购买行为不构成犯罪，如果购买者犯罪后，向司法机关揭发贩卖者的行为的，属于其他新的犯罪事实，可以成立立功；但是，如果购买者教唆本无犯罪意图的他人产生犯罪意图，进而实行贩卖淫秽物品行为因而构成犯罪的，对购买者可以按贩卖淫秽物品罪的教唆犯处理，此时其与贩卖者是共同犯罪，贩卖者的犯罪行为也是其犯罪行为的一部分，属于“自己的犯罪事实”，即使在犯其他罪行后向司法机关揭发贩卖者的犯罪事实的，也不能成立立功，只能按准自首或坦白对待。

3. 连累犯与基本犯中的他人犯罪行为

所谓连累犯，顾名思义，是指因受到他罪的牵连或者连累而实施的犯罪。理论上有学者认为，连累犯，是指事前与他人没有通谋，在他人犯罪以后，明知他人的犯罪情况，而仍然以各种形式予以帮助，依法应受处罚的行为。① 连累犯具有以下四个特征：第一，明知他人的犯罪情况而予以帮助，此为连累犯的主观特征。如果对他人的犯罪并不知情，虽然与犯罪有一定的关系或者提供了一定的帮助，也不构成连累犯。第二，行为人虽然事先与他人没有通谋，但在事后明知他人实施了犯罪，仍然向其提供各种帮助以逃避司法机关追诉的行为，这是连累犯的客观特征。帮助行为可以是作为，也可以是不作为，如 1960 年《苏俄刑法典》第 19 条规定的不检举，就是由不作为构成的。我国《刑法》第 310 条规定的窝藏、包庇罪；第 312 条规定的掩饰、隐瞒犯罪所得、犯罪所得收益罪；第 349 条规定的窝藏、转移、隐瞒毒品、毒赃罪和包庇毒品犯罪分子罪；第 379 条规定的战时窝藏逃离部队军人罪；第 417 条规定的帮助犯罪分子逃避处罚罪等，

① 陈兴良著：《共同犯罪论》，中国社会科学出版社 1992 年版，第 464 页。

就是由行为人的积极作为构成的，而《刑法》第311条规定的拒绝提供间谍犯罪证据罪，则只能由不作为构成。第三，连累犯的犯罪行为基于被帮助的犯罪分子的先前犯罪行为而实施，没有先前的犯罪行为，就不会引发为先前的犯罪分子提供帮助的犯罪行为。第四，连累犯必须由法律明文规定，此为连累犯的法律特征，亦即如果没有法律规定，那些与犯罪具有连累关系的行为也就不能以犯罪论处。从上述分析可以看出：连累犯是由于他人犯罪之后因提供各种帮助他人逃避法律追究的行为而具有了刑事可罚性，因其与先前犯罪人没有通谋，而难以纳入共同犯罪的范围，而其犯罪的事后性，又恰恰表明它在成立犯罪上对先前犯罪的依附性。正如有论者指出的，连累犯在犯罪构成上以基本犯的有关人或物作为自己犯罪的对象，连累犯的存在与成立以他人犯有相关犯罪为必要条件。[①] 连累犯不同于共同犯罪，连累犯与基本犯既不存在共同的犯罪行为，也不存在共同的犯罪故意；连累犯也不同于存在对合关系的犯罪，连累犯的事后帮助行为与基本犯的犯罪行为之间也不存在对应关系。如果连累犯与基本犯事前通谋，则超出了事后帮助的范围，应将连累犯以基本犯的共犯论处。那么，连累犯与基本犯相互揭发是否属于揭发“他人犯罪行为”，进而成立立功呢？笔者认为，不能一概而论，应当区别不同情况进行认定。

（1）基本犯揭发连累犯的，即先前犯罪人检举、揭发连累犯的行为能否构成立功。理论上有两种观点：一种观点认为，检举连累犯构成立功。理由是揭发者与连累犯所犯的罪行不同，尽管接受连累犯帮助的先前犯罪人对连累犯实施犯罪具有原因力，或者说犯罪的牵累性，但却不能因此而扩大先前犯罪人罪责的范围。因为既然刑法将先前的犯罪人逃避法律追究的行为并未单独进一步犯罪化，仅作为事后不可罚的行为看待，那么也就没有必要将先前犯罪人因逃避法律追究而牵累他人犯罪的结果作为先前犯罪人应该承担的刑事责任的罪行范围。[②] 因而基本犯与连累犯是各自独立的犯罪，在公安机关并未发现的情况下，犯罪分子揭发连累犯的犯罪行为，符合最高人民法院《解释》规定的构成立功的条件；另一种观点认为，检举连累犯不构成立功，理由是如果揭发者真要如实供述自己的罪行，那么其必然供述连累犯的罪行，所以犯罪分子揭发连累犯的犯罪行为，不属于揭发与自己的犯罪行为无关的他人的犯罪行为，属于供述自己的犯罪行为。[③] 笔者认为，连累犯与基本犯是相互关联的犯罪，其关联性体现在连累犯对基本犯的事后帮助上，连累犯是通过对基本犯提供销赃、窝藏、包庇等事后帮助

① 吴光侠：《论连累犯》，载《政法论坛》2003年第2期。

② 龙洋：《几种特殊犯罪形式的立功认定——以连累犯等揭发型立功的认定为视角》，载《西北大学学报（哲学社会科学版）》2009年第5期。

③ 参见赵志华：《立功制度的法律适用》，载《国家检察官学院学报》2003年第4期。

行为，帮助基本犯的犯罪分子或者逃避法律制裁，或者利用其犯罪所得维持其不法状态。应当说，连累犯对基本犯的事后帮助是通过基本犯的接受帮助行为来实现的，如果基本犯不接受帮助，连累犯就无法实施或者完成。对基本犯而言，行为人在犯罪行为完成以后，为了利用或确保其犯罪行为的不法利益，往往会进行一系列的事后行为，如将赃物进行销售，寻求他人对其提供资助帮助其逃匿等。对于这些事后行为，立法者在确立基本犯罪行为的法定刑时，就已将这些具有一定社会危害性的事后行为一并加以考虑，作为不可罚的事后行为对待，不再另行定罪处罚。从这个意义上讲，基本犯在如实供述其基本犯罪行为的同时，对其不可罚的事后行为是否供述，均不影响其刑事责任。但是按照一般的刑事诉讼程序，在司法机关涉及赃款赃物以及犯罪后行为的查证上，必然要求一并如实供述不可罚的事后行为，故基本犯揭发连累犯的犯罪行为，仍然没有超出如实供述的范围，不属于揭发“他人犯罪事实”，不能认定为立功。从另一个角度看，如果肯定此种情况可以成立立功，就会产生基本犯连累的犯罪人越多、立功机会越多、处理越轻的悖论，而这一结论显然不符合功利原则，与立功制度的基本精神相违背。上述结论也与司法实践的情况基本符合，在“蔡勇、李光等故意伤害、窝藏案”[①] 中，对于被告人蔡勇供述的其逃匿期间得到李光、卢峰和蔡学渊的资助的事实，以及公安机关根据其供述先后将李光、卢峰和蔡学渊缉捕归案的情况，审判机关认为《刑法》和司法解释规定的“揭发他人犯罪行为”，应该理解为与本人的违法犯罪行为无关的他人犯罪行为。接受连累犯帮助的犯罪分子对连累犯实施犯罪具有原因力，实际上是连累犯的制造者，双方的犯罪行为是相辅相成、缺一不可的，存在因果关系，只是我国刑法未将这一行为规定为犯罪，因而对接受帮助的犯罪分子不认定为窝藏罪的共犯而已，因此不能认定为立功表现。同时，审判机关针对实践中认为此种情况属于不同犯罪、可以认定为立功的观点进行了分析，指出这一观点是机械地搬用法律条文所致，持此种论点的人回避了蔡勇的逃匿行为与李光、卢峰等人的窝藏行为之间的关联性和因果关系。同时指出我国法律确立立功制度的本意是为了调动一切积极因素，鼓励犯罪分子作出有益于国家和社会的行为，从而减轻自己的罪责，并获得司法机关的从宽处罚。如果接受窝藏的犯罪分子制造窝藏犯罪后，再揭发该犯罪行为可被认定为立功的话，那么将预示着犯罪分子逃避司法机关追诉的时间越长，制造的窝藏犯罪越多，害的人越多，其立功的机会也就越多，功劳也就越大，这与确立立功的立法本意完全相悖。

（2）连累犯揭发基本犯。对于连累犯揭发基本犯的，应当根据连累犯的犯

① 参见蒋征宇、沈燕：《蔡勇、李光等故意伤害、窝藏案——被窝藏人主动供述他人窝藏犯罪的不能认定为立功》，载《刑事审判参考》2003 年第 1 集。

罪构成是否能够涵射基本犯的犯罪行为来判断。连累犯属于故意犯罪，从刑法所规定的各种连累犯的犯罪构成来看，无论是窝藏、包庇罪，洗钱罪，还是掩饰、隐瞒犯罪所得、犯罪所得收益罪，包庇毒品犯罪分子罪等，主观上都要求行为人明知行为对象系“犯罪的人”、“犯罪分子”或者“犯罪所得及其产生的收益”。但从刑法规定的情况来看，这种作为主观要件的明知包括两种情况：一是确定性明知，是指连累犯对基本犯的具体犯罪行为要有明确的认识。例如，《刑法》第191条就明确规定，行为人主观必须“明知是毒品犯罪、黑社会性质的组织犯罪、恐怖活动犯罪、走私犯罪、贪污贿赂犯罪、破坏金融管理秩序犯罪、金融诈骗犯罪的所得及其产生的收益”，才能构成洗钱罪。之所以对部分连累犯规定确定性明知，往往是为了体现对这种连累犯进行重点惩处的刑事政策。包庇黑社会性质组织罪，拒绝提供间谍犯罪证据罪，包庇毒品犯罪分子罪，窝藏、转移、隐瞒毒赃罪等均属于这类犯罪。对于要求对基本犯确定性明知的连累犯而言，基本犯的具体犯罪行为就已经为连累犯的犯罪构成所涵射，那么连累犯在如实供述其犯罪事实时就应当一并供述其所知的基本犯的具体犯罪事实，故其揭发基本犯的具体犯罪事实就属于如实供述的范围，而不属于揭发“他人犯罪行为”，故不能认定为立功。二是概括性明知，是指刑法规定连累犯主观上只需对行为对象具有概括性的认识，无须对基本犯的具体犯罪行为有明确的认识。对于窝藏、包庇罪等连累犯而言，只要求行为人主观上明知行为对象系“犯罪的人”、“犯罪分子”或“犯罪所得及其产生的收益”即可，即属于一种概括性的明知，不需要对基本犯的具体犯罪行为有明确的认识。掩饰、隐瞒犯罪所得、犯罪所得收益罪，帮助犯罪分子逃避处罚罪等属于此类犯罪。这类连累犯的犯罪构成并不能涵射基本犯的具体犯罪行为，其并无如实供述基本犯的具体犯罪行为的义务。因此，对于这类连累犯而言，揭发基本犯的具体犯罪行为就超出了其如实供述的范围，属于揭发“他人犯罪行为”，故应当认定为立功。

那么，将只要求概括性明知的连累犯揭发基本犯的行为认定为立功，是否会导致扩大立功认定范围，造成轻纵犯罪人的后果呢？笔者认为，实际上并不会，尽管这种连累犯帮助的基本犯越多，所获得的立功机会也就越多，被从宽处罚的幅度也就可能越大；但从刑法的规定来看，这种连累犯，无论是窝藏、包庇罪，还是掩饰、隐瞒犯罪所得、犯罪所得收益罪，帮助犯罪分子逃避处罚罪等，均将“情节严重”作为法定刑升格的条件，而多次帮助基本犯的则当属于“情节严重”，从而对其升格处刑。因此，对这种连累犯揭发基本犯认定立功的，应当同时综合其立功表现与情节严重程度，平衡量刑。而在基本犯揭发连累犯的情况下，由于无论基本犯接受多少事后帮助均不会加重其刑事责任，如果认定为立功就会造成制造的连累犯越多，从宽幅度反而可能越大的现象，与立功制度的本意并不相符。但将只要求概括性明知的连累犯揭发基本犯的行为认定为立功，并不会出现这种现象。事实上，如果认定这种连累犯构成立功，将更有利于及时查处更为严重的犯罪行为，符合立功制度的立法意旨。

4. 多众犯中的他人犯罪行为

多众犯，是指以多数人实施向着同一目标的行为为要件的犯罪。在我国刑法中包括聚众共同犯罪与集团共同犯罪。就聚众共同犯罪而言，刑法有的条文规定了首要分子、积极参加者及其他参加者的法定刑；有的条文只规定了首要分子与积极参加者的法定刑。后一种情况下，在刑法明确追究刑事责任的范围之外，不能根据总则规定处罚其他参与行为。因为，多众犯涉及的人较多，立法者规定只处罚几种参与行为，正是为了限定处罚范围。如果另外根据总则规定处罚其他参与行为，则违反了立法精神。对于多众犯中的一般参与者，如果在刑法明确追究刑事责任的范围之外的，则在犯他罪时，揭发其参与的多众犯中刑法明确追究刑事责任者的行为，显然已经超出了“如实供述自己的罪行”的范围，当然应认定为立功。

（二）“犯罪”的认定

被揭发的行为必须构成犯罪，且认定犯罪以行为的法律属性为标准。关于什么是犯罪事实，一般情况下不存在疑问，但是对于被揭发的行为是由于情节轻微被检察机关不起诉的，或因超过追诉时效撤销案件的，或因行为主体不具有刑事责任能力的等情况，如何处理？实践中仍存在一定争议。对此有人认为，如果其揭发的他人罪行经侦查能够达到破案，以及查明犯罪事实存在，但由于刑事政策（如经特赦令免除处罚的）、诉讼经济（如已过追诉时效的）、处罚必要（如犯罪嫌疑人死亡的）等原因不予追究行为人刑事责任的情况，即实现了“有利于司法机关发现、侦破、处理刑事案件”的目的，对减少犯罪黑数、提高侦查机关破案率产生实质性影响的，就能构成立功，因为无论是破案后依法向公诉机关移送审查起诉还是由于法定的不追究刑事责任的情形而销案，最终该刑事案件均得到了处理，即使公诉机关审查案件后，认为符合刑事诉讼法规定的不起诉的情形，如揭发的事实属于达到犯罪程度但因为缺乏刑事责任能力、未达到刑事责任年龄不追诉的情况，也可以视为揭发他人罪行。总之，认定“他人罪行”，应只考虑“罪”的问题，不考虑“责”的问题。[①] 笔者认为有一定道理，但仍需要进一步论证。

揭发的犯罪被不起诉或未移送司法机关处理的，是指犯罪人揭发的他人犯罪行为，在实质上符合犯罪构成，只是因为犯罪情节轻微或出于政策上的考量，被

---

① 李斌：《发挥刑事司法能动性促进刑事立法和司法的机制协调——以自首、立功中“罪行”和“犯罪”的解读为切入点》，载《浙江工商大学学报》2008 年第 2 期。

依法从轻处理或不移送司法机关处理或由检察机关作不起诉处理等，如揭发他人的行贿行为，因该行贿人到案后主动交代行贿犯罪事实，因而被检察机关不予追究刑事责任的，或者揭发他人贪污数额刚刚达到犯罪标准，纪检监察机关查证后认为情节较轻，作出纪律处分，不再移送司法机关处理的决定的。例如，被告人朱某原系某县医院院长，在交代自己的犯罪事实后向检察机关揭发该县卫生局原局长任某收受他人财物的事实。根据有关规定，检察机关将此情况转告县纪委。经纪委调查查明任某在任该县卫生局局长期间收受他人财物6000余元，该县纪委经研究并请示领导批准，根据任某的受贿数额、情节、全部退出受贿款的表现，对任某给予纪律处分，没有移送司法机关处理。对此，一种意见认为，朱某的行为构成立功。其理由是，朱某揭发的事实经查属实，且根据刑法规定，任某的受贿数额已达到犯罪标准，依法应追究其刑事责任。至于该县纪委根据具体情况没有将任某移送司法机关处理，并不影响任某的行为构成犯罪本身。另一种意见认为，朱某的揭发行为不构成立功。其理由是，我国法律规定未经人民法院依法判决，不能确定任何人有罪。根据这一原则，由于任某的行为未经人民法院确认为有罪，因此不能认定任某的受贿行为就是犯罪。由于朱某揭发的行为不是犯罪，因此不能认定为立功，不能因为从现有表象上看任某的行为构成受贿罪，就当然的认为朱某揭发的就是他人犯罪。[①]

最高人民法院有关业务庭编的《刑事审判参考》中也载有类似情况的判例:[②] 被告人周某某携带购买的海洛因入住某市某酒店后，与该市吸毒人员杨某某联系，欲向其出售。根据情报，公安人员当日在该酒店将周某某抓获，并从其房间内查获海洛因337.3克。周某某归案后，供称该市李某曾向他购买过毒品，并根据公安人员的安排用电话与李某联系，双方商定由周某某贩卖给李某海洛因60克。后公安人员将按约前来的李某抓获。侦破此案的公安机关将犯罪嫌疑人周某某、李某一并移送人民检察院审查起诉。人民检察院经审查认为，虽然李某向周某某购买海洛因60克的事实存在，但李某的行为不构成贩卖毒品罪，决定对李某不起诉。在对周某某归案后的行为是否构成立功的问题上，审理中有两种意见：一种意见认为，周某某协助公安机关抓获未被检察机关起诉的李某的行为构成立功。其理由是：第一，根据最高人民法院《解释》第5条“协助司法机关抓捕其他犯罪嫌疑人（包括同案犯)”，应当认定为立功的规定，对周某某的行为应当认定为立功。第二，判断李某是否属于上述规定中的犯罪嫌疑人，不能

① 参见陈以强:《揭发他人犯罪但未移送司法机关处理是否可以认定为立功》，载《人民法院报》2002年8月5日。

② 参见《协助公安机关抓获未被检察机关起诉的犯罪嫌疑人的行为是否构成立功》，载《刑事审判参考》2002年第3集。

仅以人民检察院是否起诉李某作为标准。因为人民检察院作出不起诉决定也有一个正确与否的问题。如果仅以人民检察院是否起诉为标准，那么对同一行为就会有两种法律评价：检察机关起诉犯罪嫌疑人的，法院认定协助者构成立功；检察机关未起诉犯罪嫌疑人的，法院就不认定协助者构成立功。这样做有违司法公正。第三，判断周某某的行为是否构成立功，应由法官根据客观事实予以认定。虽然周某某是在公安机关的控制下向李某提出买卖毒品，但李某的行为仍已构成犯罪，不能因为公安机关有引诱行为，就不认定李某购买毒品的行为构成犯罪。另一种意见认为，周某某协助公安机关抓获未被检察机关起诉的李某的行为不构成立功。其理由是：第一，按照刑事诉讼法的规定，对刑事案件的提起公诉，由检察机关负责，检察机关一旦作出不起诉决定，即具有法律效力。第二，最高人民法院《解释》第 5 条“协助司法机关抓捕其他犯罪嫌疑人（包括同案犯）”，应当认定为立功的规定中的“犯罪嫌疑人”是一个特定概念，它表明行为人具有犯罪嫌疑，但尚未最后确定，有待侦查或检察机关查证属实。在刑事诉讼过程中，一旦检察机关对该犯罪嫌疑人作出不予起诉的决定，则表明行为人就不再是“犯罪嫌疑人”了。第三，法院即使认为检察机关对李某决定不起诉不妥，也只能提出建议。最终是否提起公诉，仍需由检察机关决定。案件未经起诉、未经审判，法官不能擅自推定其有罪，当然也无权推翻检察机关的决定。《刑事审判参考》的编者（最高人民法院有关业务庭）对此情况认为，协助公安机关抓获犯罪嫌疑人的立功表现，虽不以被抓获的人已经审判并被确认为有罪为条件，但必须以有权机关（即侦查机关、公诉机关）确认其涉嫌犯罪为前提，且确因被告人的作用，使该犯罪嫌疑人被司法机关抓获。法院认定被告人是否具有“协助公安机关抓获犯罪嫌疑人”的立功表现，必须以有权机关确认被抓获的人是否涉嫌犯罪为基础，如果被抓获的人不具有犯罪嫌疑，或者开始虽被列为犯罪嫌疑人，但法院在对被告人作出裁判前，被抓获的人的犯罪嫌疑被解除，则被告人不具有或开始虽具有但随后又丧失了构成立功的条件。本案中被告人周某某供称李某曾向其购买过毒品，并在公安机关的授意、安排下，主动与李某联系并向其出售毒品，致使李某因涉嫌贩卖毒品被抓获。但检察机关经审查后认为，李某的行为不构成犯罪，决定不予起诉。既然李某已被确认不构成犯罪，周某某的上述行为也就不具有法律意义，认定立功也就失去了前提。即使检察机关对李某不起诉的决定可能有错误，法院也无权改变或否定检察机关的决定，况且由于检察机关不指控，法院未经审判，也不能认为李某构成犯罪。以检察机关对李某无罪不起诉的决定可能有错为由，从而认为李某构成立功的认识，不符合《解释》第 5 条上述规定的精神。因此对本案被告人周某某的行为，应当不予认定为立功。

实践中类似案例还有：被告人覃某以抢劫罪、盗窃罪合并判处死刑，宣判前覃某向看守所递交揭发他人犯罪的检举材料，揭发梁某伙同他人曾于 2001 年 3

月至5月间在某地伤害他人致死。经查，梁某确实曾伙同全某、李某等三人向何某寻衅滋事，对何某进行拳打脚踢。之后，三人即离去。此时，何某的亲戚蒋某追赶全某等三人，在与全某厮打过程中被全某用刀刺死。当地公安机关认为，由于全某一直在逃，而梁某和李某对蒋某死亡后果并不承担刑事责任，且梁某、李某二人寻衅滋事行为情节轻微，因此未追究他们的刑事责任。办案人员对覃某的检举、揭发行为是否成立立功，存在两种意见：第一种意见认为，覃某的行为不能认定为立功。因为其所检举、揭发的事实虽经查证属实，但因公安机关未立案追究被检举、揭发人的刑事责任，因而不能认为覃某检举、揭发的是"犯罪行为"，也就不能认定为有立功表现。第二种意见认为，覃某的行为应当认定为立功。①

从上述分析看，对于上述揭发行为能否成立立功存在两种观点：一种是肯定意见，认为只要被揭发的他人行为已经立案或已经受到其他处分如行政处分的，就可成立立功。② 也有的认为，"检举、揭发他人犯罪行为"里的"犯罪行为"，是指违反刑法规定、具有一定社会危害性的行为，至于是否达到需要追究刑事责任的程度，则不应作要求。其理由在于：要求检举人在检举、揭发时就能判断被检举、揭发人的危害行为达到需要追究刑事责任的程度，无异于以专业的水准要求检举人，实在是勉为其难，而且也没有考虑到检举人检举、揭发时所处的客观环境和主观认识程度。当然，被检举、揭发的危害行为的危害程度应当至少是明显接近犯罪的程度，如果仅仅是一般的违法行为，不宜认定是"检举、揭发他人犯罪行为"。③ 另一种是否定意见，认为从严格执法的角度，对揭发他人犯罪行为，没有移送司法机关处理的，一般不应认定为立功。其理由是，虽然法律本身并不要求认定立功时，被告人或罪犯揭发的他人犯罪行为已被法院确认为犯罪，但是应该经司法机关初步认定有犯罪嫌疑，正处于追究过程中，非有意外情况发生将最终会被确认为犯罪。而由于没有移送司法机关阻断了对被揭发的行为最终性质的认定，在这种情况下不宜认定揭发的他人的行为就是犯罪。同时，国家司法机关享有追究犯罪的专门、专有权力，如果将是否追究一个人犯罪的刑事责任的权力交由其他机关、组织甚至个人实施，是一种严重的违法违宪行为，而将揭发未经司法机关追究刑事责任的事实的行为认定为立功，无疑是对这种违法违宪行为的鼓励和支持。④

① 参见曹坚：《自首和立功的司法适用问题研究》，载《中国检察官》2006年第2期。

② 马克昌主编：《刑罚通论》，武汉大学出版社1999年版，第417页。

③ 参见曹坚：《自首和立功的司法适用问题研究》，载《中国检察官》2006年第2期。

④ 参见陈以强：《揭发他人犯罪但未移送司法机关处理是否可以认定为立功》，载《人民法院报》2002年8月5日。

针对上述问题，2010年最高人民法院发布的《意见》规定，“被告人检举揭发或者协助抓获的人的行为构成犯罪，但因法定事由不追究刑事责任、不起诉、终止审理的，不影响对被告人立功表现的认定”。对此，笔者认为应当区别情况分别处理：其一，对于揭发的事实是否构成犯罪，应当仅仅从客观方面进行判断，如果该事实符合《刑法》分则关于个罪客观方面的描述，则应当认定为属于立功中的犯罪事实，可以成为立功的成立要素。因此，上述揭发他人受贿6000元行为的，即使未进入司法程序，仅被纪检监察机关作纪律处分，也应作为立功中的揭发他人犯罪对待，符合其他条件的，应当成立立功。上述揭发他人行贿犯罪行为，即使因为该行贿人查处前主动交代犯罪事实予以不予追究刑事责任的，或者被检察机关作不起诉处理，也应按这一原则处理。其二，对于揭发的事实本质上不能认定为犯罪，如上述周某某引诱他人购买毒品犯罪的，由于属于警察“圈套”的情况，法律上不认为是犯罪，该检察机关作出的不起诉决定应该属于绝对不起诉类型，因此该揭发行为不能认为是犯罪事实，也就不符合立功的成立条件，审判机关就该案的裁判是正确的。但是，对于由此得出的结论：揭发他人犯罪事实被检察机关不起诉的，不能认定为立功的成立。笔者认为既与法律规定的本质精神不符，也与最高人民法院发布的《意见》精神相违背，因此是不妥的。如果是没有犯罪事实的绝对不起诉或存疑的相对不起诉，当然不能作为立功的要素；但是如果是犯罪情节轻微的相对不起诉，则应认可其是立功中的“犯罪事实”。其三，对于犯罪人揭发他人共同犯罪行为，其中有的因情节轻微未予追究刑事责任，应该被追究刑事责任的犯罪分子在逃的，笔者认为也应按照立功中的揭发他人犯罪对待。其理由在于：该揭发事实客观上属于犯罪事实，其中的部分人员因情节轻微未予追究刑事责任，按照上述《意见》精神也应该不影响立功的认定，至于主犯或实行过剩行为的人在逃的，可以在从宽处理时酌情区别对待，即从宽的幅度可以小于一般的揭发型立功。

此外，根据《意见》精神，对于揭发他人已经超过追诉时效的犯罪，或者在刑事诉讼过程中因为犯罪嫌疑人、被告人死亡而诉讼程序终止的，或者揭发不具有刑事责任能力或依法可以不负刑事责任的不满14周岁的未成年人、精神病人实施的危害社会行为，只要其揭发的事实已经查清，且该被揭发的客观行为符合犯罪构成要件客观方面，即应作为立功中的揭发他人犯罪事实对待，符合其他条件的，成立立功。其中，明显不应承担刑事责任的行为，如果该行为客观危害严重，为了兼顾刑法关于犯罪的概念以及“揭发他人犯罪”司法解释的理论体系的协调性，可以将其认定为立功中的“其他有利于国家和社会的突出表现”的行为，理由在于虽然该事实不属于犯罪，但在未被查清之前，仍然作为刑事犯罪立案调查，对社会的影响以及由此引起的恐慌仍然持续，司法机关仍要耗费一定的人力、物力进行一定的诉讼程序，从功利的层面考虑，揭发此种类型的行为的，认定为立功也符合立功制度的精神。

此外，实践中与关于犯罪事实的认定问题相关的，还有揭发他人以本人为犯罪对象的情况以及揭发他人告诉才处理的犯罪行为，是否影响立功的认定问题。

对于第一个问题，如在被羁押期间检举揭发他人针对自己实施的强奸犯罪行为，能否认定为立功不无争议。有观点认为检举他人对自己犯罪不应构成立功，其基本理由是：当本人作为他人犯罪的被害人时，其所检举他人犯罪的实质是属于报案，这是其义务，是其行使控告权的表现。[①] 笔者认为这一观点是不妥的。其理由是：犯罪的本质特征是具有严重的法益侵害性，犯罪不仅仅侵害了具体被害人的权益，同时也侵害了刑法所保护的社会公共利益。因此，犯罪人揭发自己为被害人的他人犯罪事实仍然属于他人的犯罪事实，并且根据刑法的规定来看，在立功的成立条件上并未明示或暗示将检举对自己犯罪的行为排除在立功情形之外，相关司法解释中也无此规定。因此，将揭发自己为被害人的他人犯罪事实排除在立功要素的范围之外，就没有道理。问题是如何将被害人"控告"他人犯罪解释为《刑法》第 68 条规定的"揭发"他人犯罪？虽然控告与揭发存在区别，如揭发的犯罪往往是指他人是被害人的犯罪，控告的犯罪往往是指自己是被害人的犯罪，但是二者存在一个共同点就是都属于告发他人犯罪，只是因为告发者的身份不同而称谓不同。但是就立功而言，立法者看重的是某个犯罪事实未动用司法资源便被发现，至于发现者是谁，并不重要。所以就立功而言，揭发他人犯罪中的"揭发"是一种广义的"揭发"，实际上是指"告发"他人犯罪。而"告发"是指控告和揭发，既包括被害人"控告"他人犯罪，也包括第三者"揭发"他人犯罪。将"揭发"解释为"告发"进而包括"控告"，这种解释结论不会大大超出国民的预测可能性，属于扩大解释而非类推解释，不违背罪刑法定原则。

对于第二个问题，理论上有的认为，犯罪分子揭发他人告诉才处理的犯罪，不管有无告诉或撤回告诉，均不成立立功。这是因为，立功制度设立的根据有两点：一是从法律上看，行为人在犯罪后揭发他人犯罪行为，或者提供重要线索，从而得以侦破其他案件，表明行为人对犯罪行为的痛恨或悔悟，因而其再犯可能性会有所减小，这可谓法律理由。二是从政策上讲，揭发他人犯罪行为，或者提供重要线索，有利于司法机关及时发现、侦破其他犯罪案件，从而实现刑法的确证，这可谓政策理由。在这两个设立根据中，立功更侧重于政策理由。由于告诉才处理的案件不需要公安机关去侦破，揭发此类案件并不存在有利于司法机关侦

① 参见王海鹏、国梁：《立功制度若干疑难问题研究》，载《德州学院学报》2010 年第 5 期。

破案件的情况，所以揭发者不成立立功。[①] 笔者认为这一分析是合理的，予以赞同和支持。

（三）“查证属实”的认定

在实践中，存在犯罪嫌疑人举报他人犯罪线索，且法院在被检举人案件尚处侦查阶段，认定犯罪嫌疑人（被告人）具有立功表现的做法，是否妥当，引发争议。争议焦点在于“查证属实”的时间界限如何确定。第一种观点认为，根据《刑事诉讼法》的规定，未经人民法院依法判决，对任何人都不得确定有罪。因此“查证属实”时间应以对被检举揭发人的最终判决为准。第二种观点认为被检举人处于审查起诉阶段时，可以认定为“查证属实”。第三种观点认为，被举检人被立案侦查，且经过检察机关批准逮捕环节，可以认定为“查证属实”。第四种观点认为，只要被检举人被立案侦查，无论是否经过批捕环节，都可认定为“查证属实”。[②]

对此，笔者认为，上述分析均有一定道理，但也存在不足。如果以法院的最终认定为标准，则检举揭发者的案件只能停顿下来等待被检举、揭发案件的审结，这涉及羁押期限、诉讼时效计算等一系列棘手问题，因此，按照这一标准的实践操作几乎没有。第二种观点以审查起诉为认定标准，体现了检察机关与公安机关在认定“查证属实”上的相互制约，但审查起诉阶段时限较长，如果出现退回补充侦查情形的，同样面临检举、揭发人的羁押期限等问题。第三种观点虽然羁押期间缩小，但同样存在类似问题。第四种观点以立案侦查为认定标准，固然符合诉讼经济和效率原则，但由于立案侦查只是案件的开始，以此为标准难以保证立功认定的质量。

笔者认为，立功是司法裁量情节，是否成立立功理应由审判机关最后认定，即坚持司法审查裁定的原则。“是否属实”是立功是否成立的关键情节，也理应由司法机关进行审查决定。对于侦查机关、检察机关提交的关于揭发信息的查实情况，只能是证实“揭发他人犯罪”、“是否属实”的证据材料，是否能够证实揭发“属实”，还需要审判机关进行认定。侦查机关、检察机关认为属实的，审判机关也可以认为不属实；侦查机关、检察机关认为不属实的（如认为证据不足），审判机关经对现有证据实质性地审查，也可以认为揭发情况属实。基于此，笔者主张将“查证”和“属实”分别认定，即查实由侦查机关（包括检察机关）负责，是否属实由审理揭发人犯罪的审判机关，在立功是否成立的认定中综合评判。其理由在于：一是符合立功制度的精神。立功制度的本质精神在于

① 柏浪涛：《探析立功的疑惑问题》，载《新疆大学学报（哲学·人文社会科学版）》2010年第2期。

② 黄曙、陈艳：《立功司法认定的若干疑难问题》，载《人民检察》2009年第20期。

功利，而司法效率是功利考量的重要因素，因此上述以检察机关审查和人民法院审查结果确定立功是否成立的意见，导致拖延诉讼，降低诉讼效率，不利于立功制度价值的充分发挥。二是符合司法审查的原则。立功作为刑罚裁量情节，属于审判的重要内容，因此必须坚持司法审查的基本原则。前述有的意见中，以公安机关或检察机关的结论作为立功成立决定因素的，就违背了司法审查的基本原则。三是符合刑事诉讼的规律。确定揭发者是否立功需要审查“他人犯罪”是否属实，而决定该“他人犯罪”的刑事责任时又有一次审理活动，因此对“他人犯罪”是否存在，实际上会有两次审理。但两次审理活动的目的不同，运用的证据标准也不相同，在审理他人犯罪是否成立时，其目的在于确定该他人的刑事责任有无及大小，因此要用最严格的证据标准，并遵守无罪推定等一切有利于被告人的原则，在证据存疑时推定该“他人犯罪”不成立；而在审理揭发人的揭发行为是否立功时，由于对“他人犯罪”的审理目的在于决定揭发者的立功是否成立，属于对被告人（揭发者）有利的情节，因此应该运用优势证据标准，在证据存疑时按照有利于被告人的精神推定“他人犯罪”成立。因此，在对立功是否成立而进行审理时，以侦查机关调查收集的初步证据确定“他人犯罪”是否属实，存在诉讼规律上的合理性。具体而言，对犯罪人的揭发信息，由相应侦查机关负责调查核实，在审理揭发人的犯罪事实时，由审判机关根据侦查机关已经调查收集到的证据，进行综合审查，决定其揭发的他人犯罪事实是否属实。需要注意的是，2010 年最高人民法院《意见》规定：“侦查机关出具材料，表明在三个月内还不能查证并抓获被检举揭发的人，或者不能查实的，人民法院审理案件可不再等待查证结果。被告人检举揭发他人犯罪行为或者提供侦破其他案件的重要线索经查证不属实，又重复提供同一线索，且没有提出新的证据材料的，可以不再查证。根据被告人检举揭发破获的他人犯罪案件，如果已有审判结果，应当依据判决确认的事实认定是否查证属实；如果被检举揭发的他人犯罪案件尚未进入审判程序，可以依据侦查机关提供的书面查证情况认定是否查证属实。检举揭发的线索经查确有犯罪发生，或者确定了犯罪嫌疑人，可能构成重大立功，只是未能将犯罪嫌疑人抓获归案的，对可能判处死刑的被告人一般要留有余地，对其他被告人原则上应酌情从轻处罚。”上述规定中关于揭发事实的查证及认定，在论证逻辑上与笔者的主张基本一致，即坚持司法审查和认定的原则，因而在结论上也是相同的。

由此引发了一个问题：被揭发的行为因为两次审理的裁判机关、证据标准不同，以及证据可能发生变化等原因，裁判结果可能发生变化，如果对立功认定发生影响，应如何处理？对此，笔者认为，在司法实践中，在确认被告人揭发或协助抓获的人是不是犯罪嫌疑人时，确实存在发生错误以及法律评价发生变化的可能：一是有权机关确认被抓获的人未涉嫌犯罪，但在法院对被告人作出不构成立功的判决后，被抓获的人又经法定程序被确认为有罪；二是有权机关确认被抓获的人涉嫌犯罪，但在法院对被告人作出立功的判决后，该犯罪嫌疑人又经法定程序被确认为无罪。无论属于上述何种情况，原判关于被告人是否属于立功的认定都将出错。但这种错误是程序运作本身所可能蕴涵的，是无法绝对避免的，且错也不在原判法院。因为，第一，查证被告人揭发、检举的事实是否涉嫌犯罪的职权和职责在于公安或检察机关，法院无职权也无职责自行对上述揭发、检举的事实是否涉嫌犯罪进行侦查，因而只能依据公安或检察机关收集的证据进行判定；第二，囿于法定审理期限的限制，法院通常不可能去等待因揭发、检举而被抓获的犯罪嫌疑人经法院审判被确认犯罪后再认定被告人是否构成立功。因此，司法解释从及时审判和有利于被告人的角度出发，只要求在审理揭发者犯罪时对侦查机关已经收集的证据进行审理，进而确认揭发是否属实即可。至于法院据此认定被告人构成立功或不构成立功后又发生的变化，只能依照法定程序再作相应的处理，如二审改判或提起再审。

需要注意的是，上述论证是建立在揭发者的犯罪经过法院审理程序而言的。如果揭发者的犯罪经检察机关审查，认为情节轻微，综合考虑其立功行为，最终作出不起诉决定的，则对揭发的“他人犯罪”查证属实的职权，就应由检察机关行使。

此外，实践中还存在“共同揭发”的认定问题。在司法实践中，存在多个犯罪分子共同检举揭发同一对象同一犯罪事实的情况。因为没有相关规定，不同司法机关对这些共同检举揭发的人员是否认定为立功做法不一，既阻碍了立功制度功效的发挥，又导致了司法不公。对此笔者认为，检举揭发他人的犯罪事实，应是检举揭发人自己掌握的，且在主观上应是积极主动的。当犯罪分子没有掌握他人的犯罪行为，而在他人的检举揭发信函上签名，其弄虚作假行为是出于减刑之功利目的，与立功制度的本质相违背。因此，两名以上犯罪分子共同检举揭发同一对象同一犯罪事实的，应查明实际提出检举揭发的犯罪分子，并对其认定为立功，对其他犯罪分子不能认定为立功。当确实无法查清检举揭发的实际提出者时，对共同检举揭发者的立功行为，无论是均认定还是均不认定，都难以体现立功制度的公平、公正，因此必须有所取舍。有人认为，两名以上犯罪分子共同检举揭发同一对象同一犯罪事实的，不能查明检举揭发的实际提出者，对共同检举揭发者均不认定为立功。在实践中，同监室在押人员在检举揭发信函上共同签名是共同检举揭发中比较常见的形式。其中，大部分是检举揭发者的主动行为，即通过这种所谓“利人利己”的方法与同监室在押人员进行交易，如在押期间的付费伙食，出狱后的金钱补偿等；个别的则是因为“牢头狱霸”的存在使检举揭发者被迫与之分享检举揭发线索，以换取在押期间的“和平共处”。为减少乃至杜绝以上情况，在充分考虑检举揭发者主观状态的基础上，当确实无法查清检举揭发的实际提出者时，对共同检举揭发者均不认定为立功行为。[①] 笔者认为这一分析和结论在实践中基本可行，但还需要进一步研究。上述结论基于的假设是，两人以上共同揭发的，其中真正发现犯罪事实的只有一人，其他人属于其他原因附加的（必然存在弄虚作假），由于不是真正发现犯罪的人，根据立功行为必须由本人行使的原则，其他附加的人不能成立立功。而这一假设存在例外，对于实践中确实两人共同发现的他人犯罪事实，经商议共同揭发的，仅仅因为人数的增加，而否定立功的成立，那就没有道理。因此，笔者认为，经查证确实属于多人共同发现的他人犯罪事实，且经多人商议共同检举揭发的，也应对多人成立立功，只是基于该功由多人分享，在从轻处理的幅度上应有所减弱。

从上述“共同揭发”引申出的另一个问题是“先后揭发”。例如，甲检举揭发A盗窃的犯罪事实，乙于次日揭发了A的该笔盗窃事实。对此，应依照这一类型立功认定的一般原则处理，即揭发的情况是否对查处犯罪起到实质性的帮助。对于两名以上犯罪分子先后检举揭发同一对象同一犯罪事实的，如果揭发的内容相同，由于起实质性帮助的是前一个行为，因此后一个行为就不能认定为立功情节。这一处理原则也有助于鼓励犯罪分子及时检举揭发。但是，如果两人先后揭发的内容不相同，对查处其他犯罪均有实质性的帮助作用，则均应该成立立功。如果前一个揭发的情况不明，无法具体确定犯罪事实，而后一个揭发的明确具体，对查处犯罪起到实质性帮助，那么，后者应成立立功，对于前者，由于揭发情况模糊，对查处犯罪没有实质性的帮助作用，因此，就不能认定为立功。

二、提供重要线索型立功的认定

根据《刑法》第68条的规定，犯罪分子提供重要线索，从而得以侦破其他案件的，构成立功。

实践中把握这一类型的立功需要明确：（1）这里的案件专指刑事案件。（2）其他案件，是指除犯罪嫌疑人或被告人自己单独实施的以及与其他同案犯共同实施的犯罪行为之外的案件。（3）重要线索，首先是指司法机关尚没有掌握的线索，并且该线索的重要性足以使本案得以侦破。如果该线索已被司法机关掌握，或者提供的线索的重要程度达不到可以侦破案件的程度，即司法机关根据该线索进行必要的侦查活动，但仍无法侦破该案件的，则不能认定为立功。（4）线索具有客观真实性，且对侦查其他犯罪工作具有实质性的帮助。关于实质性的帮助，具体又分为两种情况：一是造成其他案件的侦破的客观结果。二是虽然没有导致其他案件的侦破，但澄清了已被采取强制措施的其他犯罪嫌疑人或被告人的

① 参见黄曙、陈艳：《立功司法认定的若干疑难问题》，载《人民检察》2009年第20期。

犯罪嫌疑。

对于第一种情况，有人认为，只有能够证实犯罪分子所提供的线索客观上必须已经侦破了其他案件，否则不构成立功。[①] 也有论者认为，案件的侦破不但取决于该线索是否客观真实，还取决于负责查证的司法工作人员的重视程度及得力的措施。如果因个别司法工作人员的失误甚至懈怠导致具有重要价值的线索无法发挥应有的作用，却让立功者承担不能立功的后果，不免有失公正。[②] 对此，有人主张，刑法规定的立功，不但要求犯罪分子提供真实可靠的线索，还要求侦查机关据此实际抓获犯罪嫌疑人，否则不构成立功。并特别强调，未抓获犯罪嫌疑人不论是由于客观原因还是侦查机关的主观原因，均不能在认定立功上存在例外，认为这是严守刑法规定的必然要求。其理由是：首先，坚持认定立功的这一条件，可以促使犯罪分子提供更加真实有效的线索，督促司法机关有效地利用犯罪分子提供的线索，及时抓获其他犯罪嫌疑人，侦破案件，实现刑法设置立功制度的特定目的。其次，这种情形虽不构成立功，但可作为从轻处罚的酌定情节。犯罪分子主动提供线索是其个人能够决定和控制的行为，但其提供的线索能否起到实效，成立刑法上的立功，则取决于客观情况是否发生变化和侦查机关是否实施及时有效的抓捕。从实践中看，犯罪分子提供的线索虽然真实，但侦查机关未能据此抓获犯罪嫌疑人的情况并不少见，造成这些情况出现的原因非常复杂，既有客观原因，也有主观原因。有的由于情况发生变化，原线索对抓捕已失去利用价值，如抓捕时犯罪嫌疑人已经转移、被其他司法机关抓获或向其他司法机关自首等；有的由于侦查机关工作安排或采取措施不当，而错失了抓捕的时机；有的由于侦查人员的怠职行为，没有积极履行自己的职责，该及时移送的不移送，该及时查证的不查证，该及时抓捕的不抓捕，造成提供的线索不能有效地实现其对及时侦破案件的价值等。尽管上述情形均不构成立功，但提供线索的犯罪分子在一定程度上已完成了自己的“协助行为”，其行为的积极意义显而易见，毕竟反映了犯罪分子已具有一定的悔罪态度，也表明其人身危险性相对降低，所以在刑罚裁量中应该对此予以体现，表明国家对其这种积极行为的肯定和鼓励态度，这也是我国贯彻宽严相济刑事政策的基本要求。所以，在司法实践中，在适用刑罚时一般应当将这种情况作为从轻处罚的酌定情节，结合提供线索价值的大小和未抓获犯罪嫌疑人的具体原因，在量刑时予以相应体现，真正做到罪责刑相适应，

---

① 赵秉志主编：《疑难刑事问题司法对策（第四集）》，吉林人民出版社 1999 年版，第 107 页。

② 袁登明：《论立功》，载《刑法问题与争鸣》2003 年第 1 辑。

以体现法律的公正性。①笔者认为，这一意见既兼顾了立功的核心精神，维持了立功理论体系的完整性，又充分考虑到立功认定程序的可行性和操作性，具有理论和实践双重意义，予以赞同和支持。

对于第二种情况，笔者认为虽然所提供的线索不能证明或侦破案件，但如果能有效地防止错案的发生，可以按照对国家、社会有突出贡献的情节，认定为立功。

此外，目前实务中存在的主要问题还有如何认识“线索来源”问题，尤其是以“买功”问题最为突出。

关于“线索”的来源，根据2009年最高人民法院、最高人民检察院《关于办理职务犯罪案件认定自首、立功等量刑情节若干问题的意见》的规定，犯罪分子提供的线索、材料来源有下列情形之一的，不能认定为立功：（1）本人通过非法手段或者非法途径获取的。（2）本人因原担任的查禁犯罪等职务获取的。（3）他人违反监管规定向犯罪分子提供的。（4）负有查禁犯罪活动职责的国家机关工作人员或者其他国家工作人员利用职务便利提供的。2010年最高人民法院《意见》中进一步明确，犯罪分子通过贿买、暴力、胁迫等非法手段，或者被羁押后与律师、亲友会见过程中违反监管规定，获取他人犯罪线索并“检举揭发”的，不能认定为有立功表现。犯罪分子将本人以往查办犯罪职务活动中掌握的，或者从负有查办犯罪、监管职责的国家工作人员处获取的他人犯罪线索予以检举揭发的，不能认定为有立功表现。

需要研究的问题是，如何看待“花钱买立功线索”？主要问题是“花钱买立功线索”是否属于《关于办理职务犯罪案件认定自首、立功等量刑情节若干问题的意见》规定的“本人通过非法手段或者非法途径获取的”线索、材料。

笔者认为，对“花钱买立功线索”的现象要区别对待。从购买人的角度看，“花钱买立功线索”分为两种情形：一是犯罪人被采取取保候审或监视居住，因为有部分人身自由，自己花钱购买立功线索；二是犯罪人被羁押，其亲友或律师花钱买立功线索，然后通过会见，将线索提供给犯罪人，或者买通监管人员，通过监管人员将线索提供给犯罪人。第一种情形属于明买明卖，不存在暴力胁迫等违法问题，可以认定为立功。第二种情形违反了监管管理规定，且买通监管人员，通过其传递线索，涉嫌违法犯罪，不能认定为立功。这种情形就属于《关于办理职务犯罪案件认定自首、立功等量刑情节若干问题的意见》规定的“他人违反监管规定向犯罪分子提供的”线索、材料的情形。

从购买方式上看，“花钱买立功线索”分为三种情形：一是向社会人员购

① 《对于提供的线索属实，但未能抓捕到犯罪嫌疑人的，能否认定为立功?》，载《刑事审判参考》2007年第4集。

买，并且手段没有胁迫、伤害等违法情形；二是向同监犯购买，并且手段没有胁迫、伤害等违法情形；三是向有关国家工作人员购买，国家工作人员将因职务获得的犯罪线索提供给购买人。笔者认为，第一种情形不存在违法问题，可以认定为立功。第二种情形也不存在违法问题，可以认定为立功。但是根据2008年最高人民法院《全国部分法院审理毒品犯罪案件工作座谈会纪要》的规定，对这种立功，是否从宽处罚、从宽幅度大小，应当与通常的立功有所区别。第三种情形存在违法问题，不能认定为立功。这种情形就属于“负有查禁犯罪活动职责的国家机关工作人员或者其他国家工作人员利用职务便利提供的”线索、材料的情形。

根据上述分析，“花钱买立功”既包括合法情形，也包括非法情形，其中合法情形可以认定为立功，非法情形则不可以认定为立功。笔者认为，其蕴涵的理论基础在于，立功制度是基于功利价值的制度选择，在一定程度上，体现了国家为提高查处犯罪效率与犯罪人之间，就其刑事责任的程度及大小进行的交易，因此在把握和认定上必须坚持功利的评价。犯罪人通过违法手段获取的立功线索，国家虽然通过犯罪人提供的线索，获取了查处犯罪效率提高的正价值，但因为犯罪人获取线索的手段，违反了法律规定，侵犯了法秩序，对国家而言为负价值，二者之间的功利评价已经基本平衡，由此就失去了对犯罪人从轻减轻处罚的功利价值基础。因此，对于犯罪人而言，就不再被认定为立功。并且立功制度具有功利性但不唯功利主义，否则就会丧失最起码的刑罚内在价值——正义性。[①] 如果肯定这种情况为立功，则等于国家对这种违法行为进行公开鼓励，对于国家而言，等于自己反对自己，这就违背了法律的基本精神，动摇了法治社会的根基。

在实践中，有人认为，对“花钱买立功”的合法情形，也不能认定为立功。[②] 其理由是，一方面，认可花钱买立功的做法会导致司法不公，容易造成有钱便可立功、无钱便无法立功的不公平局面。另一方面，认可花钱买立功的做法会促使犯罪分子的亲友四处花钱买犯罪线索，甚至为了得到立功线索而不择手段。这些做法容易冲击正常的社会秩序。[③] 笔者认为，这一观点有待商榷：首先，立功制度本身就是一种功利主义的产物，[④] 承认通过合法手段最大限度发现犯罪线索，既符合这一制度的价值定位，在当前我国司法资源有限、效率低下的情况下，也符合司法机关犯罪防控工作的实际需要。其次，实践中普遍存在司法

---

① 金福：《论立功制度》，吉林大学2009年博士论文。

② 黄曙、陈艳：《立功司法认定的若干疑难问题》，载《人民检察》2009年第20期。

③ 浙江省台州市中级人民法院课题组：《关于刑事审判中立功制度适用情况的调研》，载《法律适用》2008第8期。

④ 熊瑛：《立功制度的价值定位：功利和公正的和谐共存——兼论以非法手段获取他人犯罪线索等行为不能认定为立功》，载《宁夏社会科学》2009年第4期。

机关为侦破案件公开悬赏案件线索的情况，这充分说明购买案件线索是合法行为。既然国家机关能够实行的行为，否定犯罪人实行同等行为就没有道理。既然肯定犯罪人可以不违法地“买功”行为，对其结果的评价就应与一般的立功线索来源同等对待，在立功认定中作为合法要素予以评价。最后，对于人身自由没有被剥夺的犯罪嫌疑人或被告人的“买功”行为，或者在押期间同案犯之间关于线索的交易，在诉讼中要证实起来也很困难，与其执行不了，不如不作规定。并且这样也会增加诉讼难度，降低司法效率，这些都与立功制度的功利价值追求相违背。

三、协助抓捕型立功的认定

2010年最高人民法院《意见》第5条规定：“犯罪分子具有下列行为之一，使司法机关抓获其他犯罪嫌疑人的，属于《解释》第五条规定的‘协助司法机关抓捕其他犯罪嫌疑人’：1. 按照司法机关的安排，以打电话、发信息等方式将其他犯罪嫌疑人（包括同案犯）约至指定地点的；2. 按照司法机关的安排，当场指认、辨认其他犯罪嫌疑人（包括同案犯）的；3. 带领侦查人员抓获其他犯罪嫌疑人（包括同案犯）的；4. 提供司法机关尚未掌握的其他案件犯罪嫌疑人的联络方式、藏匿地址的，等等。犯罪分子提供同案犯姓名、住址、体貌特征等基本情况，或者提供犯罪前、犯罪中掌握、使用的同案犯联络方式、藏匿地址，司法机关据此抓捕同案犯的，不能认定为协助司法机关抓捕同案犯。”

在司法实践中，规劝同案犯归案，当场指认、辨认同案犯，抓捕未果等行为能否认定为立功具有较大争议。

（一）规劝同案犯归案能否认定为立功

对于规劝同案犯归案的行为能否认定为立功，法律没有明确规定，实践中有认定为立功与不认定为立功两种意见。《全国部分法院审理毒品犯罪案件工作座谈会纪要》（以下简称《纪要》）对毒品犯罪的“协助”内容作了如下规定，“经被告人现场指认、辨认抓获了同案犯；被告人带领公安人员抓获了同案犯；被告人提供了不为有关机关掌握或者有关机关按照正常工作程序无法掌握的同案犯藏匿的线索，有关机关据此抓获了同案犯；被告人交代了与同案犯的联系方式，又按要求与对方联络，积极协助公安机关抓获了同案犯等，属于协助司法机关抓获同案犯，应认定为立功”。《纪要》对规劝同案犯自首能否认定为立功没有明确态度。在司法实践中，对于犯罪人打电话劝说同案犯自首的，采取的是肯定的态度。例如，“陆骅、茅顺君、石国伟抢劫案”①，被告人陆骅带领公安人员

① 参见张华：《陆骅、茅顺君、石国伟抢劫案——带领侦查人员抓捕同案犯未果后电话劝说自首的是否属于有立功表现》，载《刑事审判参考》2005年第1集。

抓捕同案犯石国伟的行为并没有将石国伟抓捕归案，但石国伟是在陆骅电话劝说后自动投案。针对这一行为，有观点认为，被告人陆骅虽有带领公安人员抓获石国伟的行为，但并没有据此将石国伟抓捕归案，在认定石国伟系自动投案后，就不应认定陆骅有立功表现；对于陆骅带领公安人员去抓捕石国伟以及劝说石国伟自首的行为，可作酌定从轻处罚情节予以考虑。审判机关认为，对于协助抓获同案犯的行为是否认定为立功表现，关键在于行为人在公安机关抓获同案犯的过程中是否确实起到了协助作用。这种协助作用包括经被告人现场指认、辨认同案犯而抓获的，带领公安人员前往抓获的，以及提供不为司法机关掌握或司法机关按正常工作程序无法掌握的同案犯的藏匿地点而抓获的，等等。只要行为人的行为对于司法机关抓获同案犯起到了协助作用，就应当认定行为人具有立功表现。本案被告人陆骅到案后带领公安人员至石国伟家抓捕石国伟，已经表明陆骅向公安机关提供了石国伟的可能藏匿地点等基本情况，对公安机关抓获石国伟已经起到了一定的协助作用。同时，据石国伟归案后的供述，其系接到陆骅劝说自首的电话后至公安机关自首的。因此，陆骅劝说石国伟自首的行为与石国伟的自动投案之间，仍存在因果关系。这种劝说自首行为也成为协助司法机关抓捕同案犯的具体表现，在同案犯石国伟据此归案后，应当认定陆骅在使同案犯石国伟到案的问题上确实起到了协助作用。至于石国伟的行为是否成立自首则是另一层面评判的问题，不影响陆骅具有立功表现的认定。

笔者认为，规劝同案犯的行为应认定为立功。理由在于：其一，这一行为符合设置立功制度的目的。刑法设置立功制度的目的是鼓励犯罪分子揭发他人犯罪行为或帮助司法机关使得其他犯罪嫌疑人及时归案，以体现打击犯罪的及时性、有效性，最终有利于国家、社会和人民群众的利益。规劝同案犯自首的行为，直接效果就是使同案犯罪嫌疑人及时到案，因此，刑法应对此作出肯定性评价，并在量刑上得以体现。其二，将规劝他人自首的行为视为立功，与带领司法机关抓捕犯罪嫌疑人相比，在促进犯罪人归案这一结果相同的情况下，更加节省了司法资源，因此也更加符合立功的功利原则。

（二）当场指认、辨认同案犯能否认定为立功

对于现场指认同案犯的行为能否认定为立功，有两种不同意见。一种意见认为，当场指认同案犯的行为构成立功。上述《纪要》规定，协助司法机关抓捕犯罪嫌疑人包括当场指认、辨认抓获了同案犯的行为，符合立功有效性原则，应认定为立功。另一种意见认为，同案犯的基本信息是犯罪分子应当供述的内容，《纪要》实际上对立功的认定作了扩大解释，在法律或司法解释没有明确规定之前，当场指认、辨认抓获了同案犯只能适用于毒品犯罪，不能适用于其他犯罪。

因此，当场指认同案犯的行为不构成立功。[①] 笔者认为，根据2010年最高人民法院《意见》的规定，当场指认同案犯的行为可以认定为立功，但在适用时应当有所限制。其一，经司法机关安排，当场指认、辨认其他犯罪嫌疑人（包括同案犯）的，属于协助抓捕其他犯罪嫌疑人的立功行为。其二，虽未经司法机关安排，但是对于比较隐蔽的犯罪，如果不当场指认，司法机关就不能发现同案犯的，此时的当场指认、辨认同案犯，对于抓捕同案犯就有实质性的帮助，根据立功认定的原则，应认定为立功行为。上述《纪要》之所以将“当场指认、辨认抓获了同案犯”的行为认定为立功，其基本精神也是考虑到毒品犯罪具有极强的隐蔽性，毒品犯罪中犯罪分子当场指认同案犯的，可以及时固定物证，如从同案犯身上搜出毒品等。如果犯罪分子事后供述同案犯的，往往会由于物证的缺失，导致对同案犯难以定罪。否则，就实现不了鼓励犯罪人实施相同行为的积极性，对立功制度价值的发挥也起到一定程度的限制作用。对于其他隐蔽性强以及性质严重的犯罪类型，如果根据犯罪现场的判断，不及时指认、辨认同案犯就会导致其他犯罪人潜逃、犯罪证据湮灭危险的，也应认定为立功行为。

（三）抓捕未果能否认定为立功

根据《刑法》第68条第1款和《解释》的规定，“协助司法机关抓捕其他犯罪嫌疑人（包括同案犯）”可认定为立功，但对协助抓捕的程度没有明确规定，从而引发了司法实践中对协助抓捕未果能否认定为立功的认识不一。笔者认为，当且仅当被抓捕的犯罪嫌疑人已成功抓获归案，协助抓捕者才能认定为立功。首先，“成功抓获归案”标准符合立功有效性原则。立功的本质在于犯罪分子的立功行为对社会是有益的、是积极有效的，而“抓捕未果”则表明立功者的协助抓捕行为在客观上未见成效，将未见成效的协助行为认定为立功，与立功有效性原则相悖。其次，“成功抓获归案”标准符合司法效率之要求。“成功抓获归案”是一个客观事实，证明标准上争议不大。而“抓捕未果”则要区分不同原因，如是因为犯罪分子的协助行为不到位，还是因为司法工作人员抓捕措施不当。有学者提出，如果“抓捕未果”是因为司法工作人员采取的抓捕措施不当导致的，则犯罪分子的协助行为应认定为立功。但是，在司法实践中，由于抓捕行为、抓捕过程复杂多样，很难认定司法工作人员采取的抓捕措施是否不当，除非有司法工作人员因抓捕中的渎职行为被查处。因此，从提高司法效率角度出发，宜采取“成功抓获归案”标准。再次，“成功抓获归案”标准符合司法程序要求。有学者提出，被抓捕的犯罪嫌疑人要受到刑罚处罚，协助行为才能认定为立功。这一观点值得商榷。被抓捕的犯罪嫌疑人是否被认定有罪，是否需受刑罚

---

① 黄曙、陈艳：《立功司法认定的若干疑难问题》，载《人民检察》2009年第20期。

处罚，只有人民法院才能决定，协助者既没权利也无义务对被抓捕者曾经的行为作出刑法评价。由于被抓捕的犯罪嫌疑人是否受到刑罚处罚与协助者无关，因此也不能成为协助行为是否构成立功的评价条件。当然，为避免司法工作人员徇私枉法为犯罪分子出具假立功证明，检察机关、人民法院在审查协助抓捕者是否构成立功时，可以要求侦查机关提供被抓获的犯罪嫌疑人构成犯罪的主要证据材料。但是，考虑到犯罪人协助行为所体现的人身危险性的减小，在具体量刑时，可以参照前述“提供线索未能抓捕”的情形，适当酌情予以从宽处理。

四、其他立功类型的认定

（一）关于阻止他人犯罪类型的立功

认定这种类型的立功需要注意的问题有：

第一，阻止对象必须是他人的犯罪行为。如果被阻止的行为只是他人的一般违法行为，而不是犯罪行为，则不能成立这一类型的立功。同时，犯罪行为的判断应以该行为的法律属性为标准，而不以行为人（即阻止者）的主观认识为依据。这里的犯罪概念的判定，与上述几个立功类型中的内涵、外延一致。对于被阻止的犯罪因情节轻微被免于追究刑事责任、不起诉等，或因为犯罪人刑事责任能力问题而不被作为犯罪处理的，也属于本类型中的犯罪行为，符合其他条件的，作为立功认定。在共同犯罪中，基于犯罪中止成立条件的要求，犯罪人如果要成立犯罪中止，必须有效制止其他同案犯的实行行为，由此该阻止他人犯罪的行为，也是自己成立犯罪中止的必然要求，就不再作为立功情节予以重复评价。

第二，阻止他人犯罪的时间期间，与立功的时间期间一致，在犯罪后即可存在。在实践中，有人认为，作为量刑情节，阻止他人犯罪的发生区域原则上限于归案后、刑罚确定之前。笔者对此有不同意见，认为只要犯罪后，即可实施该立功行为，如集团犯罪中有的犯罪人基于立功赎罪的心理，阻止犯罪集团实施严重犯罪，因而避免特别严重后果的，不认定为立功就没有特别的理由。

第三，阻止行为具有实效性。阻止他人犯罪并不是要求阻止他人永远放弃犯罪，一般是指有效地阻止正在发生的他人犯罪行为，包括犯罪准备阶段的行为，以及犯罪行为已经实施终了，但犯罪结果尚未发生时，有效防止了犯罪结果的发生。对于刑法规定两个以上量刑情节的犯罪类型，如果该阻止行为避免了适用法定刑更重的严重结果，也可以作为立功对待。例如，放火罪，尚未造成严重后果的，处 3 年以上 10 年以下有期徒刑；致人重伤、死亡或者使公私财产遭受重大损失的，处 10 年以上有期徒刑、无期徒刑或死刑。如果行为人的有效阻止行为发生在他人放火既遂之后，但其他严重后果发生之前，因而避免了他人重伤、死亡或者使公私财产遭受重大损失结果的，从立功的功利角度考量，与阻止其他一般的犯罪，在实质上并无本质的区别，因此，也应作为立功情节予以认定。但是，由于该实际的危害结果尚未发生，在具体判定时要更加慎重，在对立功者的从轻处理上，也应与一般的立功行为有所区别。

（二）其他有利于国家和社会行为类型的立功

1997年《刑法》中并没有关于这一类型的立功规定，1998年最高人民法院在《解释》中增加了这一立功类型。有人认为，这“显然是有利于被告人的扩大解释”[①]。并且认为，“按照同类解释规则，立功应当仅限于与抑制犯罪有关的举止。因为《刑法》第68条所列举的两种立功表现是有利于查获犯罪的举止，即使进行扩大解释，也只能限于与预防、查获、制裁犯罪有关的举止”[②]。也有人认为，立功行为可分为两种类型，《解释》第5条规定的前四种立功行为为一类，即是与犯罪作斗争的立功；第五种行为为第二类，即其他有利于国家和社会的突出贡献的立功表现，[③] 认为第五种行为不包括与犯罪作斗争的行为。笔者认为，上述认识都有待商榷：第一种观点认为这一类型限于与预防、查获、制裁犯罪相关的举止，笔者认为这是没有根据的，因为从司法解释的字面含义上，难以推导出这一结论。从立法技术上讲，关于第五种行为的表述是对未尽行为的一个概括和兜底，社会生活中各种行为形态纷繁复杂，最高人民法院认为通过司法解释的语言难以对实践中的各种行为全部包容，才作此规定，交由法官在审判时根据具体情况进行认定。如果进行上述限制解释，就难以达到最高人民法院制定司法解释时所要实现的目的。并且，实践中犯罪人如果有对社会重大意义的发明创造，按照上述解释确定的立功规则，行为人就会选择在行刑阶段再向司法机关报告，通过行刑阶段的立功实现减刑，这样既延迟了发明创造行为发现的时间，又增加诉讼程序，耗费司法资源，无论如何都是负价值的。因此，上述关于限定本条的解释，是不为我们所赞同的。第二种观点认为第五种行为不包含与犯罪作斗争的行为，则又走向另一个极端。如前述四种立功类型中因某些要件欠缺无法成立立功，但确实对国家和社会作出重大贡献或确实避免了重大损失的，也应纳入这一立功类型中。

因此，在认识和把握这一类型的立功构成时，要尽可能保持开放包容的心态，立足于立功制度的价值定位和立法目的，把握其精神实质，把犯罪人为赎罪和争取从宽处罚而积极实行的对国家和社会有利的行为尽可能纳入进去，最大限度发挥立功制度的价值和作用。

① 张明楷著：《刑法学》（第四版），法律出版社2011年版，第524页。

② 张明楷著：《刑法学》（第四版），法律出版社2011年版，第524页。

③ 袁登明：《论立功》，载《刑法问题与争鸣》2003年第1辑。

第十二章　立功的刑事责任

关于立功的刑事责任，《刑法》第68条规定："犯罪分子有揭发他人犯罪行为，查证属实的，或者提供重要线索，从而得以侦破其他案件等立功表现的，可以从轻或者减轻处罚；有重大立功表现的，可以减轻或者免除处罚。"。2011年《刑法修正案（八）》将原来的"犯罪后自首又有重大立功表现的，应当减轻或者免除处罚"的条款予以删除。

一、一般立功的刑事责任

《刑法》第68条规定，对一般立功的，"可以从轻或者减轻处罚"。在理论上，对"可以从轻或者减轻处罚"的理解主要有两种意见。第一种意见认为，"可以"表明司法机关享有一定的自由裁量余地。至于具体案件中，对立功犯是从轻处罚还是减轻处罚，审判机关应综合考虑全案的犯罪事实和犯罪人的具体立功情形之后加以确定。[①]"可以"应当理解为在通常情况下都得考虑从轻处罚或者减轻处罚。究竟是选择适用从轻处罚还是减轻处罚，可以根据犯罪分子自身所犯罪行的性质、情节、后果以及立功的具体表现酌情决定。[②]第二种意见认为，刑法对有一般立功表现和有重大立功表现的处罚，设定的是"可以……"这是刑法的一种技术处理，如果没有出现特殊情况，"可以"应与"应当"同论。[③]

笔者认为，刑法中多数用"可以"表述的条文，从字面含义看，"可以"中也包含着"可以不"的含义，其虽然对"可以"所限制的行为有明显的"当为"之倾向，但如果"不为"也并不违法。因此，刑法关于"可以型情节"的规定是一种授权性规定，法官有权根据案件的具体情况，决定是否实现刑法规定的内容，"但该规定同时表明了一种倾向性意见，即在通常情况下，应实现刑法

---

① 陈兴良、李汝川主编：《刑法总论》，当代世界出版社1999年版，第263页。

② 付晓畅：《论我国刑法中的立功》，载中国法院网2004年3月18日。

③ 郭书山：《立功制度若干问题研究》，载《河南公安高等专科学校学报》2004年第4期。

规定的内容”[1]。因此，上述第一种意见中没有表明该规定的倾向性，是不全面的。而上述第二种意见认为“可以”的规定，如果没有特殊情况与“应当”同论，其结论没有问题，但在表述上略有不妥。刑法使用“可以”表述的法条，主体适用者和适用的结果都是或然的，既可以从轻、减轻或者免除处罚，也可以不从轻、减轻或者免除处罚，虽不是随心所欲，但在一定程度上取决于执法者的个人裁量，其结果具有一定的或然性。因此，按照立法规定的原义，对“可以从轻或者减轻处罚”的合理解释应是：对有立功表现的“可以”从宽处罚（具体包括从轻、减轻或免除处罚）而非“应当”从宽处罚，即一般情况下一旦认定构成立功，就应首先对立功的犯罪分子考虑从宽处罚，只有在特殊的情形下，如罪行特别严重、主观恶性较深，若给予从宽处罚，则不利于实现刑罚特殊预防与一般预防之目的、难以贯彻罪责刑相适应的基本原则的，可以不予从宽处罚。对此，2010 年最高人民法院《意见》中进一步明确：“对具有自首、立功情节的被告人是否从宽处罚、从宽处罚的幅度，应当考虑其犯罪事实、犯罪性质、犯罪情节、危害后果、社会影响、被告人的主观恶性和人身危险性等。自首的还应考虑投案的主动性、供述的及时性和稳定性等。立功的还应考虑检举揭发罪行的轻重、被检举揭发的人可能或者已经被判处的刑罚、提供的线索对侦破案件或者协助抓捕其他犯罪嫌疑人所起作用的大小等。具有自首或者立功情节的，一般应依法从轻、减轻处罚；犯罪情节较轻的，可以免除处罚。类似情况下，对具有自首情节的被告人的从宽幅度要适当宽于具有立功情节的被告人。虽然具有自首或者立功情节，但犯罪情节特别恶劣、犯罪后果特别严重、被告人主观恶性深、人身危险性大，或者在犯罪前即为规避法律、逃避处罚而准备自首、立功的，可以不从宽处罚。对于被告人具有自首、立功情节，同时又有累犯、毒品再犯等法定从重处罚情节的，既要考虑自首、立功的具体情节，又要考虑被告人的主观恶性、人身危险性等因素，综合分析判断，确定从宽或者从严处罚。累犯的前罪为非暴力犯罪的，一般可以从宽处罚，前罪为暴力犯罪或者前、后罪为同类犯罪的，可以不从宽处罚。在共同犯罪案件中，对具有自首、立功情节的被告人的处罚，应注意共同犯罪人以及首要分子、主犯、从犯之间的量刑平衡。犯罪集团的首要分子、共同犯罪的主犯检举揭发或者协助司法机关抓捕同案地位、作用较次的犯罪分子的，从宽处罚与否应当从严掌握，如果从轻处罚可能导致全案量刑失衡的，一般不从轻处罚；如果检举揭发或者协助司法机关抓捕的是其他案件中罪行同样严重的犯罪分子，一般应依法从宽处罚。对于犯罪集团的一般成员、共同犯罪的从犯立功的，特别是协助抓捕首要分子、主犯的，应当充分体现政策，依法从宽处罚。”

---

① 张明楷著：《刑法学》（第四版），法律出版社 2011 年版，第 507 页。

二、重大立功的刑事责任

《刑法》第68条规定，有重大立功表现的，可以减轻或者免除处罚。其中，需要进一步研究的是关于重大立功的认定问题。根据最高人民法院《解释》的规定，重大立功是指犯罪分子检举、揭发他人重大犯罪行为，经查证属实；提供侦破其他重大案件的重要线索，经查证属实；阻止他人重大犯罪活动；协助司法机关抓捕其他重大犯罪嫌疑人（包括同案犯）；对国家和社会有其他重大贡献等表现。这里讲的“重大犯罪”、“重大案件”、“重大犯罪嫌疑人”的标准，司法解释明确规定，一般是指犯罪嫌疑人、被告人可能被判处无期徒刑以上刑罚，或者案件在本省、自治区、直辖市或者在全国范围内有较大影响等情形。对于我国法律规定中的“可能被判处无期徒刑以上刑罚”的理解，理论界的认识存在分歧：一种意见认为，“可能被判处无期徒刑以上刑罚”是在案件审判前从司法的角度所作的一种预测或判断，而不是指刑法上规定的法定最高刑为无期徒刑、死刑的案件，这里的无期徒刑或死刑是宣告刑而非法定刑。另一种意见认为，“可能被判处无期徒刑以上刑罚”，是指犯罪行为的法定最高刑是无期徒刑以上的刑罚，可能判处无期徒刑以上刑罚不等于实际判处无期徒刑以上刑罚。对此笔者认为，对于何为“可能被判处无期徒刑以上刑罚”，上述第二种意见中以法定刑认定的做法是不妥的，因为有的犯罪刑法规定的法定刑幅度很大，仅以法定刑来决定是否属于重大立功过于宽泛。因此，将这里的“可能被判处无期徒刑以上刑罚”理解为“根据具体事实情况可能实际判处的刑罚”更为妥当。但是上述第一种意见也有不妥之处，因为这里的可能被判处的刑罚，并非等同于犯罪分子实际的宣告刑。所谓可能被判处的刑罚，应当是指根据被抓获的犯罪嫌疑人所犯罪行，可能被判处的刑罚，而不是指对该犯罪嫌疑人的最后宣告刑。[①] 如果因为犯罪人的立功、自首等法定、酌定从宽处罚情节而实际判处刑罚低于无期徒刑的，就不应该影响重大立功的成立。对此，2010年最高人民法院在《意见》中明确规定，“被告人检举揭发或者协助抓获的人的行为应判处无期徒刑以上刑罚，但因具有法定、酌定从宽情节，宣告刑为有期徒刑或者更轻刑罚的，不影响对被告人重大立功表现的认定”。

此外，《刑法》第68条规定的重大立功的刑事责任是“可以减轻或者免除处罚”。对于具有重大立功表现的犯罪分子，一般来说在量刑上应给予更大幅度的从宽。然而，对有重大立功者是否可以从轻处罚，《刑法》中没有明文规定。有学者认为应该可以，“既然刑法规定有重大立功表现的犯罪分子可以减轻或者

---

① 薛淑兰、蔡金芳：《梁国雄、周观杰等贩卖毒品案——为贩卖毒品者交接毒品行为的定性及自首、立功的认定问题》，载《刑事审判参考》2005年第6集。

免除处罚，根据‘举重以明轻’的原则，幅度更小的从轻处罚亦是应有之意。如果对有重大立功表现者根据其犯罪的性质、情节、手段等不予减免处罚的，又不从轻，则有失公平，有违立功制度设立的宗旨”①。

实践中曾有类似案例，如“刘群、李国才抢劫、诈骗案”②。被告人刘群因第二次抢劫犯罪归案以后，在公安机关尚未掌握其其他罪行的情况下，主动供述了第一次抢劫的犯罪事实和诈骗的犯罪事实，检举揭发宋全成拐卖妇女的犯罪线索，经查证属实，宋全成被判处无期徒刑。根据最高人民法院《解释》的有关规定，被告人刘群主动供述了第一次抢劫的犯罪事实因与第二次抢劫犯罪属同种罪，应属主动坦白；主动供述司法机关尚未掌握的诈骗的犯罪事实，应属自首；检举揭发他人拐卖妇女的犯罪线索，经查证属实并被判处无期徒刑，构成重大立功表现。综合被告人具有多个法定或者酌定量刑情节的情况，审判机关认为，根据论理解释的原则，即按照立法精神，联系有关规定进行逻辑论证，虽然《刑法》条文没有明确对有重大立功表现的可以从轻处罚，但如果对有重大立功表现的不予减轻或者免除处罚，一般也要考虑予以从轻处罚，这样解释是符合立法解释和法律逻辑的。对于立功特别是重大立功予以刑法上的积极评价，并在对行为人裁量刑罚时作为从轻、减轻或者免除处罚的事由予以充分考虑，适当从宽处理，体现宽严相济的刑事政策．有利于分化、瓦解犯罪分子，有利于犯罪分子的教育改造，有利于社会的长治久安。本案被告人刘群揭发宋全成拐卖妇女的犯罪行为，经查证属实，宋全成被判处无期徒刑，按照《解释》的规定刘群构成重大立功表现。在裁量刑罚时，对其所犯诈骗罪，因自首并有重大立功表现，依法应当减轻处罚；对其所犯抢劫罪，由于抢劫数额巨大，情节恶劣，后果严重，虽然有重大立功表现，也可以不予减轻处罚，但在量刑上还是要体现宽严相济的刑事政策，适当予以从轻考虑。

笔者认为，上述司法机关的做法符合法律规定的精神，因为如前所述，所谓“可以”也包括特殊情况下的“不可以”，那么在“可以减轻”与“可以不减轻”之间，按照符合逻辑的解释，必然得出存在“可以从轻”的结论。因此，笔者赞成上述意见和做法。

最高人民法院2010年9月13日印发的《人民法院量刑指导意见（试行）》进行了明确，“具有多种量刑情节的，根据各个量刑情节的调节比例，采用同向相加、逆向相减的方法确定全部量刑情节的调节比例，再对基准刑进行调节”。其中对于立功情节的具体适用，《人民法院量刑指导意见（试行）》又规定，应当“综

① 余捷主编：《和谐社会的构建与刑法改革》，中国检察出版社2006年版，第393页。

② 参见李祥民：《刘群、李国才抢劫、诈骗案——对有重大立功表现的犯罪分子一般不应适用死刑立即执行》，载《刑事审判参考》2004年第2集。

合考虑立功的大小、次数、内容、来源、效果以及罪行轻重等情况，确定从宽的幅度。（1）一般立功的，可以减少基准刑的20%以下；（2）重大立功的，可以减少基准刑的20%～50%；犯罪较轻的，可以减少基准刑的50%以上或者依法免除处罚”。实践中对于自首又立功的情况，按照《人民法院量刑指导意见（试行）》中关于自首、立功情节的量刑指导意见，进行多重考虑即可，这里不再详细阐述。

三、自首又有立功的刑事责任

对于自首后又有立功情节的，《刑法修正案（八）》之前，刑法规定犯罪分子“犯罪后自首又有重大立功表现的，应当减轻或者免除处罚”。理论上认为，这属于自首与立功的竞合情形。此种情形采取的是绝对从宽处罚原则，有别于前两种情形的相对从宽处罚原则。“应当”表明审判机关没有裁量余地，必须严格依照刑法规定来量定。[①] 在这种情况下，对犯罪人适用刑罚时，无论其自身所犯罪行多么严重，都应考虑减轻处罚或者免除处罚。罪该处死的，则至少应当减轻处罚，判处无期徒刑，罪该判处无期徒刑的，则至少应考虑判处有期徒刑。[②]对此，有人认为，一律减免的立法贯彻起来十分艰难，主要是容易导致罪与刑的严重失衡，有悖于人们的公正观念。[③] 有人进一步分析指出，刑法对自首并有重大立功的处罚规定在适用上存在着严重的制度性缺陷，具体表现为：一是由于不同犯罪的法定刑幅度差异较大，从而可能造成相同的减轻处罚情节在是否减轻以及减轻的程度上差异很大。以故意杀人罪和贪污罪为例，前者为宽幅度法定刑，即犯故意杀人罪的，处死刑、无期徒刑和10年以上有期徒刑；而后者为多档次法定刑，个人贪污数额在10万元以上的，处10年以上有期徒刑，可以并处没收财产；情节特别严重的，处死刑，并处没收财产。如果一名故意杀人犯与一名情节特别严重的贪污犯同该判处死刑，但均有自首与重大立功表现，那么，由于两种犯罪的法定刑幅度宽严不同，对前者就应当在法定最低刑10年以下的幅度内量刑；而对于后者，一般来说只能减为无期徒刑。很显然，两罪的减刑幅度极不平衡。二是对于杀人、抢劫、贩毒等严重刑事犯罪来说，由于其法定刑幅度均定得较宽，在犯罪情节特别严重与上述法定的必减情节相竞和时，则容易导致实际判处的刑罚与犯罪人所犯罪行严重背离，违背刑法所规定的罪责刑相适应的基本原则，造成罚不当罪。例如，对于一个多次抢劫杀人的罪犯，如果其具有自首和重大立功表现，就会被判处10年以下有期徒刑，这样则难免有轻纵罪犯之虞。三

① 陈兴良、李汝川主编：《刑法总论》，当代世界出版社1999年版，第263页。

② 付晓畅：《论我国刑法中的立功》，载中国法院网2004年3月18日。

③ 郝守才：《对我国刑法中立功制度的规范分析》，载《江苏行政学院学报》2006年第2期。

是有些法定最低刑定得较高的严重刑事犯罪，其减轻后应当适用的法定刑幅度缺乏必要的限制。由于法官选择量刑的空间很大，容易导致同罪异罚的现象发生；若否定这种理解，明显又于法无据。[①] 有人更是一针见血地指出："仅仅因为存在一个减轻处罚的事由就判处比不具备此减轻事由案件的犯罪人相差如此悬殊的刑罚显然很难说是合理的。"[②] 甚至发出"不能忘记我们的国情，如果差距过大，则可能事与愿违，造成社会不安定"的感叹。[③]

应该说，法律关于这条规定的本意是鼓励犯罪分子积极自首、立大功。但由于《刑法》分则对许多罪名规定的法定刑以及法定刑中具体的量刑幅度跨度很大，如果"自首后又有重大立功表现的"，一律要"减轻或者免除处罚"，确实会造成罪刑关系失衡、同案不同判，甚至还会成为少数罪大恶极的犯罪分子犯罪后得以逃脱严厉的法律制裁的途径。为此，全国人大常委会在《刑法修正案(八)》中删除了"犯罪后自首又有重大立功表现的，应当减轻或者免除处罚"的规定，应该说这一决定是对司法实践中突出问题的一种积极回应。

删除这一规定后，"自首后又有重大立功表现的"，就不再是"合二为一"的"应当型"法定量刑情节，而成为"一分为二"的"可以型"法定量刑情节。《刑法》第67条规定，"对于自首的犯罪分子，可以从轻或者减轻处罚。其中，犯罪较轻的，可以免除处罚"。第68条规定："……立功表现的，可以从轻或者减轻处罚；有重大立功表现的，可以减轻或者免除处罚。"《刑法修正案(八)》生效以后，犯罪分子"自首后又有重大立功表现的"，就同时具有两个"可以型"法定从宽量刑情节，属于两个"可以型"从宽情节的叠加，按照最高人民法院的《人民法院量刑指导意见（试行)》的精神，应当在一定限度内予以更大的从宽，多数情况下也可以"减轻或者免除处罚"，但不是必然导致"减轻或者免除处罚"。针对情节特别恶劣、犯罪后果特别严重的犯罪，甚至可以考虑不从轻处罚。例如，"吴乃亲贩卖毒品案"[④]，审判机关认为，对于毒枭等严重刑事犯罪分子立功的，从轻或者减轻处罚应当从严掌握。首先，由于行为人是位居毒贩网络上线的毒枭，且毒品大部分出自其手，是毒品的主要源头，且其贩卖毒品数量大、纯度高，社会危害大，罪行极其严重；其次，由于行为人在贩卖毒品环节中居于顶端，掌握着同案犯、从犯、"马仔"的犯罪情况和个人信息，被抓

---

① 郝守才：《对我国刑法中立功制度的规范分析》，载《江苏行政学院学报》2006年第2期。

② 莫开勤：《减轻处罚论》，载陈兴良主编：《刑事法律评论（第2卷)》，中国政法大学出版社1998年版，第566页。

③ 杨聚章：《试论自首与立功制度的司法适用》，载《法学家》1999年第Z1期。

④ 参见黄嵩：《吴乃亲贩卖毒品案——罪行极其严重，虽有重大立功，但功不抵罪，不予从轻处罚》，载《刑事审判参考》2009年第2集。

获后容易协助抓捕其他毒贩，容易获得立功甚至重大立功的机会，故最高人民法院最终核准了行为人的死刑判决，没有因为重大立功而对其从轻处罚。这一规则，在2010年最高人民法院发布的《意见》中也有明确规定。

四、数罪立功的刑事责任

如果行为人只犯有一个罪，在有立功情节时，只对该罪从宽处罚。如果行为人犯有数罪，又有立功情节的，那么是对数罪都从宽处罚，还是只能对其中一个罪（或主罪）从宽处罚呢？这也就是说，立功的效力是及于所有的罪还是只及于一罪？对于自首数罪的，数罪均应认定为自首，而立功则不同。由于立功的内容主要是针对他人罪行的，如检举、揭发他人犯罪行为，提供侦破其他案件的重要线索等，它不是针对自己某一个犯罪的立功。因犯罪分子的立功从整体上反映了犯罪分子具有对国家或社会有利的行为和表现，因而国家对于立功者（尽管是犯了罪的人）是予以鼓励和奖励的，即国家通过对犯罪人从宽处罚的方法进行“奖励”。

笔者认为，对犯有数罪的立功者，在从宽处罚时应该对其全案所有的犯罪都予以从宽，而不宜仅对其中的部分犯罪从宽。对于犯有数罪，其中只有一个罪自首，并有一般立功表现的，那么对自首之罪可以从宽处罚，并对数罪因立功而“可以从轻或者减轻处罚”。例如，“刘群、李国才抢劫、诈骗案”①，审判机关认为，立功表现虽然是犯罪行为以外的事实，但作为法定的从轻、减轻或者免除处罚情节，其法律效果主要是在对犯罪分子的罪行裁量适用刑罚中加以体现的。因此，对于犯有数罪的被告人，应在分别对其所犯各罪量刑时或在决定执行的刑罚时综合考虑立功、重大立功的情况，确定是否从轻、减轻或免除处罚。

对此，还涉及如何从宽处罚的具体操作问题，即对数罪是先从宽处罚然后数罪并罚，还是先数罪并罚然后从宽处罚？在这两种方法中，先并罚后从宽的做法在操作上相对简便。但是这一做法可能使数罪的总和刑期及最高刑期提高，从而加重罪犯的刑罚。并且数罪并罚之后的刑罚已经是“宣告刑”了，而不是从轻、减轻处罚时所针对的“基准刑”，而对于并罚后（从宽处罚前）的宣告刑也无法确定从宽处罚的基准点。因此，先数罪并罚然后从宽处罚的做法不符合刑法的规定。笔者认为，先根据立功情节对所犯数罪逐一从宽处罚后，再实行数罪并罚的做法是合理的，也不违背刑法的规定。当然这种做法可能出现数罪重复使用同一个法定量刑情节的问题，即对数个犯罪数次适用同一立功情节而从宽处罚。由于刑法只是规定对具有立功情节的可以从宽处罚，因而这样理解及在司法实践中操作，既符合有利于被告人的解释原则，也是符合立法精神的正当选择。

---

① 李祥民：《刘群、李国才抢劫、诈骗案——对有重大立功表现的犯罪分子一般不应适用死刑立即执行》，载《刑事审判参考》2004年第2集。

参考文献

一、著 作 类

1. 高仰止著：《刑法总则之理论与实用》，台湾五南图书出版公司 1986 年版。

2. 高铭暄主编：《新中国刑法学研究综述（一九四九——一九八五）》，河南人民出版社 1986 年版。

3. 周振想著：《自首制度的理论与实践》，人民法院出版社 1989 年版。

4. 陈兴良著：《共同犯罪论》，中国社会科学出版社 1992 年版。

5. 高铭暄主编：《刑法学原理（第 3 卷）》，中国人民大学出版社 1994 年版。

6. 马克昌著：《刑法理论探索》，法律出版社 1995 年版。

7. 周道鸾、单长宗、张泗汉主编：《刑法的修改与适用》，人民法院出版社 1997 年版。

8. 胡康生、李福成主编：《中华人民共和国刑法释义》，法律出版社 1997 年版。

9. 陈兴良著：《刑法适用总论（下卷）》，法律出版社 1999 年版。

10. 马克昌主编：《刑罚通论》，武汉大学出版社 1999 年版。

11. 宁汉林、魏克家著：《中国刑法简史》，中国检察出版社 1999 年版。

12. 苏惠渔主编：《犯罪与刑罚理论专题研究》，法律出版社 2000 年版。

13. 刘家琛主编：《新刑法新问题新罪名解释》，人民法院出版社 2000 年版。

14. 于志刚：《自首制度适用中的疑难问题》，吉林人民出版社 2001 年版。

15. 马克昌著：《比较刑法原理——外国刑法学总论》，武汉大学出版社 2002 年版。

16. 韩忠谟著：《刑法原理》，中国政法大学出版社 2002 年版。

17. 赵秉志主编：《刑罚总论问题探索》，法律出版社 2003 年版。

18. 邱兴隆著：《刑罚的哲理与法理》，法律出版社 2003 年版。

19. 张明楷、黎宏、周光权著：《刑法新问题探究》，清华大学出版社 2003 年版。

20. 卞建林著：《刑事诉讼的现代化》，中国法制出版社 2003 年版。

21. 由嵘等主编：《外国法制史参考资料汇编》，北京大学出版社 2004 年版。

22. 周加海著：《自首制度研究》，中国人民公安大学出版社 2004 年版。

23. 蒋熙辉著：《单位犯罪刑事责任探究和认定》，人民法院出版社 2005 年版。

24. 张明楷著：《刑法学》（第四版），法律出版社 2011 年版。

25. ［意］贝卡里亚著，黄风译：《论犯罪与刑罚》，中国大百科全书出版社 1993 年版。

26. ［英］杰里米·边沁著，孙力等译：《立法理论——刑法典原理》，中国人民公安大学出版社 1993 年版。

二、期刊、论文类

1. 莫洪宪：《论自首和立功》，载《法学评论》1996 年第 2 期。

2. 李希慧、谢望原：《我国刑法应建立完备的自首、坦白、立功制度》，载《法学研究》1997 年第 2 期。

3. 彭敖瑞：《如何理解“未掌握的其他罪行”》，载《人民检察》1998 年第 3 期。

4. 傅强、王忠毅：《非典型自首研究》，载《人民司法》1999 年第 3 期。

5. 邵维国：《论立功》，载《吉林大学社会科学学报》1999 年第 5 期。

6. 刘杰：《论法定量刑情节的立功》，载《河北法学》1999 年第 3 期。

7. 杨聚章：《试论自首与立功制度的司法适用》，载《法学家》1999 年第 Z1 期。

8. 黄曙：《“以自首论”的司法认定》，载《中国刑事法杂志》2000 年第 2 期。

9. 崔爱鹏、李淑娟：《论立功制度的本质》，载《法学评论》2000 年第 3 期。

10. 许发民：《自首制度研究评述》，载《刑法问题与争鸣》（2001 年第 3 辑），中国方正出版社 2001 年版。

11. 刘凌梅、司明灯：《我国刑法中自首制度司法适用若干问理研究》，载《刑事司法指南》2002 年第 1 辑。

12. 薛进展：《单位犯罪刑罚的适用与思考》，载《法学》2002 年第 9 期。

13. 时延安、刘伟：《巨额财产来源不明罪适用中若干问题研究》，载《国家检察官学院学报》2002 年第 3 期。

14. 郝守才：《关于完善我国刑法中立功制度的构想》，载《法商研究》2003 年第 1 期。

15. 刘凌梅：《单位犯罪自首的理性研究》，载《河南社会科学》2003 年第 4

期。

16. 沙君俊：《自首制度比较研究》，载《现代法学》2003 年第 1 期。

17. 黄京平、杜强：《余罪自首成立要件解析》，载《政法论坛》2003 年第 5 期。

18. 董邦俊、丁祥雄：《论自首制度的本质》，载《中国地质大学学报（社会科学版）》2003 年第 4 期。

19. 赵秉志、周加海：《论准自首的认定》，载《刑事法学》2004 年第 1 期。

20. 沈新康、曹坚：《论单位自首的认定》，载《政治与法律》2004 年第 5 期。

21. 张明楷：《论揭发“他人”犯罪行为》，载《人民检察》2005 年第 10 期。

22. 林亚刚：《自首、立功若干规定的理念及反思》，载《法学评论》2005 年第 6 期。

23. 郝守才：《对我国刑法中立功制度的规范分析》，载《江苏行政学院学报》2006 年第 2 期。

24. 利子平、杨美蓉：《“以自首论”司法解释的瑕疵及改进》，载《南昌大学学报（人文社会科学版）》2006 年第 1 期。

25. 卢勤忠：《单位立功的若干疑难问题研究》，载《法学评论》2007 年第 2 期。

26. 孙国祥：《犯罪单位立功若干问题辨析》，载《人民检察》2007 年第 15 期。

27. 王明辉、唐煜枫：《论刑法中重复评价的本质及其禁止》，载《当代法学》2007 年第 3 期。

28. 余双桔：《反思我国立功制度的价值取向》，载《法制与社会》2007 年第 12 期。

29. 段启俊、罗希：《犯罪单位立功新论》，载《法学杂志》2008 年第 3 期。

30. 黄曙、陈燕：《立功司法认定的若干疑难问题》，载《人民检察》2009 年第 20 期。

31. 李小涛：《单位立功疑难问题研究》，载《北京科技大学学报（社会科学版）》2009 年第 1 期。

32. 龙洋：《几种特殊犯罪形式的立功认定——以连累犯等揭发型立功的认定为视角》，载《西北大学学报（哲学社会科学版）》2009 年第 5 期。

33. 胡跃攀：《交通肇事罪中的自首》，载《西南石油大学学报（社会科学版）》2010 年第 5 期。

34. 柏浪涛：《探析立功的疑惑问题》，载《新疆大学学报（哲学·人文社会科学版)》2010 年第 2 期。

35. 周峰、薛淑兰、孟伟：《自首认定的若干司法实务问题》，载《中国审判》2011 年第 1 期。

36. 谢望原：《自首与立功的两个问题》，载《法制日报》2003 年 9 月 4 日。

37. 周兴中：《自首情节不适用交通肇事犯罪》，载《人民法院报》2008 年 3 月 26 日。

后 记

《自首与立功制度及司法适用》一书，紧紧围绕当前刑事司法中自首与立功适用的主要问题，结合最新立法和司法解释的规定与精神，全面比较、借鉴、吸收当前相关理论研究成果，兼顾了法律性、理论性与指导实践的针对性，尤其突出对司法实务工作的具体指导，针对实际办案中遇到的相关问题进行了深入研究探讨，提出了解决的思路、方法与对策。在具体写作过程中，把握了以下四个原则：一是以实务需要为导向，确立研究问题的范围，纯学术的理论问题只在必要时作为背景资料简要介绍，为广大司法人员提升理论素养提供指引；二是在研究实践问题时，尽可能提出具体的解决办法，切实增强指导司法实务工作的针对性、实效性和可操作性；三是在研究具体问题时，对与此相关的理论争议一并介绍并简要分析，使司法工作者在适用法律及司法解释时既知其然、又知其所以然，切实提高司法人员理解适用法律以及应对复杂实践问题的能力；四是书中对有关问题所提出的解决对策，均以现行有效法律和司法解释为依据，同时参考最高人民法院编的《刑事审判参考》（《刑事审判指导》）中相关案例的观点，努力实现理论研究与法律规定、审判实践的协调统一，使广大法律工作者在适用法律处理具体案件参考适用本书的观点时，既有理论根据作基础，又有实践判例作参照。一些批判性观点和修改立法的意见，仅在个别章节略有介绍，目的在于使读者了解相关理论动态，引起读者对这一问题的深入思考。此外，本着最大限度增强本书司法实务指导性的考虑，在一些理论问题的研讨上，笔者借鉴了大量现有理论研究成果，在此向广大作者表示衷心感谢！

作者学识浅陋，加之工作繁杂，仓促付梓，难免出现疏漏，敬请广大同仁批评指正、不吝赐教！

最后特别感谢本套丛书总主编对作者的提携与关爱！特别感谢中国人民公安大学出版社的大力支持！

高锋志

2012 年 2 月于京西依翠园寓所